近藤　裕彦（社会福祉法人檜の里　あさけ学園）

　この巻頭言の執筆中、私の住む三重県にも緊急事態宣言が発令され、もう3年にわたり「新型」と呼ばれ続けているCOVID-19の流行はとても止みそうにありません。そのため、昨年度は当初からしばらくの間、研究大会や資格認定講座の開催が叶わず、退会してしまう方も少なからず現れてきましたが、有り難いことに「自閉症スペクトラム研究」への論文投稿の数は増え続け、19巻1号は合計14篇の研究論文を掲載することができました。今回、実践報告9篇をはじめ、原著、総説、資料、研究報告も含めて、量質とも厚みのある研究誌が予定どおり刊行されたことについて、会員の皆様や編集委員の方々のご協力に感謝申し上げる次第です。

　このような事態にあって、学会事務局の尽力のもと、去る8月29日に1年ぶりの年次研究大会がオンラインで開催されました。その中で編集委員会は、前回に引き続き、本学会誌へ論文投稿をめざす会員のための大会企画ワークショップを担当し、「投稿論文の書き方――単一事例研究――」を開講しています。本誌「自閉症スペクトラム研究」は、実践研究と実践報告がその大部分を占めていますが、ここで副題に掲げた単一事例研究は1事例でも可能であり、統制群も必要ないので、日々教育や福祉の現場で実践に携わっている方の成果を論文にまとめ上げるには最適な研究法と言えます。そこで、今年のワークショップは、一人でいくつもの実践的な論文を本誌に投稿し採択されてきた伊藤久志、河村優詞の両氏から、自分の取り組んだ事例で投稿論文を書く「コツ」の発表の後を受けて、発表のお二人、企画者の私、参加者との質疑応答という流れで話を進めてみました。

　それぞれの発表を通じて、単一事例研究の具体的な手続きの解説、文献検索のノウハウや参考図書の紹介はもちろんのこと、査読の内容をどのように受け入れて修正していくのか、時には発表者の個人的、内面的なところも吐露しながら、論文を書く意義や醍醐味などについて、熱く丁寧に語っていただけたように思います。

　さらに以前から本学会では、会員の皆様が自身で取り組んでいる有効な実践内容を共有し合い、共に質を高めていく場としての研究誌を標榜してきました。こうした理念に沿って、例えば論文としての体裁の不十分なものをいきなり不採択とするのではなく、2～3回の査読／再査読の往復で論文の書き方を指導していく「教育的査読」という方式を採用してきた訳です。そして、今回発表を快諾してくれたお二人は、この「教育的査読」課程で育まれた優秀な実践研究者であり、先だっては編集委員にも就任し、後進の投稿者に自身の技を伝授していただくことになった次第を報告して、言を終えたいと思います。

Contents |目次|

The Japanese Journal of Autistic Spectrum

自閉症スペクトラム研究

第19巻　第1号
September 2021

The Japanese Journal of Autistic Spectrum 2021, Vol.19-1, 5-12

原著

自閉症スペクトラム障害児をもつ親における
インターネット利用と心理的ストレスの関連

Effects of online social support on psychological stress among parents of children with autism spectrum disorders

山根　隆宏（神戸大学大学院人間発達環境学研究科）

Takahiro Yamane（*Graduate School of Human Development and Environment, Kobe University*）

■要旨：インターネットは障害児の親にとって子どもの障害や支援に関する重要な情報源の１つである。しかしながら、先行研究ではインターネット上の情報量の多さや匿名の他者への相談が親の疲労や否定的な気分につながることが指摘されている。そこで，本研究は自閉症スペクトラム障害（ASD）児の親を対象に、インターネット利用による心理的ストレスへの否定的な影響について検討することを目的とした。18歳以下のASD児をもつ親277名を対象に、オンライン調査を行った。心理的ストレス反応にインターネット利用が影響を与えるかを検討するために、関連変数を統制した階層的重回帰分析を行った。その結果、父親と母親の双方で匿名他者への相談行動が心理的ストレス反応を高める可能性が示唆された。また、情報の検索・閲覧行動は父母においても心理的ストレス反応と関連しなかった。本研究の結果を踏まえると、インターネット上で障害や支援に関する情報検索は心理的ストレスを直接高めるわけではないこと、匿名の他者へのインターネット上の相談は否定的な感情や情報に触れることになり心理的ストレスを高めることが示唆された。今後の課題として、心理的ストレスが匿名の他者への相談につながる逆方向の因果関係の可能性や，相談先の属性や相談先によるサポートの質など効果的なオンラインソーシャルサポートに必要な要因について考察を行った。

■キーワード：自閉症スペクトラム障害、親、インターネット、ソーシャルサポート、心理的ストレス

Ⅰ．問題の所在と目的

　現代では人が情報収集を行う上では、インターネットはなくてはならないものである。自閉症スペクトラム障害（autism spectrum disorder；以下、ASD）児の親にとっても同様であり、インターネットは子どもの障害や支援に関する重要な情報源・サポート源の１つである（Grant et al., 2015; Reinke & Solheim, 2015）。英語圏ではここ十数年でASD関連のサイト数が急増し（Grant et al., 2015）、障害児の親向けの情報やサポートも増加している（Jones et al., 2013）。また、国内においても民間企業やNPO法人、親の会等による同様の情報サイトや交流サイトが増えている。インターネットを利用したサポートは、アクセスのしやすさやコストの低さ、時間的・距離的な問題の解消など、多くの利点を有するため、その利用を検討していくことは意義があるものと思われる。

　これまでASD児の親のストレス対処においては、ソーシャルサポートの重要性が示されてきた（Boyd et al., 2002）。従来、ソーシャルサポートは対面による援助が想定されてきたが、インターネット技術の発達や浸透により、ASD児の親はオンラインで同じ立場の親や援助者とつながり、援助を受けることが可能となった。Reinke & Solheim（2015）はHouse（1981）のソーシャルサポートの定義を基に、このようなサポートをオンラインソーシャルサポートとして概念化し、情報的サポートと情緒的サポートに大別した。前者はストレス下にある個人に問題解決につながりうる情報を与えるものと定義されている。また、Reinke & Solheim（2015）は、情報的サポートはオンライン検索のような問題解決のために情報を検索し取得する個人的な文脈にも拡張して理解する必要を述べている。後者の情緒的サポートは共感や配慮、愛情、信頼、所属感、受容感を提供するものと定義されている。

多くの親がオンライン検索を含めた情報的サポートを利用し、ASDや発達障害の診断や障害に関する情報を取得している（Chowdhury et al., 2002; Mackintosh et al., 2005）。例えば、Mackintoshら（2005）はオンライン調査を実施し、ASD児の親465名の約8割がウェブページを情報源として利用している実態を報告している。国内においては、240名のASD児の親のうち5〜7割が定期的にオンラインにアクセスし、子どもの障害や相談・支援に関する情報を収集していることが報告されている（山根，2019）。

情緒的サポートにおいても、ASD児の親がインターネット上で相互にサポートし合う実態が報告されている（Clifford & Minnes, 2013a; Fleischmann, 2005; Huws et al., 2001; Reineke & Solheim, 2015）。例えばClifford & Minnes（2013b）によると149名の親の3割がインターネット上のサポートグループに参加していた。国内の240名の親を対象とした調査では、相談相手を匿名他者に限った場合にはASD児の父親の6割と母親の5割がインターネット上のサポート源を有しており、2割の親が子どもの問題や自身のメンタルヘルスの問題を相談していることが報告されている（山根，2019）。現実生活でも接点のある対象者を含めると、ASD児の親はそれ以上にインターネット上で情緒的サポートを求めているものと考えられる。

このようなインターネット上のサポートを利用することは、ASD児の親の養育ストレスにどのような影響をもつのだろうか。これまでの障害児の親を対象とした質的な研究によると、ストレスの強い親がインターネット上の交流で孤独感を和らげていること（Fleischmann, 2005）や、インターネット上のピアグループの交流によって、親が障害児を育てることを肯定的に意味づけていくこと（Huws et al., 2001）が報告されている。またインターネット上のコミュニティがASD児の親にとってピア同士で安心を感じられる安全な避難所（safe haven）として位置づけられていることが質的研究で報告されている（Reineke & Solheim, 2015）。

しかしながら、障害児の親のインターネット利用に関する研究は萌芽的であるため、これまでの研究ではインターネット利用の問題点よりも、親の肯定的体験に焦点を当てる研究が多いのが現状である。知的障害児やASD児の親のインターネット利用に関するレビューでは、インターネット利用の問題点として、情報検索による時間の浪費や過った情報の問題、インターネット上の交流による情緒的苦痛や葛藤などが挙げられているものの、先行研究の大半がインターネット利用による肯定的体験を強調する傾向にあると論じている（Caton et al., 2019）。またCatonら（2019）はインターネット利用がASD児や知的障害児の親にとってどのような問題や課題があるかに答え得るだけのエビデンスが不足していると結論づけている。以上を踏まえると、このようなASD児の親におけるインターネット利用の問題点を検討していくことが必要であろう。

ASD児の親を対象としたインターネット利用やオンラインソーシャルサポートの効果に関する実証的な研究は非常に限られているのが現状である（Hall et al., 2016）。先行研究は質的研究が多く、また縦断研究による検討もされていない。インターネット利用がASD児の親のストレスにどう関連するかについては実証研究が少なく、研究の蓄積が必要であろう。

そこで本研究ではASD児の親を対象に、インターネット利用が親のストレスにどのように関連するかを検証することを目的とする。特にインターネット特有の匿名性の高さについて焦点を当て、インターネット利用の親ストレスへの否定的な影響について下記の仮説を検証する。第一の仮説としてインターネット上の情報検索の多さが親のストレスの高さに関与すると考えられる。質的研究ではインターネット上の情報収集により、障害に関する情報の多さがASD児の親にとって終わりのない作業に感じられ欲求不満や疲労につながること（Reineke & Solheim, 2015）や、インターネット上には障害に関する誤った情報が多く、その取捨選択が困難であり（Hall et al., 2016）、否定的な情報にさらされて苦痛を感じやすい（Gunderson, 2011）ことが報告されている。そのため、インターネット情報の検索行動の頻度が多い親ほど、心理的ストレスが高いことが考えられる。第二の仮説として、インターネット上の匿名他者に対して相談行動をとり、情緒的サポートを得ようとすることは、心理的ストレス反応を高めることが考えられる。質的研究からインターネット上の相談行動や交流は肯定的な側面だけでなく、情緒的苦痛や葛藤を経験することが示唆されており、かえってストレスを高めてしまうことが考えられる。例えばReineke & Solheim（2015）はASD児の親がインターネット上の交流で、否定的な態度をとる親と肯定的な態度をとる親との間で葛藤が生じ、肯定的な意見やコメントを投稿しにくくなることを報告している。また、ASD児やダウン症児の親がインターネット上の交流によって、子どもの障害に関し

て否定的な議論に発展し、抑うつや不安のような否定的な気分や感情にさらされやすいことが報告されている（Cole et al., 2017; Jones & Lewis, 2001）。インターネットの匿名性は、親にとってはオフラインでは開示しにくい悩みや不安を語りやすく、自己開示をしやすいという利点があるが、特に匿名性の高い他者に対しての相談行動はこのような問題を抱えやすいと考えられる。

　また、ASD 児の親のインターネットとストレスの関係を検討する上で、親ストレスに関与する要因の統制が必要である。例えば、ASD 児の親のストレスには養育におけるストレッサーが関与する（坂口・別府，2007；山根，2013）。また、前述したように対面によるソーシャルサポートの高さがストレスの低減につながる（Bishop et al., 2007; Boyd, 2002）。さらには、オンラインソーシャルコミュニティに参加している障害児の親は、家族や友人等によるサポートが少ないことが示唆されていることから（Mickelson, 1997）、対面によるソーシャルサポートと、インターネット上の相談行動が関係する可能性も考えられる。したがって、本研究では養育ストレッサーや対面によるソーシャルサポートの心理的ストレス反応への影響を統制した上で、インターネット利用と心理的ストレス反応の影響について検討する。

　以上より、本研究は ASD 児の親において、養育ストレッサーやソーシャルサポートの影響を統制した上で、「インターネット上の情報検索の多さが親のストレスの高さに関与する（仮説 1）」、また「インターネット上の匿名他者に対して相談行動をとり、情緒的サポートを得ようとすることが心理的ストレス反応を高める（仮説 2）」という仮説について検証を行う。なお、父親のインターネット利用やオンラインソーシャルサポートに関する研究は不足していることから（Doty & Dworkin, 2014）、本研究は ASD 児の父親を含めて調査を行う。また、ASD 児の父母間でソーシャルサポートやオンラインサポートへの期待度に差異がみられるため（山根，2019）、父母別に検討を行う。

Ⅱ．方　法

1．調査手続きと調査協力者
（1）調査手続き
　インターネット調査会社を通して ASD 児の親 515 名を対象に 2014 年 1 月上旬から下旬にオンライン調査を行った。なお、本研究は筆者が実施した一連の ASD 児をもつ親のパネル調査（2014 年 1 月上旬〜2015 年 1 月上旬）の一部である。
（2）倫理的配慮
　調査を依頼する段階で、本研究の趣旨である、よりよい支援の提供を目的としたであること、知的障害や発達障害児者の親を対象とした調査であること、家族が日常的に感じている負担感やストレス、利用している援助資源などについて調べるものであることを説明した。続いて、個人の匿名性は必ず守られること、回答が研究目的以外に使用されることはないこと、回答は強制されるものではないことなどの倫理的配慮事項について説明した。以上の説明について同意する場合のみ回答ページに進むように説明を行った。本研究は奈良女子大学倫理審査委員会の審査と承認を得て実施した。

2．調査の内容と構成
（1）フェイス項目
　親の年齢・性別、子どもの年齢・性別・診断時の年齢について回答を求めた。また子どもの現在の診断名について自由記述で回答を求めた。
（2）インターネット利用
　オンラインソーシャルサポート利用行動項目（山根，2019）を使用した。インターネット上の匿名他者に対して情報的サポートと情緒的サポートの利用を測定するものである。前者は「情報の検索・閲覧行動」であり、子どもの障害や支援場所に関する検索行動とサイトの閲覧について 6 項目、後者は「匿名他者への相談行動」であり、自身のメンタルヘルスの問題や子どもの問題の相談について 3 項目からなる。「最近のあなたのインターネット上の各行動の頻度を教えて下さい」と教示し、回答者自身の各項目の行動頻度について 6 件法（1：全くなかった〜6：毎日あった）で測定した。
（3）対面によるソーシャルサポートの期待度
　ソーシャルサポート尺度（山根，2013）を使用した。サポート源は配偶者、医療機関・療育機関の先生、親の会で知り合った人、専門機関の先生の 4 つであった。各項目について回答者自身のサポートの期待度を 4 件法（1：絶対にちがう〜4：きっとそうだ）で回答を求めた。
（4）養育ストレッサー
　Developmental Disorder Parenting Stressor Inventory（以下、DDPSI；山根，2013）を使用した。

表 1　各変数間の相関係数

	1	2	3	4	5	6	7	8	9	10	11
1 親の年齢	—	.58 ***	− .16	− .24 *	− .03	− .12	.02	− .02	.06	.11	− .25 *
2 子どもの年齢	.56 ***	—	− .27 **	− .18	.01	− .09	.09	− .04	.02	.04	− .23 *
インターネット利用行動											
3 情報の検索・閲覧行動	− .17 *	− .21 **	—	.48 ***	.09	.25 *	− .04	.04	.14	.03	.33 **
4 匿名他者への相談行動	− .07	− .07	.45 ***	—	.02	.07	− .07	− .14	.30 **	− .01	.33 **
5 ASSQ	.18 *	.10	.07	.05	—	.36 ***	.07	− .05	− .14	− .11	.18
6 DDPSI	− .03	− .04	.44 ***	.22 **	.27 ***	—	− .03	.09	.00	− .06	.54 ***
ソーシャルサポートの期待度											
7 配偶者	− .23 **	− .28 ***	.03	.00	− .01	− .06	—	.12	.01	.12	− .08
8 医療機関・療育機関	− .13	− .19 *	.01	− .13	.03	.00	.26 ***	—	.16	.46 ***	− .10
9 親の会	.06	.00	.16 *	.17 *	.13	.20 **	.15 *	.23 **	—	.24 *	.01
10 専門機関	− .18 *	− .16 *	.15 *	.00	− .01	.13	.13	.54 ***	.36 ***	—	− .11
11 SRS-18	− .03	− .12	.23 **	.25 **	.24 **	.47 ***	− .20 **	.07	.12	.16 *	—

* $p<.05$, ** $p<.01$, *** $p<.001$
上段は父親（$n=97$）、下段は母親（$n=180$）の相関係数を示す

「理解・対応の困難」「将来・自立への不安」「周囲からの理解のなさ」「障害認識の葛藤」の 18 項目からなる。回答者自身がここ 1 カ月間の間に質問項目の出来事を、どのくらいの頻度で経験したかを 4 件法（0：全くなかった～ 3：よくあった）で回答を求めた。

（5）ストレス反応

Stress Response Scale-18（以下、SRS-18；鈴木他, 1997）を使用した。「抑うつ・不安」「不機嫌・怒り」「無気力」の 3 因子、18 項目から構成される。障害のある子どもの育児において、回答者自身がここ 2、3 日に経験した感情や行動の状態にどれくらいあてはまるかを 4 件法（0：全くちがう～ 3：その通りだ）で回答を求めた。

（6）ASD 特性

Autism Spectrum Screening Questionnaire（以下、ASSQ；Ehlers et al., 1999）の日本語版短縮版（伊藤他, 2014）を使用した。計 11 項目について回答者の子どもが ASD に典型的な特徴にあてはまる程度を 3 件法（いいえ、多少、はい）で回答を求めた。

Ⅲ. 結　果

1. 調査協力者の概要

子どもが 18 歳以下、子どもが ASD の診断を有すること、回答に不備のないもの、ASSQ のカットオフ値 5 点以上の条件を満たす 277 名を分析に用いた。

初回調査の平均年齢は 41.71 歳（$SD=7.09$）、男性 97 名（35.02 ％）、女性 180 名（64.98 ％）であった。子どもの平均年齢は 9.96 歳（$SD=4.33$）、男子 215 名（77.62 ％）、女子 62 名（22.38 ％）であった。子どもの診断名は ASD（または広汎性発達障害）149 名（53.79 ％）が最も多く、自閉症 76 名（27.44 ％）、アスペルガー障害 40 名（14.44 ％）、高機能自閉症 18 名（6.50 ％）の順に多かった。その他の診断名を複数有する者は 42 名（15.16 ％）であり、注意欠陥多動性障害 22 名（7.94 ％）、知的障害 17 名（6.14 ％）、学習障害 1 名（0.36 ％）の順に多かった。診断時の平均年齢は 4.99 歳（$SD=2.96$）であった。

2. 各変数の相関関係

分析に先立ち各尺度得点の α 係数を算出したところ、DDPSI が .92、SRS-18 が .96、ASSQ が .67、ソーシャルサポートが .92 ～ .99 であった。各変数の得点を父母別に t 検定を行ったところ、SRS-18 では、母親が父親よりも有意に得点が高かった（t (275)＝3.01, $p<.01$, $d=.64$）。また配偶者によるサポートでは、母親は父親よりも有意に得点が低かった（t (275)＝5.01, $p<.001$, $d=.64$）。情報の検索・閲覧行動と匿名他者への相談行動に有意な差はみられなかった。

次に各尺度得点間の相関係数を父母別に算出した（表 1）。その結果、相関係数が .20 以上のものは、父親では情報の検索・閲覧行動が DDPSI（$r=.25$）と SRS-18（$r=.33$）と有意な正の相関がみられた。母親では情報の検索・閲覧行動が DDPSI（$r=.44$）と SRS-18（$r=.23$）と有意な正の相関がみられた。父親

表 2　心理的ストレス反応を従属変数とした階層的重回帰分析結果

	父親 (n=97)				母親 (n=180)			
	B	β	$\varDelta R^2$	R^2	B	β	$\varDelta R^2$	R^2
Step1								
親の年齢	− .14	− .07	.11 *	.11 *	.04	.02	.08 **	.08 **
子どもの性別 (1 = 女子)	− .45	− .01			− .04	.00		
子どもの年齢	− .25	− .08			− .57	− .17 *		
ASSQ	− .09	− .03			.56	.15 *		
Step2			.02	.13			.10 **	.18 ***
配偶者	− .12	− .02			− .85	− .26 **		
親の会	− .54	− .10			.41	.08		
医療機関・療育機関	− .16	− .05			− .04	− .01		
専門機関	− .03	− .01			.32	.09		
Step3			.23 ***	.36 ***			.14 ***	.31 ***
DDPSI	.60	.50 ***			.46	.39 ***		
Step4			.06 *	.42 ***			.03 *	.34 ***
情報の検索・閲覧行動	.15	.08			− .14	− .08		
匿名他者への相談行動	.90	.22 *			.91	.19 **		

* $p<.05$、** $p<.01$、*** $p<.001$

の匿名他者への相談行動は親の会のサポート ($r=.30$) と SRS-18 ($r=.33$) と有意な正の相関関係がみられた。母親では、匿名他者への相談行動は DDPSI ($r=.22$) と SRS-18 ($r=.25$) と有意な正の相関関係がみられた。

その他の尺度で SRS-18 と有意な関連がみられたのは、父親では親の年齢 ($r=-.25$)、子どもの年齢 ($r=-.23$)、DDPSI ($r=.54$) であった。母親では ASSQ ($r=.24$)、DDPSI ($r=.47$)、配偶者のサポート ($r=-.20$) であった。

3.　インターネット利用と心理的ストレス反応に関する影響の検討

　心理的ストレス反応に対するインターネット利用の影響を検討するために、父母別に SRS-18 を従属変数とした階層的重回帰分析を行った (表 2)。Step1 で親の年齢、子どもの性別と年齢、ASSQ を投入した。Step2 は各サポート変数を、Step3 は DDPSI を、Step4 は情報の検索・閲覧行動と匿名他者への相談行動を投入した。その結果、父親では Step4 で有意な説明率の上昇がみられ、匿名他者への相談行動が有意な正の関連を示した ($\beta=.22$)。情報の検索・閲覧行動は有意な関連がみられなかった。母親でも Step4 で有意な説明率の上昇がみられ、匿名他者への相談行動が有意な正の関連を示した ($\beta=.19$)。その他は Step3 で有意な説明率の上昇がみられ、最終ステップにおい

ても DDPSI ($\beta=.39$) は有意な正の関連を、配偶者サポート ($\beta=-.26$) は負の関連を示した。

Ⅳ. 考　察

　本研究は，関連変数を統制した上で、インターネット利用行動が心理的ストレス反応に与える影響について検討することを目的とした。心理的ストレス反応を従属変数として、関連変数を統制した上でインターネット利用行動の影響を階層的重回帰分析で検討した。その結果、父親と母親の双方において匿名他者への相談行動が有意な正の関連を示したが、検索・閲覧行動は有意な関連が示されなかった。したがって、本研究の仮説が一部支持された。以下にそれぞれの仮説と結果について考察を行う。

　まず匿名他者への相談行動については、父母ともに相関分析では心理的ストレス反応と正の相関を示し、階層的重回帰分析においても同様の結果が得られ、仮説は支持された。以上の結果は、先行研究においてオンラインの情緒的サポートが安全感や孤独感の緩和をもたらすことが報告されてきたが (Fleischmann, 2005; Huws et al., 2001)、少なくともそれらに慎重な検討の必要性を示唆する。インターネット上の交流や相談は否定的な感情や議論に触れることになり否定的な感情や気分を生じさせやすい (Cole et al., 2017;

Jones & Lewis, 2001）。またインターネット上では特に匿名性の高さによって、荒し行為や障害に関して無理解な発言やコメントがなされることもある（Hall et al., 2016）。さらに、インターネット上への匿名他者への相談が現実の相談機関への援助要請行動を抑制するという報告（Yamane, 2016）があることから、相談機関等の対面によるサポートを本来必要とする親が、インターネット上での相談やサポートに頼り過ぎてしまい、相談機関につながらないことで、結果的にストレスの高さにつながる可能性も考えられる。ただし、本研究はあくまで横断的な検討に留まったものである。ストレス反応の高い親ほどインターネット上の匿名他者に相談をしているという逆方向の関係も考えられるため、今後は縦断検討など詳細な検証が必要であろう。

　次にインターネット上の情報の検索・閲覧行動については心理的ストレス反応と正の相関がみられたものの、階層的重回帰分析では有意な関連がみられず、仮説は支持されなかった。このことは、インターネット上の情報収集がASD児の親にとって欲求不満や疲労につながるとする報告があるが（Reinke & Solheim, 2015）、親にとってはそれらの負担以上に情報を得ることの恩恵が大きいことを意味するのかもしれない。また心理的ストレス反応と関連がみられなかったことは、情報を収集する行為ではなく、それらを踏まえたその後の相談行動やストレス対処等が心理的ストレス反応に影響をもつことも考えられる。相関分析では情報の検索・閲覧行動が父母ともに養育ストレッサーや心理的ストレス反応と有意な正の相関がみられたものの、階層的重回帰分析では有意な関連がみられなかった。このことは養育ストレッサーによる心理的ストレス反応への影響を統制したことによる結果であると考えられる。情報の検索・閲覧行動は養育ストレッサーと正の相関を示していたため、養育ストレッサーの高い親は情報の検索・閲覧行動の頻度が高いが、そのことが心理的ストレス反応の高さにつながるわけではなく、養育ストレッサーが心理的ストレス反応を高めていると考えられる。

　本研究は先行研究がインターネット上のサポートの肯定的な側面についてのみ焦点をあててきた中で、インターネット利用の課題や否定的側面について光を当てた点に意義を有するものと考えられる。また先行研究で不足している父親を対象に実証的に検討したことも研究上の意義を有するといえる。

　一方でインターネット上のサポートと親のストレスに関する研究は萌芽的な段階であり、本研究の結果については慎重な解釈も必要であろう。例えば、インターネット上の相談行動がストレスを高めるという結果は、効果的なオンラインソーシャルサポートにはいくつかの条件が必要であり、本研究ではそれらの要因を十分に検討できていないために、ストレスとの正の関連が示された可能性も考えられる。質的研究ではASD児の母親がインターネット上でサポートを受けるだけなく、同じ立場の他者にサポートを提供しているというインターネット上の相互作用が報告されている（Hall et al., 2016; Reinke & Solheim, 2015）。しかしながら本研究では親がインターネット上の匿名他者に援助を求めるという一方向の側面しか測定をしていない。その他にも本研究はサポート希求先との関係性やその特徴等を検討できていない。特にオンラインソーシャルサポートの肯定的な影響は、障害児の親に特化したグループやコミュニティに限られることや、相談先の匿名他者との関係性または匿名他者との相互的なサポート関係の有無によっても変わりうることも考えられる。さらには、オンラインソーシャルサポートの肯定的な影響がみられるのはASD児の親側の個人要因が関わっている可能性が考えられる。例えば先行研究の調査協力者にはサンプルの偏りがみられている。Reinke & Solheim（2015）の研究では調査協力者は母親に限定され社会経済的地位や教育歴など統制されておらず、Clifford & Minnes（2013b）の調査協力者は高学歴に偏っているという限界がみられた。また、Hallら（2016）はインターネット上のサポートグループに参加し、適切な形でサポートを求めることができるのは、そもそもそれが可能な特徴をもつ親に限ったことであり、心理的負担が非常に強い状態の親や現実の問題に対処せざるを得ない状況の親にとっては、オンライン上のサポートは無関係かむしろ負担を強めるものであることを指摘している。したがって、本研究の結果は、比較的サンプルの偏りがみられなかったことによる結果かもしれないし、サポートを適切に求めにくい親が多く調査に参加していた結果かもしれない。今後はオンラインソーシャルサポートを有効に活用できる個人特性や背景について検討していくことが必要であろう。

　付記：本研究はJSPS科研費JP15K21161の助成を受けたものです。

〈文　献〉

Bishop, S. L., Richler, J., Cain, A. C. et al.（2007）Predictors of perceived negative impact in mothers of children with autism spectrum disorder. American Journal on Mental Retardation, 112, 450-461.

Boyd, B. A.（2002）Examining the relationship between stress and lack of social support in mothers of children with autism. Focus on Autism and Other Developmental Disabilities, 17, 208-215.

Caton, S., Koivunen, E. R., & Allison, C.（2019）Internet use for family carers of people with intellectual disabilities: A literature review and thematic synthesis. Journal of Intellectual Disabilities, 23(3), 446-468.

Cole, L., Kharwa, Y., Khumalo, N. et al.（2017）Caregivers of school-aged children with autism: Social media as a source of support. Journal of Child and Family Studies, 26(12), 3464-3475.

Clifford, T. & Minnes, P.（2013a）Logging on: Evaluating an online support group for parents of children with autism spectrum disorders. Journal of Autism and Developmental Disorders, 43, 1662-1675.

Clifford, T. & Minnes, P.（2013b）Who participates in support groups for parents of children with autism spectrum disorders? The role of beliefs and coping style. Journal of Autism and Developmental Disorders, 43, 179-187.

Chowdhury, J., Drummond, J., Fleming, D. et al.（2002）Content analysis of online autism specific sites. Journal on Developmental Disabilities, 9, 157-165.

Doty, J. L. & Dworkin, J.（2014）Online social support for parents: A critical review. Marriage & Family Review, 50(2), 174-198.

Ehlers, S., Gillberg, C., & Wing, L.（1999）A screening questionnaire for asperger syndrome and other high-functioning autism spectrum disorders in school age children. Journal of Autism and Developmental Disorders, 29, 129-141.

Fleischmann, A.（2005）The hero's story and autism: Grounded theory study of websites for parents of children with autism. Autism, 9, 299-316.

Grant, N., Rodger, S., & Hoffmann, T.（2015）Evaluation of autism: Related health information on the web. Journal of Applied Research in Intellectual Disabilities, 28, 276-282.

Gundersen, T.（2011）'One wants to know what a chromosome is': The internet as a coping resource when adjusting to life parenting a child with a rare genetic disorder. Sociology of health & illness, 33(1), 81-95.

Hall, C. M., Culler, E. D., & Frank-Webb, A.（2016）Online dissemination of resources and services for parents of children with autism spectrum disorders（ASDs）: A systematic review of evidence. Review Journal of Autism and Developmental Disorders, 3, 273-285.

House, J. S.（1981）Work Stress and Social Support. Addison-Wesley.

Huws, J. C., Jones, R. S. P., & Ingledew, D. K.（2001）Parents of children with autism using an email group: A grounded theory study. Journal of Health Psychology, 6, 569-584.

伊藤大幸・松本かおり・高柳伸哉他（2014）ASSQ 日本語版の心理測定学的特性の検証と短縮版の開発. 心理学研究 , 85, 304-312.

Jones, D. J., Forehand, R., Cuellar, J. et al.（2013）Harnessing innovative technologies to advance children's mental health: Behavioral parent training as an example. Clinical Psychology Review, 33, 241-252.

Jones, R. & Lewis, H.（2001）Debunking the pathological model-The functions of an Internet discussion group. Down Syndrome Research and Practice, 6(3), 123-127.

Mackintosh, V. H., Myers, B. J., & Goin-Kochel, R. P.（2005）Sources of information and support used by parents of children with autism spectrum disorders. Journal on Developmental Disabilities, 12, 41-51.

Mickelson, K. D.（1997）Seeking social support: Parents in electric support groups. In S. Kiesler（Ed.）（2001）Culture of the Internet. Lawrence Erlbaum, pp.158-178.

Reinke, J. S. & Solheim, C. A.（2015）Online social support experiences of mothers of children with autism spectrum disorder. Journal of Child and

Family Studies, 24, 2364-2373.

坂口美幸・別府　哲（2007）就学前の自閉症児をも
　つ母親のストレッサーの構造．特殊教育学研究,
　45(3), 127-136.

鈴木伸一・嶋田洋徳・三浦正江他（1997）新しい心
　理的ストレス反応尺度（SRS-18）の開発と信頼性・
　妥当性の検討．行動医学研究, 4, 22-29.

山根隆宏（2013）発達障害児・者をもつ親のストレッ
　サー尺度の作成と信頼性・妥当性の検討．心理学研

究, 83, 556-565.

山根隆宏（2019）自閉症スペクトラム障害児者をもつ
　親のオンラインソーシャルサポート利用の実態と関
　連要因．神戸大学大学院人間発達環境学研究科紀
　要, 13(1), 73-80.

Yamane, T.（2016）Predictors of help-seeking
　behavior in parents of children with autism
　spectrum disorders. International Journal of
　Psychology, 51, 424.

Effects of online social support on psychological stress among parents of children with autism spectrum disorders

Takahiro Yamane（Graduate School of Human Development and Environment, Kobe University）

Abstract: The Internet is an essential information resource for parents of children with disabilities regarding their children's disabilities and support. However, research have pointed out that the abundance of information online and the possibility of consulting with anonymous others online might lead to fatigue and negative mood in parents. This study examined whether Internet use increased psychological stress response among parents of children with autism spectrum disorders（ASD）. An online questionnaire survey was conducted with 277 Japanese parents of children with ASD aged 2-18 years. The survey assessed anonymous consulting, information browsing, social support, autism traits, parenting stressors, and psychological stress. Hierarchical regression analysis indicated that increased anonymous consulting was related to increased psychological stress responses among parents after controlling for demographic variables, autism traits, social support, and parenting stressors, which supported the study's hypothesis. However, the results also indicated that information browsing was not related to psychological stress response, which was inconsistent with the study's hypothesis. These results suggest that anonymous consulting might has a worsening effect on the psychological stress response. We have discussed the advantages and possible problems caused by Internet use and the limitations of this study.

Key Words : autism spectrum disorder, parents, Internet use, social support, psychological stress.

The Japanese Journal of Autistic Spectrum 2021, Vol.19-1, 13-21

総説

自閉スペクトラム症の女性の主観的な経験理解
――海外文献の質的システマティックレビュー――

Understanding experiences of women with autism spectrum disorder: A systematic review of qualitative findings in foreign literature

砂川　芽吹（お茶の水女子大学）

Mebuki Sunagawa（*Ochanomizu University*）

■要旨：本研究では、自閉スペクトラム症（ASD）の女性当事者を対象とした海外文献の質的システマティックレビューから、①協力者の属性や研究方法の特徴を明らかにすること、および② ASD の女性の経験に関する研究知見をまとめることを目的とする。そしてそれを踏まえて、ASD の女性の主観的な経験理解と支援に向けた質的研究の課題と展望について検討する。過去 20 年間に英語で刊行された質的研究を対象とした系統的な論文選択のプロセスを経て、最終的に 19 編の論文が抽出された。対象となった論文の特徴、および各論文で示された結果の主なテーマをまとめた。その結果、ASD の女性が思春期以降、特性と社会環境との相互作用の中で困難を経験し対処してきたことが、当事者自身の視点から明らかとなった。また、ASD の特性が女性のライフイベントに影響を与え、当事者は女性特有の困難を経験していたことが示唆された。本研究を通して、ASD の女性の理解と支援において、ASD があり、かつ女性であるという観点から、その主観的な経験を捉えるような質的研究の重要性が示唆された。

■キーワード：自閉スペクトラム症、女性、主観的な経験、質的システマティックレビュー

Ⅰ．問題と目的

　自閉スペクトラム症（autism spectrum disorder：以下，ASD）の女性の理解や支援は、症例数の多い男性例をベースとしている現状がある（Kirkovski et al., 2013）。しかしながら、ASD の女性が、思春期以降の友人関係（黒田，2014）や妊娠・出産・育児等（辻井・笠原，2011）に困難を抱えうることが指摘されているように、当事者は女性として生きるうえで男性とは異なる困難を経験していると考えられる。

　ASD の女性の経験理解において、当事者の手記が果たした役割は大きい。なぜなら、それらの多くは女性当事者によって書かれたためである。手記の中では、当事者特有の内的世界における経験が記されている（Williams, 1992/1993 など）。また、近年では「当事者研究」によって、当事者自身の障害や経験に関する理解も示されている。ASD のある者の経験は、定型発達者のそれとは大きく異なると考えられることから、当事者の視点からその経験を理解する必要がある。

　先述の通り、ASD の女性は男性の陰に隠れて臨床や研究において焦点が当たってこなかった。そのため、ASD の女性がどのような主観的な苦痛や困難を抱いているのか、ということを明らかにすることが重要である。質的研究は、個人の主観的な世界の捉え方や経験の意味理解を探求することに特徴があることから（能智，2011）、ASD の女性の経験理解において有効であると考えられる。Eaton（2012）や Mademtzi ら（2018）は、ASD の娘を持つ母親にインタビュー調査を行い、母親の立場から ASD の女性の診断経験、理解やサポート等について報告している。このように、先行研究の多くは保護者や支援者を対象としており、本人に対する調査は十分に行われておらず、その中でも女性に焦点を絞った研究は少ない。臨床場面において親の見解が重視される問題点が指摘されている（今泉，2008）ことからも、当事者の視点からその困難を明らかにする必要があり、女性当事者を対象とした質的研究の意義は大きいと考えられる。

　そこで本研究では、ASD の女性当事者を対象とし

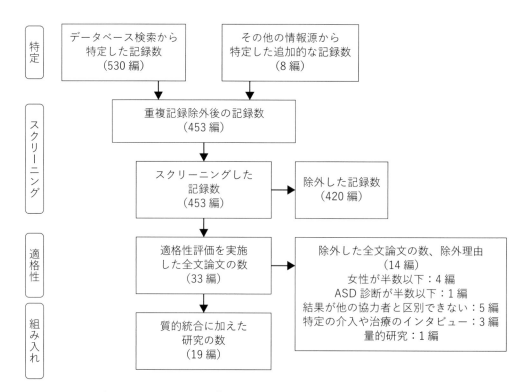

図 1　本レビューの論文選択プロセスに関するフロー図

た海外文献の質的システマティックレビューから、①協力者の属性や研究方法の特徴を明らかにすること、および② ASD の女性の経験に関する研究知見をまとめることを目的とする。そしてそれを踏まえて、ASD の女性の主観的な経験理解と支援に向けた質的研究の課題と展望について検討する。

Ⅱ. 方　法

1. 論文の選択基準

　本レビューの論文選択基準は以下の通りである。①協力者の半数以上が正式な ASD の診断がある女性、②研究方法（手法）として質的研究を用いているもの、③英語で刊行された論文。なお ASD の女性以外の協力者を含む場合は、研究結果において女性の経験や発言が区別された形で記述されていることを条件とした。また、本邦における ASD の女性に対する質的研究は限られていることから、本研究では海外文献のみを対象とした。刊行年範囲は 2000 ～ 2020 年の間としたが、その理由について 20 年以上前にさかのぼる論文は、ASD に関する社会的な認知や支援状況の違いが大きいと考えられたためである。また、女性の ASD について未診断や誤診断の問題が指摘されている（Dworzynski et al., 2012）ことから、自己診断の

者が協力者の半数以下である場合には対象に含めた。

2. 論文の選択方法

　論文選択のプロセスに関するフロー図を図 1 に載せた。2020 年 3 月に Ovid および SCOPUS のデータベースを用いて、以下のキーワードで論文検索を行った。

　（Abstracts）"（Autism* OR ASD OR Asperger* OR Autistic OR ASC）AND（female OR girl OR wom*）AND（qualitative OR interview OR perspective）"

　加えて、その他の情報源として Google Scholar での検索、テーマに関連する論文や書籍等の引用文献についても調べ、選択基準に合致するものを含めた。以上から特定した記録件数は 538 編であり、重複を除いた 453 編がスクリーニングの対象となった。論文の題目および要旨の確認によってスクリーニングを行い、明らかに選択基準から外れている 420 編を除外し、残りの 33 編について全文を確認して適格性を評価した。その結果、協力者のうち女性が半数以下（4 編）、正式な ASD の診断がある者が半数以下（1 編）、女性以外の協力者と結果が区別できない（5 編）、特定の介入や治療に関するインタビュー（3 編）、量的研究（1編）という理由で 14 編が除外され、19 編が選択基準を満たしていると判断された。さらに、質的研究の質の査定基準である JBI-QARI（JBI Critical Appraisal Checklist for Qualitative Research）（Aromataris &

Munn, 2017）を用いて一定の質を保っていることを確認し、最終的に 19 編全てをレビューの対象とした。

Ⅲ．結　果

対象論文の詳細を表 1 に示した。各論文を十分に読み込んだ後、それぞれで示された結果の主なテーマを抽出して統合した結果、ASD の女性の経験に関して 8 つのテーマが得られた。以下では、まず対象となった質的研究の特徴を示し、次に各テーマを概観していく。

1．ASD の女性を対象とした質的研究の特徴
（1）協力者の属性

本レビューで対象とした 19 編について、全体で161 名の協力者が含まれた。協力者の発達段階は、小学生（1 編）、中・高校生（8 編）、小学生から成人（1 編）、成人（9 編）であり、年齢幅は 7 ～ 69 歳だった。当事者以外の協力者（保護者・教員等）を含んだ研究は 5 編であった。

自己診断の協力者を含む研究は 4 編で、他 15 編では協力者全員が ASD 圏の診断があり、うち 2 編では診断確認のために補足的なアセスメントを行っていた。診断時期について、成人のみを対象とした 9 編のうち、記載なし（2 編）、幼少期から成人期（1 編）、16 歳以上（4 編）、40 歳以上（2 編）であった。

協力者の知的発達レベルに関して具体的な IQ 値を示した研究はなかったが、知的障害のある者が含まれていること、あるいは含まれていないことを明記、平均以上の知的発達レベルであることが協力者の条件、一定の学歴以上であることが条件、教育歴に言及、という対応がなされていた。

（2）研究方法の特徴

研究背景について、主に成人期以前の当事者が対象の研究 9 編は全て学校場面であり、教育経験と友人関係が主なテーマであった。主に成人期以降の当事者が対象の研究 10 編では、日常生活全般での経験を中心とし、サービスや支援の利用、親密な関係性、妊娠・出産・子育て、閉経、診断経験などの特定のテーマを主に扱ったものも含まれていた。採用された研究方法は半構造化面接法を用いたインタビューが最も多く（14 編）、グループ・インタビューや参加型活動の一環でのインタビューも含まれていた。分析方法は、テーマ分析が最も多く（9 編）、解釈学的現象学的分析、フレームワーク分析、その他が続いた。

2．ASD の女性の主観的な経験に関するテーマ
（1）学校生活での困難

当事者は、学校生活においてその環境や構造の影響を大きく受けていた。Goodall & MacKenzie（2019）の協力者は、大人数が常に秩序なくざわつく教室が大きなストレスであったと述べている。同様に、当事者が学校の多様な刺激に圧倒されて感覚的な負荷を負っていたことが示された（Cook et al., 2018; Sproston et al., 2017 ; Tierney et al., 2016）。また学校適応に関して、教室移動や終日の授業の苦痛（Goodall & MacKenzie, 2019）、授業課題への興味の無さ（Cridland et al., 2014）、教師の指示や課題の意図を理解することの難しさ（Moyse & Porter, 2015）、進学に伴う新たな学校環境への適応の難しさ（Cridland et al., 2014; Essex & Melham, 2019）が示された。学校生活での困難に際し、Sproston ら（2017）では、教師との信頼関係が語られた一方で衝突も報告されており、教師や学校の当事者に対する理解やサポートは不足していた。

（2）女性同士の友人関係の構築と維持の難しさ

当事者は、友人関係に強い動機をもつことが示された（Cook et al., 2018; Milner et al., 2019; Myles et al., 2019; Tierney et al., 2016; Vine Foggo & Webster, 2017）。Myles ら（2019）の協力者は、学校生活の充実には友達が必要であると語り、同様に、情緒的支えや所属感（Vine Foggo & Webster, 2017）、社会的スキルの習得（Tierney et al., 2016）など、当事者は友人関係を重視していた。Sproston ら（2017）では、少数の気の合う友達と学校生活を楽しんだ事例が紹介されている。しかし、実際には友人関係の構築や維持は容易ではなく、特に女性グループ内の困難が示された（Cook et al., 2018; Myles et al., 2019; Tierney et al., 2016; Vine Foggo & Webster, 2017）。Bargiela ら（2016）では、友人関係について、「友達」の定義や自然なやりとりのわからなさ、一人の友達を独占、周囲の女性の "洗練された" 社会的能力についていけない、噂話や世間話に対応できないといった様々なハードルが挙げられた。また Tierney ら（2016）では、協力者は自分たちの見た目、関心、コミュニケーションスタイルが "女の子っぽくない" と感じており、それが同性の輪に入ることへの抵抗感に繋がっていたことを示唆している。結果的に、当事者は学校で孤立したり（Moyse & Porter, 2015）、一見グループに入っ

表1　ASD の女性を対象とした質的研究の概要

著者（刊行年次）	協力者の人数と属性[注1]	データ収集と分析方法	主な調査内容
Moyse & Porter（2015）	3名（7歳、8歳、11歳）（＋母親3名、担任、特別支援教育教員）全員公立学校	非構造非参加型観察法（活動の一環でインタビュー）、母親と教員は半構造化面接　組織的フレームワーク分析	学校での困難の経験と対処の方法、教員の認識
Cook, Ogden, & Winstone（2018）	11名（11-17歳）公立学校6名、特別支援学校5名	半構造化面接（保護者同席）テーマ分析	学校での勉強、友人関係、いじめに関する経験
Cridland, Jones, Caputi, & Magee（2014）	3名（12-17歳）（＋母親3名、母親のみ2名）公立学校2名、職業訓練1名	半構造化面接　解釈学的現象学的分析	思春期における学校、友人関係、身体の変化に関する経験
Sproston, Sedgewick, & Crane（2017）	8名（12-17歳）（＋保護者8名）※1名は未診断　代替教育機関（PRU）7名、代替教育への移行準備中1名	半構造化面接（個別6名、保護者同席2名）テーマ分析	学校での教育や排除の経験、転入後の特別支援教育における経験
Myles, Boyle, & Richards（2019）	8名（12-17歳）全員公立学校	半構造化面接　テーマ分析	学校への帰属感と排除に関する経験、学校において必要なサポート
Tierney, Burn, & Kilbey（2016）	10名（13-16歳）公立学校5名、グラマースクール1名、代替教育機関1名、家庭教育1名、放送大学1名、不登校1名	半構造化面接（保護者同席6名）解釈学的現象学的分析	思春期の社会適応の方法（特に、友人関係において、社会コミュニケーション障害をカバーするもの）
Vine Foggo & Webster（2017）	7名（13-17歳）全員公立学校	半構造化面接（電話1名、紙面6名）帰納的テーマ分析	思春期の社会的経験、友人関係に関する認識の特徴
Essex & Melham（2019）	4名（16-18歳）（＋学校スタッフ4名）公立学校2名、私立学校1名、継続教育（FE college）1名	半構造化面接（スタッフのうち、電話3名）テーマ分析	大学への移行期前後における教育経験
Goodall & MacKenzie（2019）	2名（16歳、17歳）専門学校1名、主に家庭教育1名	半構造化面接（参加型活動の一環）、（メール1名）帰納的分析法	学校における経験（学校環境、教師、カリキュラム、友人）
Milner, McIntosh, Colvert, & Happé（2019）	18名（11-55歳）（＋母親4名）※2名は未診断	グループディスカッション11名（2名×3組＋5名×1組）、半構造化面接11名（うち電話4名）テーマ分析	対人関係における困難と対処、診断や支援に関する障壁、ASD の否定的側面と肯定的側面
Bargiela, Steward, & Mandy（2016）	14名（22-30歳）就労7名、学生3名、ボランティア3名、専業主婦1名　全員 IQ ≧ 70	半構造化面接（うちオンライン上4名、電話1名）フレームワーク分析	診断の障壁、被害経験、性役割期待、社会コミュニケーションの障害に関する困難と対処
Kanfiszer, Davies, & Collins（2017）	7名（20-59歳）知的障害あり3名	半構造化面接　マルチステージ・ナラティブ分析	大人になって診断を受けた経験（特に、性自認と社会的関係性）
Kock, Strydom, O'brady, & Tantam（2019）	8名（24-40歳）全国統一試験で1つ以上合格	半構造化面接　解釈学的現象学的分析	大人になって診断を受けた経験、親密な関係性への影響
Leedham, Thompson, Smith, & Freeth（2020）	11名（43-64歳）全員40歳以上で診断	半構造化面接　解釈学的現象学的分析	中年期以降の診断経験（診断前の状況、診断後の受容や関係性への影響）
Webster & Garvis（2017）	10名（28-55歳）全員大学卒業以上の学歴	半構造化面接　テーマ分析	診断前後の経験、対人関係・教育・職場で適応できた要因
Tint & Weiss（2018）	20名（19-69歳）就労／学生55%、無職30%、就労／学生（パートタイム）5%、退職5%、全員知的障害なし	フォーカス・グループインタビュー（2-6名×5組）帰納的意味分析	サービスや支援の利用経験、ニーズとの齟齬、求められる支援内容
Rogers, Lepherd, Ganguly, & Jacob-Rogers（2017）	1名（26歳）	出産前後のメールインタビュー、出産後の面接　テーマ分析	妊娠、出産、子育てに関する経験、専門家とのコミュニケーションの難しさ
Gardner, Suplee, Bloch, & Lecks（2016）	8名（27-52歳）※2名は未診断	※尺度作成に係るインタビューの二次分析　オープン・ホリスティック分析	妊娠、出産、子育てに関する経験、感覚過敏の影響
Moseley, Druce, & Turner-Cobb（2020）	8名（49-63歳）※1名は未診断	フォーカス・グループインタビュー　テーマ分析	閉経後の日常生活への影響、閉経に関する認識、必要なサポート

注1）属性については、年齢、職業、知的発達レベルに関する記述のうち、記載があったものについて載せた。また、未診断の協力者が含まれる場合にはその人数を「※」で記した。

ているように見えても周辺に「居る」だけで、会話や活動に参加できていない状態（Moyse & Porter, 2015; Myles et al., 2019）であった。

（3）いじめや孤立

友人関係でのつまずきから、当事者はいじめや孤立を経験していた（Cook et al., 2018; Goodall & MacKenzie, 2019; Kanfiszer et al., 2017; Myles et al., 2019; Sproston et al., 2017; Tierney et al., 2016; Vine Foggo & Webster, 2017）。いじめの内容には身体的な暴力等も含まれていたが、無視、軽視、子ども扱いなど関係性の中でのいじめが主だった（Myles et al., 2019）。当事者が被害を受ける原因について Kanfiszer ら（2017）は、社会的やり取りの難しさと、周囲との知的能力や興味関心のズレが問題の中心にあると指摘した。加えて、例えばグループ分けやペア決めで余る（Cook et al., 2018; Goodall & MacKenzie, 2019）などの経験の積み重ねが、当事者の孤独感を深めただけではなく、周囲にも公然のものとしていた。学校でのいじめや孤立から、当事者の中には精神的に不安定な状態となる者もいた（Cook et al., 2018; Tierney et al., 2016）。

（4）女性の社会的期待に関するプレッシャー

Tierney ら（2016）では、思春期以降に周囲の女性の興味関心や女性に対する社会的期待が変化するにつれて、協力者が次第に浮いた存在になっていたことを明らかにしている。また、Milner ら（2019）の協力者は、社会性の期待水準、コミュニケーションやグループの在り方が男女で異なり、ASD の女性であることで困難が増幅されると述べた。このような女性に関する社会的期待に対して、ASD のある自分自身を受け入れたいという気持ちと、性役割を担うことに対するプレッシャーとの間で葛藤を抱いたり（Bargiela et al., 2016）、あるいは Kanfiszer ら（2017）の全ての協力者は、女性に期待されている母性本能を否定し、子どもを持たない将来像を描いたりしていた。

（5）ASD の特性や困難の"カモフラージュ"

当事者は、特性や困難を"カモフラージュ"していたことが示された（Bargiela et al., 2016; Cook et al., 2018; Leedham, 2020; Milner et al., 2019; Myles et al., 2019; Tierney et al., 2016; Tint & Weiss, 2018）。Milner ら（2019）の協力者は、ASD の特徴を隠すために周囲の行動を観察していたと述べ、Tierney ら（2016）でも、表情、姿勢、声の調子、会話のトピック、興味の選択など多岐に渡って友達の言動を模倣していたという。さらに、社会的場面では過度に幸せそ

うな表情を作るか無表情になることで、本当の気持ちを隠していたことも語られていた（Tierney et al., 2016）。協力者の行動観察では、授業中に困ると周囲からヒントを探そうとするという報告から（Moyse & Porter, 2015）、結果的に困難が隠されていた場合もあった。"カモフラージュ"の背景について、社会的場面への混乱（Leedham et al., 2020）、友達から"違う"と見られた経験（Bargiela et al., 2016）、浮きたくないという思い（Tierney et al., 2016）、周囲への適合、グループへの参加、ラベリングへの懸念（Cook et al., 2018）などがあった。一方で、Myles ら（2019）では、他者と良い関係が持てるうえに自信にもなるといった肯定的な面にも言及されていた。"カモフラージュ"は社会生活において適応的な側面がある一方で、過度な心身の負担に加え、アイデンティティの混乱、他者に利用され易くなる（Bargiela et al., 2016）、自傷や自殺念慮が出現（Tierney et al., 2016）といった弊害も示された。さらに、このような負担を抱えながらも、当事者が"カモフラージュ"のために行っている努力（Milner et al., 2019）や支援ニーズ（Tint & Weiss, 2018）だけではなく、結果的に ASD 自体が見過ごされる可能性が示唆された（Cook et al., 2018; Tierney et al., 2016）。

（6）成人期の診断経験と支援の不足

診断当初の複雑な心境が、過去の振り返りや障害について知る過程を経て、徐々に自己理解が進んでいったことが示された（Kock et al., 2019; Leedham et al., 2020; Webster & Garvis, 2017）。Webster & Garvis（2017）の協力者は、診断によって支援を受け、新たなアイデンティティの獲得やキャリアの選択が可能となることから、早期の診断の重要性を強調した。一方で Leedham ら（2020）では、中年期以降に診断を受ける経験について、自己評価の肯定的な変化や主体性の回復といった意味づけがなされていたものの、この時期に改めて人生を振り返ることの辛さも語られていた。また、診断後のサポート不足が示され（Cridland et al., 2014; Leedham et al., 2020; Milner et al., 2018; Moseley et al., 2020）、診断前の専門家との否定的な経験から、相談や支援に対する期待値が低い場合（Moseley et al., 2020）もあった。

（7）性に関する問題

Kock ら（2019）では、恋愛関係の理解ややり取りの難しさに加えて、性行為に対する困惑や感覚的な不快感を報告した。また、成人期を対象とした研究の一部で性的被害や搾取の経験が示された（Bargiela et al., 2016; Kanfiszer et al., 2017; Kock et al., 2019)。協力者の半数に性被害が報告された Bargiela ら（2016）では、その理由について、当事者が相手の性に関する振舞いの意味を理解せずに模倣する、相手のアプローチの意図をつかめない、友達と性に関する話題を共有できていないことによる安全確保スキルの不足、人に受け入れてもらうことへの渇望、社会的ルールの理解不足といった点があると指摘した。

また性自認に関して、思春期頃から自分の性に違和感を持ち始める者がいた（Kanfiszer et al., 2017; Kock et al., 2019; Milner et al., 2019）。Tierney ら（2016）の協力者は、ASD に加えて性的にマイノリティであることも他の女性との違いを裏付けると語った。性的違和感の背景には、いずれかの性であることへの関心の低さ（Kock et al., 2019）、女性の生物学的な変化に対する居心地の悪さや、他の女性との関心・言動の違いに関する気付き（Kanfiszer et al., 2017）、といった要因の関連が示された。

（8）女性のライフイベントに関する困難

ASD の特性と女性のライフイベントの関連に係る経験が示された。Gardner ら（2016）では、妊娠期の困難として、ホルモンバランスの変化に伴う感覚過敏の増進から、健診時に病院という環境自体からの負荷に加えて、お腹に触られることや超音波検査で使用するジェルの感覚の嫌悪を挙げている。また、Rogers ら（2017）では、内診での子宮口の開きの確認の苦痛が語られた。

また育児においては、特に子どもの表情や行動からその意味を理解し、情緒的に関わることの難しさが報告された（Gardner et al., 2016）。

さらに、閉経を扱った Moseley ら（2020）では、ASD の特性は閉経後の日常生活や認知、情緒の側面に影響することが示され、閉経後は障害特性に対する適応的な対処やセルフケアが難しくなり、それまで隠してきた本来の特性が際立つようになったという。感覚過敏との関連では、更年期のホットフラッシュは温度への敏感さを持つ協力者にとって特に煩わしいものであった（Moseley et al., 2020）。

Ⅳ. 考 察

1. ASD の女性の主観的な経験理解のための質的研究の課題と展望

本レビューを通して、ASD の女性が思春期以降、特性と社会環境との相互作用の中で困難を経験し対処してきたことが、当事者自身の視点から示された。また、ASD の特性が女性のライフイベントに影響を与え、当事者は女性特有の困難を経験していた。以下では、ASD の女性の主観的な経験理解と支援に向けた質的研究の課題と展望について述べる。

まず、ASD の女性の経験を定型発達の女性との比較から捉えることの重要性が挙げられる。本レビューで示された8つのテーマについては、例えば「学校生活での困難」や「いじめや孤立」など、ASD の男女問わず共通して課題となりうるものも含まれた。しかしながら、協力者が経験した困難の多くは ASD の男性との違いではなく、周囲の同性との関係性や比較の中で生じていると考えられた。Dean ら（2014）は、ASD の男女はそれぞれの性における対人関係の中で社会化されるが、男女の社会的期待の違いから、ASD の女性は男性とは異なる困難を経験しうると指摘している。すなわち、ASD の女性が日常生活で経験する困難には、前提として「女性」であることに対する社会的期待があり、それに応えるうえで「ASD」の特性があることが障害となる場合も多いと考えられる。そのため、ASD の女性の経験理解において、ASD の男女間の比較だけではなく、その特性があることで同性の定型発達者との関係の中で生じる困難やその男女の違いを、当事者自身の認識と併せて明らかにするような研究が求められるだろう。またその際、本研究では海外文献を対象としたが、学校制度や社会的慣習、女性への期待、医療体制などは国や地域によって異なることから、日本特有の社会・文化的背景を考慮する必要がある。

続いて、ASD の女性が、女性としてのライフイベントをどのように経験するのかということを明らかにすることである。思春期の ASD の娘を持つ母親に対するインタビュー調査では、月経の管理やプライベートゾーンの把握の難しさ、性被害に関する懸念が示されている（Cridland et al., 2014）。本レビューでも女性特有の経験として、恋愛や性的関係性における ASD の特性による難しさや脆弱性が示された。さらに、女性ホルモンの変化が特性に影響し、女性のライフイベントに関する経験がより困難になる可能性が示唆された。特に女性ホルモンと感覚過敏の関連については、ASD の女性は男性よりも感覚に関する症状が多い（Rynkiewicz & Łucka, 2018）ことの影響が推測される。しかしながら感覚的な問題は本人や周囲が気付きにくく、Moseley ら（2020）でも指摘されている

ように、専門家の ASD の女性に関する知識や利用できるサポートの不足から支援に至りづらいと考えられた。加えて、協力者の中には恋愛や出産、子育てに否定的な発言が見られたことから、ASD の特性を持つことが女性のライフイベントの選択に制限となる可能性もある。このような性ホルモンの変化や性に関する問題は、女性の発達段階で経験しうるものの、これまで ASD の特性との関連から十分に検討がなされてこなかった領域である。そのため、心理的な側面だけではなく、身体的な側面に関しても、当事者の主観的な経験を ASD の特性との関連から具体的に明らかにし、その困難に沿った支援を検討していくことが重要である。

　最後に、本レビューで示された当事者の主観的な経験については、知的発達のレベルや ASD の特性の程度によっても異なると推測される。今回の対象となった研究について、協力者の基本情報の量や内容には幅があった。このことから、質的研究であっても協力者の基本情報を具体的に収集して分析に活かし、結果の妥当性を高めることや、より多角的な視点から当事者の経験を検討していくことが必要である。

2. 本研究の限界点

　まず扱った発達段階が限られた点がある。本研究では ASD の女性本人に対する質的研究を対象としたため、結果的に言語的なやりとりが可能な思春期以降の当事者に関するテーマが中心となった。また ASD の男性との比較や第三者の視点を踏まえた検討がなされていないため、今回の結果は ASD の女性当事者の主観的な経験ではあるが、女性特有の経験であるとは言い切れない。さらに、ASD の女性の経験する困難が中心となり、女性の持つ能力やユニークな経験など肯定的な側面が示されておらず、当事者の多様な経験を捉えるうえでは不十分である。他に、知的レベルや生活状況、診断時期など当事者の経験に影響しうる属性を統制していないこと、各研究の協力者に固有の文脈を活かし切れていないことも限界点である。

　付記：本研究は JSPS 科研費 JP19K14441 の助成を受けたものです。

〈文　献〉

Aromataris, E. & Munn, Z. (Eds.) (2017) Joanna Briggs Institute Reviewer's Manual. The Joanna Briggs Institute.

Bargiela, S., Steward, R., & Mandy, W. (2016) The experiences of late-diagnosed women with autism spectrum conditions: An investigation of the female autism phenotype. Journal of Autism and Developmental Disorders, 46, 3281-3294.

Cook, A., Ogden, J., & Winstone, N. (2018) Friendship motivations, challenges and the role of masking for girls with autism in contrasting school settings. European Journal of Special Needs Education, 33, 302-315.

Cridland, E. K., Jones, S. C., Caputi, P. et al. (2014) Being a girl in a boys' world: Investigating the experiences of girls with autism spectrum disorders during adolescence. Journal of Autism and Developmental Disorders, 44, 1261-1274.

Dean, M., Kasari, C., Shih, W. et al. (2014) The peer relationships of girls with ASD at school: Comparison to boys and girls with and without ASD. Journal of Child Psychology and Psychiatry and Allied Disciplines, 55, 1218-1225.

Dworzynski, K., Ronald, A., Bolton, P. et al. (2012) How different are girls and boys above and below the diagnostic threshold for autism spectrum disorders? Journal of the American Academy of Child and Adolescent Psychiatry, 51, 788-797.

Eaton, L. (2012) Under the radar and behind the scenes: The perspectives of mothers with daughters on the autism spectrum. Good Autism Practice, 13, 9-17.

Essex, J. & Melham, P. (2019) Experiences of educational transition: Young women with ASD, and the staff supporting them, speak. Support for Learning, 34, 86-111.

Gardner, M., Suplee, P. D., Bloch, J. et al. (2016) Exploratory study of childbearing experiences of women with asperger syndrome. Nursing for Women's Health, 20, 28-37.

Goodall, C. & MacKenzie, A. (2019) What about my voice? Autistic young girls' experiences of mainstream school. European Journal of Special Needs Education, 34, 499-513.

今泉佳代子 (2008) 軽度発達障害をめぐって. 田垣正晋 (編) 障害・病いと「ふつう」のはざまで—軽度発達障害者どっちつかずのジレンマを語る. 明石書房, pp.186-200.

Kanfiszer, L., Davies, F., & Collins, S.（2017）"I was just so different"：The experiences of women diagnosed with an autism spectrum. Autism, 21, 661-669.

Kirkovski, M., Enticott, P., & Fitzgerald, P.（2013）A review of the role of female gender in autism spectrum disorders. Journal of Autism and Developmental Disorders, 43, 2584-2603.

Kock, E., Strydom, A., O'Brady, D. et al.（2019）Autistic women's experience of intimate relationships: The impact of an adult diagnosis. Advances in Autism, 5, 38-49.

黒田美保（2014）女子の発達障害の症状と支援の違いを考える．子どもの心と学校臨床, 10, 55-62.

Leedham, A., Thompson, A. R., Smith, R. et al.（2020）"I was exhausted trying to figure it out"：The experiences of females receiving an autism diagnosis in middle to late adulthood. Autism, 24, 135-146.

Mademtzi, M., Singh, P., Shic, F. et al.（2018）Challenges of females with autism: A parental perspective. Journal of Autism and Developmental Disorders, 48, 1301-1310.

Milner, V., McIntosh, H., Colvert, E. et al.（2019）A qualitative exploration of the female experience of autism spectrum disorder（ASD）. Journal of Autism and Developmental Disorders, 49, 2389-2402.

Moseley, R. L., Druce, T., & Turner-Cobb, J. M.（2020）"When my autism broke"：A qualitative study spotlighting autistic voices on menopause. Autism, 24, 1423-1437.

Moyse, R. & Porter, J.（2015）The experience of the hidden curriculum for autistic girls at mainstream primary schools. European Journal of Special Needs Education, 30, 187-201.

Myles, O., Boyle, C., & Richards, A.（2019）The social experiences and sense of belonging in adolescent females with autism in mainstream school. Educational and Child Psychology, 36, 8-21.

能智正博（2011）質的研究法―臨床心理学をまなぶ6. 東京大学出版．

Rogers, C., Lepherd, L., Ganguly, R. et al.（2017）Perinatal issues for women with high functioning autism spectrum disorder. Women and Birth, 30, e89-e95.

Rynkiewicz, A. & Lucka, I.（2018）Autism spectrum disorder（ASD）in girls. Co-occurring psychopathology. Sex Differences in clinical manifestation. Psychiatria Polska, 52, 629-639.

Sproston, K., Sedgewick, F., & Crane, L.（2017）Autistic girls and school exclusion: Perspectives of students and their parents. Autism & Developmental Language Impairments, 2, 1-14.

Tierney, S., Burns, J., & Kilbey, E.（2016）Looking behind the mask: Social coping strategies of girls on the autistic spectrum. Research in Autism Spectrum Disorders, 23, 73-83.

Tint, A. & Weiss, J. A.（2018）A qualitative study of the service experiences of women with autism spectrum disorder. Autism, 22, 928-937.

辻井弘美・笠原麻里（2011）妊娠・出産と育児．精神科臨床サービス, 11, 224-228.

Vine Foggo, R. S. & Webster, A. A.（2017）Understanding the social experiences of adolescent females on the autism spectrum. Research in Autism Spectrum Disorders, 35, 74-85.

Webster, A. A., & Garvis, S.（2017）The importance of critical life moments: An explorative study of successful women with autism spectrum disorder. Autism, 21, 670-677.

Williams, D.（1992）Nobody nowhere. Jessica Kingsley Publishers.（河野万里子訳（1993）自閉症だったわたしへ．新潮文庫.）

自閉症スペクトラム研究　第 19 巻第 1 号　2021

Understanding experiences of women with autism spectrum disorder: A systematic review of qualitative findings in foreign literature

Mebuki Sunagawa（Ochanomizu University）

Abstract: This study reviewed qualitative literature exploring experiences of women with autism spectrum disorder（ASD）to identify qualitative characteristics of such women and synthesize findings on how women with ASD experience their lives. English language publications during the last 20 years were searched; 19 articles matching this study's inclusion criteria were selected, and major topics related to women's unique experiences were reviewed. The results suggested that women with ASD struggled to adapt to their social context and that autistic characteristics might affect their experience of significant life events. Further research is needed to explore their experiences in terms of ASD traits and living as women.

Key Words : autism spectrum disorder, women, subjective experience, qualitative systematic review

The Japanese Journal of Autistic Spectrum 2021, Vol.19-1, 23-31

資料

就学前の自閉スペクトラム症児の母親における育児ストレス
——質的データによる日米比較——

Parenting stress in mothers of preschool children with autism: A comparison between Japan and the U.S. using a qualitative analysis

ポーター　倫子（ワシントン州立大学人間発達学科）

Noriko Porter（*Human Development, Washington State University*）

キャサリン　ラブランド（テキサス大学健康科学センター、ヒューストン）

Katherine Loveland（*University of Texas Health Science Center, Houston*）

山根　隆宏（神戸大学大学院人間発達環境学研究科）

Takahiro Yamane（*Graduate School of Human Development and Environment, Kobe University*）

森本　佳奈（大阪精神医療センター）

Kana Morimoto（*Osaka Psychiatric Medical Center*）

ヤナ　ポージー（ヒューストン大学法律センター）

Yana Posey（*University of Houston Law Center*）

■要旨：本研究の目的は、日米の就学前の自閉スペクトラム症児（ASD児）の母親への面接を通して育児ストレスを比較し、文化に影響された要因を明らかにすることである。方法として、日本23名と米国24名のASD児の母親を対象に、半構造化面接を行った。育児ストレスの要因を育児ストレスインデックスの下位尺度を既存概念として用い、演繹的に分析した。その結果、両文化に共通したストレスの要因としては、子どもの問題行動や発達の偏りや遅れ、ASDの特徴による周りの子どもとの違いであった。日米の主な違いとしては、米国の場合は親役割に関連したストレスが非常に強く、子どもの療育や世話などによる時間的な束縛感やスケジュール管理の難しさ等が述べられた。また日本の特徴として、保育現場で目撃したわが子と定型発達児の違いを見て落ち込むなどの集団重視の文化による影響や、母親は自己を犠牲にし、子どものために尽くさなければならないといった役割社会の影響などが示唆された。

■キーワード：自閉スペクトラム症、育児ストレス、国際比較、文化

Ⅰ. 問題の所在と目的

　自閉スペクトラム症（autism spectrum disorder; ASD）を持つ子どもの親のストレスについて、これまで先進諸国で多くの研究が行われ、その中ではASD児の親のストレスは、ASD以外の障害をもつ子の親や健常児をもつ親に比べてはるかに高いことが報告されている（Davis & Carter, 2008；坂口・別府, 2007）。さらに親の精神的な健康状態の問題は、幼児の発達に悪影響を及ぼし、その後の適応機能にも悪影響を与えていることが指摘されている（Slominski, 2010）。以上のことから、ASD児をもつ子どもの親のストレスを明らかにしていくことは重要である。

　これまでの知見から、ASD児を抱える親のストレスの要因として子どもに関する要因が挙げられてい

る。子どもに関する要因は、コミュニケーション上での困難、癇癪などの問題行動、調整機能の困難さなどが含まれる（Davis & Carter, 2008）。子どもの問題行動については、問題行動が頻繁にみられる ASD 児の親は、そうではない子の親と比較して、育児ストレスが高いことが知られている（Estes et al., 2009）。ASD の特徴と育児ストレスの関係についても研究が行われているが（e.g., Zablotsky et al., 2013）、必ずしも見解が一致していない。例えば Estes ら（2009）は、ASD 児の適応行動と育児ストレスの間に有意な関係がないと報告しているが、Tomanik ら（2004）の報告では、ASD 児の不適応行動は母親のストレスと有意な関係性をもつが、常同行動や不適切な発話は有意な関係性をもたないという結論である。子どもの年齢と親ストレスの関係については、就学前期は親にとって子どもの発達や行動の問題に気付いたり、確定診断や支援を受けるための場を探すなど、負担や困難を経験する時期であることから、育児ストレスが高いことが指摘されている（Estes at al., 2009）。

ASD 研究の中では、子どもに関する要因だけでなく、親（特に母親）に関するストレス要因についても取り上げられている。親の社会的な地位の低さ、抑うつなどの精神的な健康状態は、子どもの行動をどう認知し、解釈するかということにもつながり、親がストレスを経験しやすい状態を生み出していることが報告されている（Dolev et al., 2016）。また ASD 児の母親は、家事、療育、教育支援のために時間的にも肉体的にも強い疲労を経験し、生活が不規則になりがちなことが報告されており（松岡他, 2013）、育児ストレスの要因であることが想定される。関連して、子どものニーズのために自分を犠牲にしなければならないという ASD 児の母親としての親役割がストレスであると指摘されている（Bilgin & Kucuk, 2010）。さらに親が子育ての自信を喪失していたり、子どもに対して罪悪感を覚えていたり、親密な感情を子どもに抱いていないと自覚している場合も、ストレスの要因として報告されている（坂口・別府, 2007）。

上記に挙げられた育児ストレスに影響を及ぼす子もや親の要因は、子どもと家族が置かれた社会文化的状況により差異がみられることが推察できる。例えば米国の ASD 児をもつ母親を対象とした親としての認識と自己有効性に関する調査では，約 80％が ASD 児である自分の子どもに対して十分にやってあげていないという罪悪感をもち，ストレスに結びついていることが報告されている（Kuhn & Carter, 2006）。また米

国の ASD 児の母親は子どもの療育や世話、送り迎えのために非常に多くの時間を費やしており、母親の精神的健康に影響を及ぼしていることが報告されている（Sawyer et al., 2010）。一方，Kamei（2013）による日米の ASD 児の母親の研究では，米国と比較して，日本の母親の方が社会的に孤立し、社会的スティグマを経験している特徴が示されている。以上のような日米の差異は，個人の責任で対処していかなければならないという自主・自立を重んじる米国の価値観や，調和を重んじる日本の価値観の影響が背景にあると考えられる。ASD 児の子育ても、その文化的規範や信条に影響を受けていると考えられるため、国際比較研究により、それぞれの国における育児ストレスの特徴を把握できることが予測される。本研究では日米の就学前の ASD 児をもつ母親を対象とし、育児ストレスの要因を検討することにより、日本の ASD 児を養育する家庭の文化に影響されたリスクと就学前期における家族のニーズをより理解することを目的とする。

Ⅱ．方 法

1．調査協力者

日米ともに、親の会、医療・行政機関、学校、療育センターを通して、ASD 児の母親を募集した。米国は、筆者らが在住する南部の地域で募集を行い、日本は主に関西を中心に参加者を募集した。対象は、ASD の確定診断を受けた 2 〜 6 歳の子どもをもつ母親（米国 24 名、日本 23 名）であった。なお本稿は、筆者らが 2013 年より行ってきた ASD 児の母親の異文化比較研究プロジェクトの一部の報告である。

2．調査手続きと倫理的配慮

実施期間は、2014 年 2 月〜 2016 年 2 月までであった。調査協力者に負担がかからないように直接面接だけではなく、電話と郵送による参加が可能であるようにした。電話面接者は、米国は 24 名中 2 名、日本は 23 名中 9 名であった。直接参加の場合は、療育・教育施設の会議室などを面接に使用した。先行研究によると、電話面接と直接面接で得られるデータの間に有意な差が見られないことが報告されている（Rogers, 1976）。倫理的配慮として、本調査への参加は任意であり、どの時点においても参加の辞退が可能であること、個人情報については厳重に管理することを口頭と文書で説明した。本研究は、第一・第二著者所属大学

表 1　調査協力者とその ASD 児の基礎情報

	米国（n=24）			日本（n=23）		
	N（%）	Mean	SD	N（%）	Mean	SD
子どもの性別						
男児	18（75.0%）			18（78.3%）		
女児	6（25.0%）			5（21.7%）		
子どもの年齢		4.42	1.32		4.65	1.23
母親の年齢		34.00	4.69		38.87	4.48
兄弟姉妹数		1.13	1.04		0.87	0.76
婚姻						
既婚	23（95.8%）			21（91.3%）		
未婚、離婚、別居	1（ 4.2%）			2（ 8.7%）		
社会経済的地位指数*		7.46	1.03		6.83	1.16

*世帯収入、学歴、職業タイプを 1 ～ 3 のランクで得点化し、その合計点で示したものである（収入＋学歴＋職業＝）。得点
　が高いほど、社会経済的地位が高い。Kuppuswamy（1981）の社会経済的地位指数を修正して用いた。

の研究倫理審査委員会の承認を受けて実施された。

3．面接調査と分析

　ASD 児の母親のストレスについて聴取するために、半構造化面接法を行った。調査の前に、個人や家族背景について質問紙に記入してもらった。調査では「自閉症を抱える子どもの母親としての生活で、ストレスに感じるところはどんな点ですか。いくつか例を教えてください」と教示した。所有時間の平均は、米国が 26 分、日本が 30 分であった。面接データは調査協力者の許可を得て録音し、逐語録を作成した。

　多くの日米比較の心理学研究を手掛けてきた東（1994）によると、データの解釈に研究者間の文化的相違があることが予測されるため、今回の研究では育児ストレス研究で国際的に多く使用され、かつ信頼性・妥当性も高い PSI（Parenting Stress Index：育児ストレスインデックス；Abidin, 1995）の下位尺度を既存概念として用い、演繹的にコーディングを行うことで日米の比較を行った。質的分析には、演繹的、帰納的アプローチが紹介されているが（佐藤，2014）、親ストレスをテーマにした先行研究は日米で多いことから、演繹的な方法の方が、既存の理論的枠組みの妥当性を検証するためにも有効であると考えたためである。PSI のマニュアルに示されている各下位尺度の概念に基づいてコードブック（定義づけ、典型的な例、除外基準等）を作成し、それに基づいて分析することで信頼性の高い検証を目指した。

　分析には、本論文著者 4 名が携わり、日米それぞれの逐語録を分析した。A と B は日米のデータを全て分析し、C は日本のデータ、D は英語のデータの分析を行った。中心的に分析を行った A と B の評定者間の一致率はカッパ係数を求めたところ、日本は κ ＝.69、米国は κ ＝.79 であり、信頼性は十分高いと判断された。一致しない点は協議した上で修正した。

Ⅲ．結　果

1．研究対象者の属性

　子どもと母親のそれぞれの属性を表 1 で示した。連続変数については、平均値と標準偏差（SD）、カテゴリ変数については、頻度とパーセンテージを算出した。調査対象の属性はほぼ日米で共通していた。t 検定の結果、母親の年齢については日本の方が米国よりも有意に高く（t（45）＝3.64, p＜.001, Cohen's d＝1.06）、社会経済的地位指数については、Kuppuswamy（1981）の方法を参考にして、学歴、世帯収入、職業の情報を基に計算を行ったところ、日本の母親の方が米国よりも低いという有意傾向がみられた（t（45）＝1.97, p＝.055, Cohen's d＝.57）。これは今回の研究では、米国の母親の方が教育歴が高い（p＜.01, Cohen's d＝.80）という結果を反映していると考えられる。対象者の就労割合は、日米共に約 50％であった。年間世帯収入については、二国間に有意差はみられなかった。

2．育児ストレスの質的比較

　次に ASD 児の母親の面接データの分析を基に、日米それぞれのカテゴリー別の頻度とパーセンテージを求めた。パーセンテージは、カテゴリーの頻度を研

表2　育児ストレス（子の側面）の定義、例文、頻度、パーセンテージ

下位尺度（カテゴリー名）	定義	米国		日本	
		例文	n（%）	例文	n（%）
気が散りやすい・多動（DI）	注意欠陥多動性障害に関連するような行動を多く示す。	"息子は、非常に気が散りやすくって……自閉症に付け加えて、ADHD もあるので"（U5）	3（12.5%）	"高いテンションで、何度も聞いてもらえるまで、何回も同じことを言う。声がすごい大きいし、コントロールが取れないから。うるさいのがうーんってなるんです"（J8）	1（4.3%）
子どもの適応性（AD）	物理的あるいは社会的環境での変化に適応する能力が低い。	"息子を新しい場所に連れていくのが怖い。音が大きすぎたり、うるさすぎたり、つまらないとか言うので。新しい場所に行くのが大変"（U15）	5（20.8%）	"食べ物がすごく偏食なので、同じようなものを作り続けないといけない"（J22）	4（17.4%）
親を喜ばせる度合い（RE）	親との相互作用が不愉快、否定的である。	"息子が私に対して怒鳴ったり叫んだりした時、とても悲しくて、本当に私の気持が傷つく。息子から意地悪なことを言われる時とか"（U13）	1（4.0%）	"切り替えが悪すぎるし、いちいち癇癪でひっくり返ったりするんで。メンタル的に、もう少し子どもが笑ってくれれば"（J6）	2（8.7%）
親を困らせる度合い（DE）	問題行動を示したり、親へ多くの要求をする。	"何かが起こるかわからないので、決してリラックスできないです（中略）。真夜中にベッドから抜け出して、ドアの子どもの安全用装置を外して、ガレージのドアを開けてしまったことに気づかなかったんです"（U2）	14（58.3%）	"ショッピングモールとかいろんな公共の場へ行った時に、自閉症って顔で分かるわけではないので、こうわあーってなった時に"（J1）	13（56.5%）
子どもの機嫌の悪さ（MO）	機嫌が悪かったり、気分にむらがありがち。		0（0.0%）		0（0.0%）
子どもの特徴の受容（AC）	親の期待に見合うような特徴をもっていない。	"他の子どもたちを見ると、イライラします。他の子もたちは成長して、他の人がやっているのを見るだけで学んでいけるのに、うちの子はそうはいかないんです。もう5歳なのに、鼻のかみ方がまだわからないんです"（U14）	12（50.0%）	"もう普通に定型の子と見比べるつもりはなくても、やっぱり見えてしまう部分がたくさんあって、お兄ちゃんで言えば集団登校、保育園で言えば園の参観日。こんなこともできなかったかっていうショック"（J23）	12（52.2%）

英語の面接データは、第一著者が日本語に訳した。発話のカッコ内は、参加者のコード番号であり、国の最初の頭文字（米国＝U、日本＝J）を含めている。

究対象者数（米国24名、日本23名）で国ごとに除算し、算出した。またカテゴリーごとの日米間の差異についてフィッシャーの正確確率を算出したところ、親役割によって生じる規制（RO）と健康（HE）にそれぞれ有意差が認められ、共に米国の方が有意に多かった（RO：$p=.003$、HE：$p=.050$）。以下、それぞれのカテゴリーについて報告する。なお、各カテゴリーの定義、頻度、パーセンテージ、発話例を国別に表2、3に示した。

(1) 気が散りやすい・多動（DI）

米国が3名、日本が1名であった。日米ともに声が大きい、走りまわる、気が散りやすい等の自己統制の欠如、注意欠陥多動性障害に関連するような行動を示す場合に、母親はストレスを経験していることが示された。

(2) 子どもの適応性（AD）

米国が5名、日本が4名であった。日米ともに日常生活、公共の場、園での環境の変化に対して適応できないということがストレスの要因として述べられた。普段とは違った場所、人、食べ物に対して抵抗や困難を示し、切り替えが難しいといったASD児の特徴とも一致している。日米の違いとして、米国の場合5名

表3　育児ストレス（親の側面）の定義、例文、頻度、パーセンテージ

下位尺度（カテゴリー名）	定義	米国		日本	
		例文	n（%）	例文	n（%）
親としての有能感（CO）	自分の子育てスキルや知識が欠けていると評価している。	"自分がやっていることが、正しいのかを見極めるのが難しいということと、しつけに対して躊躇してしまいます。子どもを怒鳴ったりしたくないけど、子どもに対して声をあげてしまうことが、時々あります"（U6）	6（25.0%）	"こうワーってなった時に、もうあなたしつけがなってないとか、もうちょっときちんとさせなさいよっていう非難の目を常に感じてしまって、それでもういたたまれなくなります"（J1）	4（17.4%）
社会的孤立（IS）	同僚、親戚などの情緒的なサポートシステムから孤立している。	"Facebook で、（ASD 児の自分の）子どもについて書くために、非公開のグループを作ってます。そうしたら他の Facebook でつながっている人に、可哀そうにとか言われなくてすむから"（U10）	2（8.3%）	"周りの理解度が、すごく低いなって思います"（U13）	2（8.7%）
子どもへの愛着（AT）	子どもに親密な感情を感じていない。子どもとの情緒的な絆の欠陥に罪悪感を感じる。	"母親として、子どもの思いが分からないことが辛いです。娘が欲しいものをあげたいのに"（U16）	4（16.7%）	"彼が何をしたいっていうのを、望んでいることを、瞬時に理解してあげられないこのもどかしさ"（J20）	6（26.1%）
健康状態（HE）	自分の健康状態に対する否定的な評価をする。	"いつも疲れているので、休みも楽しい時間を過ごすことはないです。一日の終わりにやっとお互いの時間が過ごせるようになっても、疲れ果てているのが普通"（U4）	5（20.8%）		0（0.0%）
親役割によって生じる規制（RO）	親役割のために、自分の自由が束縛され、アイデンティティが維持できないと制限を感じている。	"他の人がやっているような普通のことができないこと。外出とか、映画に行ったり、食事に出かけたり、何でもきない。他の自分の子の世話もしなきゃいけないし、彼らも随分犠牲になってるし"（U20）	15（62.5%）	"やっぱし日常生活が進まない。切り替えが悪すぎるし、いちいち癇癪でひっくり返ったりするんで。日常生活が進まないことが辛いですね。進まないことが、とにかく"（J6）	4（17.4%）
抑うつ・罪悪感（DP）	抑うつや罪悪感を感じている。	"いつも、いつも子どものことが心配です。他の人と一緒にいる時さえも、安全なのかとか心配してしまいますね"（U2）	3（12.5%）	"声がすごい大きいし、コントロールが取れなくてうるさいからうーんってなるんです。過度になり精神的に参る"（J8）	3（13.0%）
配偶者との関係（SP）	配偶者からの情緒的、手段的支援が欠けていると認識している。	"夫婦関係にかなりストレス。子どもが出来てから、二人で外出していない"（U20）	4（16.7%）	"主人のこともありますし、うちは全くサポートも無く。うちは本当に何もしない父親だし"（J4）	1（4.3%）

英語の面接データは、第一著者が日本語に訳した。発話のカッコ内は、参加者のコード番号であり、国の最初の頭文字（米国 = U、日本 = J）を含めている。

中3名が、人と性格が合いにくく、ベビーシッターを嫌がる等、人に対する適応性の能力の低さが挙げられたのに対し、日本では特にそのような記述は見られなかった。一方で、日本の母親の4名のうち2名が園行事における適応の難しさについて述べているのが特徴的であった。

(3) 親を喜ばせる度合い（RE）

　米国が1名、日本が2名であった。子どもに気持ちを傷つけられる、もっと笑ってくれれば等、母子の相互作用が否定的であることが、ストレスの要因として挙げられた。また関係悪化のきっかけとして、子どもの癇癪、意思疎通がうまくできないことが述べられた。

（4）親を困らせる度合い（DE）

　米国が14名、日本が13名であった。その中で最も頻繁に述べられたのは、子どもの癇癪、パニックといった行動で、日米各7名の語りに見られた。日米の違いとして、米国では、目が離せない、家から脱出するなどの危険行動について述べた母親は3名、自分の頭を壁にぶつけたり、周りの子どもを引っかいたり蹴ったりするなどの危害行動について述べた母親は3名であったが、日本はそれぞれ1名ずつであった。日本の母親の特徴として、子どもが自分の言うことを聞いてくれないことを問題行動として述べた母親が2名見られた。

（5）子どもの特徴の受容（AC）

　米国が12名、日本が12名であった。定型発達児や兄弟姉妹と比較し、自分の子どもが違うことについて述べた者が米国と日本がそれぞれ6名と5名ずつであり、発達の偏りや遅れについて述べた者が米国が6名、日本が3名、偏った興味、コミュニケーションが取れないなどのASDの特徴について述べたものが米国と日本それぞれ4名ずつであった。しかし、幼稚園や保育所という保育場面や行事の中で親が目撃した子どもの違いについて述べた者は日本の母親4名でみられ、米国の母親には該当する語りはみられなかった。

（6）親としての有能感（CO）

　米国が6名、日本が4名であった。日米とも、自分の子育てがうまくいっていないと感じたり、子育て能力に自責の念をもつ場合であった。一方、米国では、今子どもに行っていること（療育など）がそれでよいのか確証が持てないという点を述べた者が3名であり、日本の場合は、自分の子育て能力について周りから非難されていると思っていることをストレスとして挙げたものが2名であった。

（7）社会的孤立（IS）

　日米ともにそれぞれ2名であった。周囲や家族のASDに対する理解度が低いことが述べられた。

（8）子どもへの愛着（AT）

　米国が4名、日本が6名であった。内容は共通しており、子どもが何を求めているのか、何を言おうとしているのかを理解することが難しいということに関するストレスであった。子どもと意思疎通をはかることができないことに、母親として罪悪感を感じていることが語られた。

（9）健康状態（HE）

　米国の場合は、5名の母親が相当し、ストレスの要因として、疲れ果てているなどの身体的な疲労感につ

いて述べた者は5名、睡眠不足について述べた者は2名であった。休日や夜も休めないという母親のストレスが述べられた。しかし日本の母親で健康を要因としたストレスについて述べた者はいなかった。

（10）親役割によって生じる規制（RO）

　このカテゴリーは米国で顕著にみられ、15名とカテゴリーの中で一番多かったが、日本は4名であった。内容のほとんどは、子どものニーズのために自分の時間や自由が制限、束縛、支配されているということであり、普通の人のような生活ができない、自分のやりたいことができない、日常生活が進まない、子どものスケジュールに追われるといった束縛感が語られた。また米国のみ、スケジュール管理の難しさについて述べた者が6名、24時間年中無休であると述べた者が3名いた。

（11）抑うつ・罪悪感（DP）

　日米それぞれ3名であった。精神的に疲れ果てている、子どものことが心配、不安でたまらない、悲しい等という母親の語りであった。

（12）配偶者との関係（SP）

　米国が4名、日本が1名であった。米国の4名のうち2名は、ASD児を育てていることで労力や時間がとられ、夫婦の時間がとれないということに対するストレスであった。残りの2名は、子育てや子どもに対する意見の不一致であった。

Ⅳ．考　察

　本研究では、日米の就学前のASD児の母親を対象に育児ストレスについて半構造化面接を行った。そのデータを基に、PSIの下位尺度を既存概念として用い、演繹的にコーディングを行うことで日米の比較を実施した。その結果、PSIの下位尺度の既存概念のうち、DEとACについては、日本の母親の育児ストレスの大きな要因となっていることが示された。日米ともに半数以上の母親がDEとACをストレスの要因として挙げていた。一方、ROとHEは、日米の間に有意な違いが認められた。特に米国の母親にとってはROのストレスが非常に高く、約6割の母親のストレスの要因となっていることが明らかとなった。また日米のそれぞれのストレスの要因の割合の違いだけでなく、質的な差異が認められた。以下、DE、AC、RO、HEを中心に日米の相違点について議論する。

　今回の研究では、日米ともにDEに関するストレス

が非常に高いことが明らかになった。先行研究の中でも、子どもの問題行動が頻繁なほど、育児ストレスが高いことが示されており、本研究はその結果を裏付ける結果となった。しかしDE に関するストレスの中でも、日米の母親の語りには若干な質的な差異がみられ、米国の母親は子どもの危険や危害行動を問題行動として捉えているのに対し、日本の母親は子どもが自分の言うことを聞いてくれないことを問題行動として捉えているということが示された。これは、子どもの安全に対して敏感に配慮しなければならないという米国の安全事情が影響しているのかもしれない。日本の母親を対象とした調査では、子どものしつけの仕方が分からないということが育児の悩みの中心であることが報告されており（増田，2015）、ASD 児は問題行動を示すことが多いことから、子どもをうまくしつけられないということでさらにストレスを感じるのではないかと予測される。

　AC については、日米ともに、発達の偏りや遅れ、ASD の特徴とみられる行動などが原因で、イライラを感じたり、失望を感じているといった親の本音が語られた。また子どもの個性を認め、比較を避けようと思っても、つい比べてしまい落ち込んでしまうという母親のジレンマが伺われた。日米の違いとして、幼稚園や保育所という保育場面や行事の中で親が目撃した子どもの周りとの違いについて述べた者は日本のみであった。AD の中でも、園の行事という場面における子どもの適応性の困難を述べているのは日本の母親だけであったことは、注目に値すると考えられる。行事が多く、集団活動を通して子どもの長所や個性を伸ばすという日本の保育の特徴を考慮すると（Lewis, 1995）、ASD 児の家族が保育現場で自分の子どもの違いに気づき落ち込みやすいという現状を深刻に受け止める必要があると考えられる。また日本の保育では、周囲に合わせるといった協調性が重視されていることから、ASD 児の親は、わが子と他児との違いを突きつけられやすいとも解釈できる。集団活動の多い日本の教育に求められる家族へのサポートが検討されるべきであろう。また日米ともに、子どもの個性や違いを認めてあげたいが実際は難しいというジレンマが認められたことから、母親がそれらの葛藤を開示し、話し合う機会を提供することが大切であると考える。

　本研究では、RO を要因とするストレスを述べた母親が、日本ではそれほど多くなかったのに対し、米国では非常に多いという結果が得られた。関連して、Sawyer らのASD 児をもつ母親を対象とした米国の

研究では、一日平均6 時間、ASD 児の世話に時間を費やしており、母親が経験する時間的な制約の強さが、母親の精神的な健康に影響することが示されている。

　さらに親役割に対する日米の差異の理由の一つとして、日本は米国と比較して、個人が役割によって定義されやすい役割社会の色彩が強いため（東，1994）、ASD 児の母親という役割に対しての制約を感じることが少ないのではないかと推察できる。また日本に根強く残っている伝統的な母性愛神話（大日向，2015）により、母親が自分の自由を犠牲にしても子どもを優先し、自分の親としての責任を全うしなければならないとする社会的な観念があるため、母親としての自分の役割に疑いをもちにくい可能性も考えられる。逆に米国の場合は、個人が道を切り開いていかなければならないという社会的観念があるため、子どもの療育や教育に関する母親の責任が重いことが予測できる。今後日本のASD 児の母親への支援を行うために、障害児の親としてのアイデンティティだけでなく、女性のライフサイクルや自己実現という視点で、データを収集し、分析していくことが重要である。

　自分の健康状態を ASD 児を育てている生活の中でのストレスの要因として述べた者は日本の母親ではみられず、米国では5 名が該当した。身体的疲労や不眠などがその主な理由であり、本来なら休息できるはずの休日や夜もそうできないという母親のジレンマが伺われた。しかし日本でDE がみられなかったのは、体は不調であっても、子どもや子育てのせいにすべきではないという日本人の母親の見識があることが予想される。また育児行動に対する自分の身体への影響が自覚化されていない可能性も考えられる。

V．結　論

　これまで日本の ASD 児の母親のストレスをテーマにした研究は数多く行われてきたが、他国との質的な比較分析により、日本のASD 児の養育ストレスの特徴を明らかにしようと試みた研究は本研究が初めてであり、この点に大きな意義があると考えられる。またASD 児の親の国際比較研究の中では、日本人をサンプルとした研究が少ないことから、この分野の貢献度は高いと考えられる。本研究では、日米に共通したストレスの要因と、日米の社会や文化の違いに影響を受けていると思われるストレスの要因の違いについ

て知見を得ることができた。両文化に共通したストレスの要因としては、子どもの問題行動や発達の偏りや遅れ、ASD の特徴による周囲の子らとの違いであり、この結果は先行研究とも一致している。このことから、支援者は ASD 児の行動に介入することで育児ストレスを軽減するだけでなく、子どもの問題行動や特徴で悩む親の心理面を理解し、支援していくことが大切である。日米の違いとしては、特に米国の場合は親役割に関連したストレスが非常に強く、子どもの療育や世話などによる時間的な束縛感、自分のしたいことや普通の人のような生活ができないという不自由さが述べられた。また日本の特徴として、保育現場で目撃したわが子と定型発達児の違いを見て落ち込むなどの集団重視の文化による影響や、母親は自己を犠牲にし、子どものために尽くさなければならないといった役割社会の影響などが示唆された。今後の日本においても診断を受けた ASD 児の療育体制を整えるだけでなく、その中心となり時間を管理する母親への支援についても同時に検討していくことが必要であろう。

　最後に、本研究の限界と今後の課題を述べる。まず本研究では、育児ストレス研究で頻繁に使用される PSI の下位尺度を既存概念として用い、演繹的にコーディングを行ったため、それ以外に述べられたストレス（例、将来の不安、財政的な負担）については、明らかにすることができなかった。今後さらに帰納的コーディングも行うことにより、既存概念による分析では明らかにできなかった日米の ASD 児の母親が経験しているストレスの共通性、差異を明らかにしたい。

　また今回の研究では、日米それぞれのサンプルに若干偏りがあり、米国の方が教育歴の高い母親が参加したという結果であった。これは米国の大学進学率が日本よりも高い（文部科学省，2012）ことが関係していると考えられる。また本研究では日本の母親の平均年齢が高かったが、日本の晩婚化傾向を反映していると思われる。今後さらにサンプルサイズを増やし、今回の結果を検証していくことが必要である。

付記：本研究にご協力いただいた保護者の皆様に心より感謝申し上げます。なお、本研究は、米国社会科学協議会・国際交流基金共催の安倍フェローシップと米国ランドマーク工業の助成を受けて実施しました。

〈文　献〉

Abidin, R. R.（1995）Parenting Stress Index Third Edition: Professional Manual. Psychological Assessment Resources, Inc.

東　洋（1994）日本人のしつけと教育―発達の日米比較にもとづいて．東京大学出版会.

Bilgin, H. & Kucuk, L.（2010）Raising an autistic child: Perspectives from Turkish mothers. Journal of Child and Adolescent Psychiatric Nursing, 23, 92-99.

Davis, N. O. & Carter, A. S.（2008）Parenting stress in mothers and fathers of toddlers with autism spectrum disorders: Associations with child characteristics. Journal of Autism and Developmental Disorders, 38, 1278-1291.

Dolev, S., Sher-Censor, E., Baransi, N. et al.（2016）Resolution of the child's ASD diagnosis among Arab-Israeli mothers: Associations with maternal sensitivity and wellbeing. Research in Autism Spectrum Disorders, 21, 73-83.

Estes, A., Munson, J., Dawson, G. et al.（2009）Parenting stress and psychological functioning among mothers of preschool children with autism and developmental delay. Autism : The International Journal of Research and Practice, 13, 375-387.

Kamei, A.（2013）Perceptions and experiences of mothers who have children with autism spectrum disorders: Cross-cultural studies from the US and Japan. Unpublished doctoral dissertation. The University of North Carolina at Greensboro, Greensboro, NC.

Kuhn, J. & Carter, A.（2006）Maternal self-efficacy and associated parenting cognitions among mothers of children with autism. American Journal of Orthopsychiatry, 76, 564-575

Kuppuswamy, B.（1981）Manual of Socioeconomic Status. Manasayan.

Lewis, C.（1995）Educating Hearts and Minds. Cambridge University Press.

増田　翼（2015）なぜ「しつけ」に悩まされるのか．仁愛女子短期大学紀要, 47, 57-66.

松岡純子・玉木敦子・初田真人他（2013）広汎性発達障害児をもつ母親が体験している困難と心理的支援．日本看護化学会誌, 33, 12-20.

文部科学省（2012）中央教育審議会大学分科会（第108 回）大学教育部会（第 20 回）資料 3-2. 関連

データ. https://www.mext.go.jp/b_menu/shingi/chukyo/chukyo4/siryo/attach/__icsFiles/afieldfile/2012/07/27/1323908_1.pdf

大日向雅美（2015）母性愛神話の罠. 日本評論社.

Rogers, T.（1976）Interviews by telephone and in person: Quality of responses and field responses and field performance. Public Opinion Quarterly, 40, 51-65.

坂口美幸・別府　哲（2007）就学前の自閉症児をもつ母親のストレッサーの構造. 特殊教育学研究, 45, 127-136.

佐藤郁哉（2008）質的データ分析法―原理・方法・実践. 新曜社.

Sawyer, M. G., Bittman, M., La Greca, A. M. et al.（2010）Time demands of caring for children with autism: What are the implications for maternal mental health? Journal of Autism and Developmental Disorders, 40, 620-628.

Slominski, L. J.（2010）The effects of parental mental illness on children: Pathways to risk to resilience from infancy to adulthood. Unpublished doctoral dissertation, University of Michigan.

Tomanik, S., Harris, G. E., & Hawkins, J.（2004）The relationship between behaviours exhibited by children with autism and maternal stress. Journal of Intellectual and Developmental Disability, 29, 16-26.

Zablotsky, B., Anderson, C., & Law, P.（2013）The association between child autism symptomatology, maternal quality of life, and risk for depression. Journal of Autism and Developmental Disorders, 43, 1946-1955.

Parenting stress in mothers of preschool children with autism: A comparison between Japan and the U.S. using a qualitative analysis

Noriko Porter（Human Development, Washington State University）
Katherine Loveland（University of Texas Health Science Center, Houston）
Takahiro Yamane（Graduate School of Human Development and Environment, Kobe University）
Kana Morimoto（Osaka Psychiatric Medical Center）
Yana Posey（University of Houston Law Center）

Abstract: The purpose of this study was to compare factors associated with parenting stress in mothers of preschool children with ASD from Japan and the U.S. Twenty-three Japanese mothers and 24 U.S. mothers were interviewed related to their stress in raising children with ASD, and their responses were coded using the subscales in the original PSI (Parenting Stress Index) as categories. Our findings suggested that mothers in both countries experienced high stress related to their children's problem behaviors and acceptance of their children's autistic or developmental characteristics. The main differences between the two countries were that U.S. mothers reported very high stress related to parental role restrictions, influenced by their cultural orientation of independence and human agency (i.e., they perceived limited freedom caused by caring for their children) whereas for Japanese mothers, stress was influenced by a group-oriented culture that values conformity (i.e., being different is not easily accepted in school settings), and the expectation that mothers must be selflessly devoted to their children.

Key Words: autism spectrum disorder, parenting stress, cross-national comparison, culture

The Japanese Journal of Autistic Spectrum 2021, Vol.19-1, 33-41

資料

自閉スペクトラム症者とともに働く上司に求められる
コンピテンシーの検討

Competency expected of superiors working with ASD individuals

川端　奈津子（群馬医療福祉大学）

Natsuko Kawabata（*Gunma University of Health and Welfare*）

■要旨：本研究は、自閉スペクトラム症（ASD）者とともに働く上司には、どのようなコンピテンシーが求められるのかを明らかにすることを目的としている。ASD 者の雇用実績と好事例の実践を行っている企業 10 社に行動結果面接（Behavioral Event Interview: BEI）を行い、「管理者」のコンピテンシーとして既に示されている項目との合致性および ASD 者の上司に固有のコンピテンシーの傾向を検討した。その結果、「人材育成」「チーム・リーダーシップ」「インパクトと影響力」「秩序・クオリティ・正確性への関心」「支援とサービス重視」の 5 つが求められる項目としてあげられた。また、組織規模によって人材育成や雇用管理の手法に違いがみられ、配慮をしても特別扱いはせずに丁寧な個別的管理や相談体制の構築とキャリア開発を講じることで、高いパフォーマンスを引き出す工夫をしていることがわかった。今後の課題として、上司には ASD 者の問題解決能力の向上に資する「分析的思考」や「概念的思考」などの認知コンピテンシーを高めることや、同僚の業務負担や当事者との関係性への配慮など、多岐にわたるマネジメントを行うことが求められていた。

■キーワード：自閉スペクトラム症（ASD）、企業就労、障害者雇用、上司、コンピテンシー

Ⅰ．問題の所在と目的

　民間企業における障害者雇用は、障害者の雇用の促進等に関する法律（障害者雇用促進法）により法定雇用率 2.2％が規定されている。民間企業（45.5 人以上規模の企業）に雇用されている障害者数（2019 年 6 月 1 日時点）は、約 56 万 1000 人（対前年比 4.8％増）となり、16 年連続で過去最高を更新した（厚生労働省，2019c）。最も増加率が高いのは精神障害（発達障害を含む）者で、近年では成人期に社会生活に困難を感じて精神科を訪れ、初めて発達障害と診断されるケースが増加傾向にある（本田，2018）。この場合、精神障害者保健福祉手帳を取得して精神障害者として障害者雇用枠で就労する事例が多く（相澤，2015）、2018 年 4 月の障害者雇用率の引き上げや、雇用率の算定基礎に精神障害者が加えられたことで、発達障害者の就労及び雇用は一層の拡大がみられる。しかし、その平均勤続年数は身体障害者が 10 年 2 カ月、知的障害者が 7 年 5 カ月であるのに対して発達障害者は 3

年 4 カ月（厚生労働省，2019b）であり、職場定着が課題となっている。発達障害者のなかで就労上の課題が最も多いとされるのが自閉スペクトラム症（autism spectrum disorder：以下 ASD）者で、仕事上の能力を有しても、コミュニケーションを含む対人関係の困難や、与えられた業務との不具合による就労意欲低下による離職者が多い（梅永，2017）。ASD の臨機応変な対人関係が苦手で、自分の関心・やり方・ペースの維持を優先したいという障害特性（本田，2017）は、心理的・環境的な負荷が加わると際立ちやすく、職場の環境や求められる役割によって強弱することも就労上の問題を難しくしている。また、ASD 者の多くがその認知能力に比べて、就労する上で必要な日常生活のスキルに困難を示すことも報告されている（Duncan et al., 2015）。

　そのような特性は周囲の理解が得にくく、同僚との間に誤解や混乱を生じさせ、職場が疲弊する結果を招くこともある（永田他，2014）。とくに、通常の企業組織において発達障害への知識や接した経験のない社員がともに業務に携わるとなると、職場内で不協和音

を奏でる社員が出る可能性も考えられる。

一方、ASD者の備える能力を十分に発揮し、生産性向上などの面で企業に望ましい結果が期待できる雇用を維持している職場がある。これまで、ASD者の雇用については、福祉サービス制度上の精神障害の範疇に含まれての調査や、発達障害全般としての調査が多く、ASD者に限定した検討が不足している。また、就労支援や職務遂行に関する研究が進められているが、その多くは専門職の視点から当事者に対してどのように支援や配慮をしたかといった事例的なものが多い。

ところで、「ある職務または状況に対し、一定の基準に照らして効果的あるいは卓越した業績を生む原因として関わっている個人の根源的特性」（Spencer & Spencer, 1993）はコンピテンシーと呼ばれている。コンピテンシーは仕事において高いパフォーマンスに結びつく行動とされ、物事の考え方や仕事に対する姿勢・行動特性を観察・測定できるツールとして人材マネジメントで活用されている。近年では、対人援助職の専門性を明確にするためにコンピテンシーが有効であるとされ、看護師（別府, 2019）、作業療法士（會田, 2011）、教員（後藤, 2012）、障害児支援者（藤田, 2019）、保育士（高山, 2009）、等において、高い成果が期待できる人材のコンピテンシーが示され、どのような行動や考え方が業務に効果的なのかが明確にされている。しかし、通常の企業組織でASD者とともに働く上司に求められるコンピテンシーに関する研究はなく、それを明らかにして具体的な行動や考えとして示すことは、安定的な就労・雇用への深い理解と支援につながるものと考える。

そこで、本研究は、（1）知的障害を伴わないASDに特化する点、（2）通常の企業組織に焦点化する点、の2点を独自性とし、ASD者とともに働く上司には、どのようなコンピテンシーが求められるのかをインタビュー調査から明らかにすることを目的とした。

なお、本研究におけるコンピテンシーは、「ASD者が業務で成果を出せるようにするために、ともに業務を行うなかで示される行動特性や考え方」と定義する。

Ⅱ．方 法

1．調査の対象と方法

対象は、コンピテンシー研究の原点である高業績者の行動特性が適切と考え、ASD者の雇用実績と好事例の実践を行っている企業10社（特例子会社を除く）で当事者と直接かかわる上司とした。通常の企業組織を対象としたのは、障害者雇用を前提とする特例子会社でなく、障害への専門知識のない上司や同僚らがトライ＆エラーを繰り返し、ASD者をコストにしない雇用に関する知見は、今後、あらゆる労働者の働き方に寄与すると考えたためである。10社の選定は、著者の前調査（「働く自閉スペクトラム症（ASD）者の職務遂行に対する同僚・上司の認識」として、21社の企業でASD者とともに働く同僚・上司を対象に質問紙調査を実施）にて聞き取り調査に協力可能と回答した6社と、ASD者の雇用で高い実績をもつ4社とした。

調査は、Spencerら（1993）による行動結果面接（Behavioral Event Interview: BEI）の手法を用いて、①ASD者とともに働くうえで重視していること、②雇用による効果を導くための工夫、③社員に負担感や疲弊が生じた場合の対応、④雇用上の課題、などを尋ねた。調査期間は、2019年9月～2020年1月で、1回の面接は50～75分であり、面接内容は対象者の同意のもとICレコーダーに録音した。

調査協力者は、10社13人（2社は2人、1社は当事者1人が同席）で、いずれもASD者と数人～数十人の一般社員のマネジメントに携わる担当者である。協力企業の概要は表1に示した。

また、調査協力者には、事前に①研究趣旨、②協力は自由であること、③個人情報の保護、④秘密保持、⑤撤回の自由、⑥結果の公表方法を文書と口頭で説明し、書面で同意を得た。なお、本研究は、群馬医療福祉大学研究倫理審査委員会の承認（承認番号19A-01）を得て実施した。

2．分析方法

分析方法は質的記述分析を用いて、ASD者とともに働く上司に求めるコンピテンシーに関する記述を逐語録から行動単位で抜き出し、Spencerら（1993）のコンピテンシー・ディクショナリーのクラスター（大分類）6項目、基本コンピテンシー（小分類）20項目を用いて識別、分類した。カードの分類はコンピテンシー・ディクショナリーを参考にしたカテゴリー及びカテゴリー定義に基づいてグループ分けを行い、評定者3人とともに検討し、一致率の高い項目を求めているコンピテンシーとみなした。評定者3人は、障害児者にかかわる教育、労働、福祉の実践者の3名であ

表 1　インタビュー協力企業の概要

社名	従業員数（人）	内障害者（人）	内 ASD 者（人）	専任部署の有無	携わる業務内容
A 社	440（本社）	25	7	有	郵便室業務、事務用品在庫管理、給与明細等配布、DBE 部門サポート、翻訳、伝票仕分けとファイリングなど
B 社	2200（国内）	7	2	有	出張旅費精算確認、書類の PDF 化、支払処理、機密文書回収シュレッダー処理、会議室備品点検・清掃
C 社	1700（国内）	30	10	有	ドキュメント分野の出力・製本サービス、配送サービス、回収・廃棄サービス
D 社	82	6	2	無	高齢者施設入居者の衣類の洗濯と施設内の清掃
E 社	133	6	1	無	食品容器・包装資材の加工
F 社	135	1	1	無	システムエンジニアとしてシステム改修やメンテナンス
G 社	10	5	3	無	名刺デザイン・制作、各種印刷、事務代行
H 社	30（本社）	2	2	無	データ入力、商品の製作、ファイリング、発送業務、洗濯、お茶出し、倉庫内での作業、貸マットの配送
I 社	94（支社）	3	1	無	塗装作業
J 社	28	8	7	無	WEB 制作、営業サポート事務、企画・広報・総務

る。

　本文中のコンピテンシーは、ある職務に対し、基準に照らして効果的あるいは卓越した業績を生む原因としてかかわっている個人の根源的コンピテンシーに基づくものとし、コンピテンシー・ディクショナリーの上記項目の点から分類している。

　次に、Spencer ら（1993）は、仕事のタイプによって従事する人々のコンピテンシー要件は異なるものの、管理者のコンピテンシーには共通性がみられるとしていることから、一般企業で ASD 者とともに働く上司は一般コンピテンシー・モデルのなかの「管理者」にあたると考え、本調査の結果との比較検討を行った。さらに、知的障害者とともに働く同僚・上司に求められるコンピテンシーを調査した先行研究（松井他，2018）の結果との相似性・相違性にも着目しながら検討した。なお、汎用性があるとされる項目のため、本研究の観点から適用しにくい原文の表現については修正をして示すこととする。

Ⅲ．結　果

　ASD 者とともに働く上司に求められるコンピテンシーとして識別したなかで出現率が多かったものは、「人材育成」が 31 件、「チーム・リーダーシップ」が 30 件、「インパクトと影響力」が 22 件、「秩序・クオリティ・正確性への関心」が 20 件、「支援とサービス重視」が 20 件であった（表 2）。この結果を、「管理者」の一般モデル（Spencer et al., 1993）と照合した

ところ、今回の結果では、「人材育成」と「インパクトと影響力」は共通していたが、その他は重視されていなかった。また、特例子会社で知的障害者とともに働く上司・同僚のコンピテンシーでは「関係の構築」「対人関係理解」「技術的・専門的・マネジメント専門能力」「柔軟性」「セルフ・コントロール」があげられている（松井他，2018）が、共通するものは見られなかった。

Ⅳ．考　察

　結果からは、ASD 者とともに働く上司に求められるコンピテンシーには、通常の企業組織の管理者や、特例子会社で知的障害者とともに働く上司・同僚とは異なる固有の特徴がある可能性が示唆された。その識別の根拠となった回答の抜粋を表 3 に示し、以下、その特徴について考察していく。

1．ASD 者とともに働く上司に求めるコンピテンシー

　「人材育成」は、企業のニーズを満たすため ASD 者だけでなく、その周囲の社員の教育、訓練、能力開発を促す意図も含んで行動するコンピテンシーとされ、最も重きがおかれていた。影山（2017）は、雇用は労働力の需要側と供給側のニーズが満たされることが要件となり、いずれかのニーズが十分に成立しない場合の継続は難しく、障害者雇用でも例外ではないと述べている。このことからも、ともに働く上司は、自社が雇用した ASD 者の能力や担当可能な業務を判断

表2　ASD者とともに働く上司に求められるコンピテンシー（Spencerらのコンピテンシー・ディクショナリーを参考に分類）

クラスター （大分類）	基本コンピテンシー （小分類）	基本コンピテンシーの内容	項目数
達成と アクション （61）	達成重視	すぐれた仕事やチャレンジングな目標の達成にむけて行動する	11
	秩序、クオリティ、 正確性への関心	職場環境や業務遂行上のルールを保ち、業務の質の向上に有効なシステムを整える	20
	戦略的な未来志向	業務で要求、期待される以上のことを実行し、先を見通した戦略を考えることで問題を回避し、新しい機会を見つけたり生み出す	14
	情報探求	障害者雇用の取組みや課題に関心をよせ情報を得るために具体的な行動をする	16
支援と 人的サービス （31）	対人関係理解	言葉に表れにくい他者の感情や考え方、懸念を聴き取り理解する	11
	支援とサービス重視	ASD者や顧客のニーズを発見し、満足させるために支援を提供する	20
インパクトと 影響力 （55）	インパクトと影響力	他者が支持するように説得し印象づける意思により、特定のインパクトや効果を与える	22
	組織の理解	自らの組織や組織内の力関係を理解し、自分の組織における位置を理解する	16
	関係の構築	業務の目標達成に貢献する人、将来貢献するであろう人と接触して、友好的な関係やネットワークを築き維持する	17
マネジメント・ コンピテンシー （92）	人材育成	他者への適切なニーズ分析にもとづく教育を行うことで、能力開発と成長を促す	31
	業務遂行の指導	何をすべきかの基準を明確に示し、自らの出した指示に従って行動するように促す	17
	チームワークと協調	他者と協力して働き、チームの一員として助け合う	14
	チーム・リーダーシップ	チームのリーダーとしての役割を遂行することで、生産性や動機づけを高める	30
認知 コンピテンシー （22）	分析的思考	状況を細かく分解することで、状況に含まれる意味から原因を追求し、解決策を検討する	8
	概念化思考	各部分をまとめて状況や問題を理解し、俯瞰することで大きな絵姿を描き出す	5
	技術的・専門的・ マネジメント専門能力	業務に必要なスキルをマスターすると同時に、さらに発展、活用し他者に伝えていく	9
個人の効果性 （45）	セルフ・コントロール	強いストレス状況で働くときでも、自分の感情をコントロールして行動する	4
	自己確信	タスクを達成する自らの能力に対する信念に裏付けられて行動する	17
	柔軟性	さまざまな状況、個人、グループに適応し、効果的に仕事を進める	15
	組織へのコミットメント	組織の目標・ニーズを理解し、個人の行動を組織のニーズ、成果を優先して合わせる。	9

し、活かして戦力化することを第一義とした職責を認識して雇用管理に努めていることが窺える。

また、本調査では、母体が大きく社内に専任部署を設ける「社内特例子会社」型の企業（A〜C社）と、組織規模の小さい企業（D〜J社）で人材育成の手法に違いがみられた。前者は、採用前実習からの雇用管理全般をシステム化することでASD者にとって働きやすい環境を整え、上司の個別的なマネジメントによって組織の戦力とすることで、キャリアアップの見えやすさやモチベーションの維持を実現していると考えられる。一方、後者では、小回りの利く柔軟性や顔の見える環境を利点として、上司が個々の多様性を引き受けて育成に臨み、他の社員への理解を深めていく

といったマネジメントが特徴的であり、ASD者の障害特性と親和性が高いものと推察された。しかし、いずれにも共通するのは、ASD者を一個の人格として尊重した理解に基づく人材育成への努力であり、安易に定型化した対処法をもって特別扱いや画一的対応をしない企業姿勢であった。その上で、日報等による丁寧な個別管理や相談体制の構築、キャリア開発を講じることで定着を高めていることが示された。さらに、専任部署を設けているA社からは、「これはダイバーシティの一部かもしれないが、インクルージョンとは言えない。専任部署から出て本当の正社員登用まで人事制度をつくらなければ」といった課題も聞かれた。これらのことから、ASD者とともに働く上司は、同

表 3　基本コンピテンシーとインタビューの回答（抜粋）

人材育成 （20）	・マッチングは重要だが、障害者扱いはしない。自己実現の目標とのギャップを職リハで埋めていけばよい。オプションはたくさん用意するけど正社員になれとは言わない。基本的には個々の目標に向かっていけばいい（A 社）。 ・前職で失敗経験がある方は、元々の目標と今の業務のギャップをどう埋めていってあげようかと。今、ビルクリーニング 3 級の資格試験を目標にしており、経験を積んで業務の能力を高めてスキルアップしてほしいなと（D 社）。 ・その人の個性をいかにつまみあげて伸ばせるか。英語が得意、文章が得意などを業務で活かすと、それが健康の方にも相乗的にいって休みが少なくなったり結果的に上がっていく（G 社）。 ・（周囲の人の人材育成）私が一番感じるのは他の従業員が、自分が働いてることがすごくありがたいんだっていうのがあって、優しくなりました（E 社）。
秩序・クオリティ・ 正確性への関心 （17）	・勤怠の安定は大事で、短時間の勤務であってもどう安定させるか。業務が定型化してる分野があって、そこがきれいに整頓されればされるほど組織的に動ける、しかも自立的に動ける部署なら任せられる（F 社）。 ・正社員の中に「限定正社員」という給与体系があって、障害や育児・介護を抱えるメンバーが自由に休日や出勤時間を決められる。その代わり給与が 85％になるが、基本 1 時間当たりは同じにしてるので出産後に働く子も出てきたりとか、正社員との行き来もできるので（C 社）。 ・単純作業が続くため、ストレス回避のための取り決めを周知し、飽きないように常に新しい気持ちで前向きに仕事に取り組めるよう工夫している（J 社）。 ・日報のシステムを活用して、出勤した日は仕事面だけでなく体調や精神面の状態を入力してもらって、私と臨床心理士との 3 者で共有してレスポンスする。必ずレスポンスするのが継続の秘訣（B 社）。
チーム・ リーダーシップ （13）	・現場に入ると本当に手もかかるし面倒なこともあるので社員さんには頭が下がる思いなんですけど。そういう感謝の気持ちを直接あるいは間接的に発信すると、自分も何か教えることで感謝してもらって嬉しかったみたいな話が入ってくる（E 社）。 ・チームのメンバーに、彼らがいないと自分たちの負担が増えることをわかってもらい、やっぱり守らなきゃいけないんだと思ってもらう。「いてくれて助かってます」という言葉を引き出す（D 社）。 ・こういう揉め事があったとかも必ず報告する決まりになってるので、間に入って向き合って何時間でも話し合う。駄目なことは駄目って言うし（H 社）。
関係の構築 （12）	・正社員登用制度を次の目標にしていて、多くの社員に彼らを知ってもらうために、発達障害の勉強会をワールド・カフェ方式でやったんです。当事者を 3 つのテーブルに 1 人ずつ配置して、参加者がそれぞれのテーブルについて質疑みたいなことを。参加者からのフィードバックで「改めて理解しました」という（A 社）。 ・結婚を考えている当事者がいて、相手も障害をお持ちの方で。2 人暮らしと言っても、今の生活が明らかにご家族に頼らないとやっていけてないので、2 人でとなるとガタッと恐らく崩れるので。そこに、どう踏み込んでいくか。お相手も同じ支援センター経由なので相談していて、長く働き続けてほしいので（G 社）。 ・採用前から各種就労支援機関や専門職の方と連携し、採用後も繋がりを保っている（J 社、他多数）。
インパクトと影響力 （10）	・彼らの社内での貢献度について（コストの）削減効果がこれくらいあるというのを他の社員さんに知ってもらうために資料を作って発信している。これによって、彼らの仕事も増えるし戦力として認められる。他の社員は、よりクリエイティブな仕事にシフトできて時間を有効に使えるという（G 社）。 ・障害者雇用に取り組み始めたとき、少し乱暴な言い方をすると「普通の人でいいじゃん」みたいな。そこは、その方から感じる熱量と同じくらいの熱量でお互いに言いたいことを言い合っていると、ああ、じゃあ、それだけの思いがあるんだってわかると、そこから少し「世の中にはそういうのって必要なのかな」って思ってくれたり（E 社）。
支援とサービス重視 （9）	・同時並行作業が苦手な特性を踏まえ、朝礼時に作業指示書を提示し作業を組み立てる。業務日誌で本人の作業理解度や質問、就業場で気になることをタイムリーに把握した。わかりやすい指示に心がけ、相手や場面に応じた従業員との関わり方を指導して、当初の判断基準が明確な定型作業から、徐々にコツや判断を伴う作業へと移行した（I 社）。 ・何か問題があったときに、なんでそうなっちゃうかを分解していくというか。癖みたいなものがあって「癖だからしょうがない」と言われても、周りがそれを嫌だなとか違和感あるなと思うんだったら、なんでこれが起こっているか、代替え案を考えてみるとか。で、それをすることで不安感が軽減されるとかみたいな感じで、なるべく。そこのプロセスがないと前に進めない人が多いのかなと（B 社）。

じ目標をもちながら組織で一緒に働く部下、仲間として捉えており、自社の人材として育成することが企業全体の利益につながると考えて、個々に応じた配慮や工夫を行っていることが明らかになった。

「チーム・リーダーシップ」は、チームのリーダーとしての役割を担うことへの意思を指し、自らの責任を果たす形で発揮されるものである。本調査では、企業が障害者雇用に取り組む理念や意義への理解を促す

ためのアプローチと、チーム内に不満が生じた際の初期介入、場合によっては配置換えなど物理的な策を講じるといった2種類の行動が示された。障害者雇用では、上司はもとより全社員に一定の理解があることが、受入部署だけの負担や当事者の孤立を防ぎ、将来的な職域拡大につながる。上司の力強いビジョンとリーダーシップ発揮により、メンバーが賛同するように導くことで社内の合意形成を構築していく熱量に基づく行動や言動が必要であることが推察された。たとえば、E社の「本当に手もかかるし面倒なこともあるので社員さんには頭が下がる思いですけど。そういう感謝の気持ちを直接あるいは間接的に発信する」ように、メンバーに十分な感謝を表明し、そのおかげで徐々に（当事者の業務が）改善してきていることを伝える心遣いは重要と考えられる。

　その一方で、社会性の障害に起因するASD固有の問題として、職場不適応を呈する者の半数がその言動から周囲にわがままな性格などと評価されるという指摘（永田，2012）や、発達障害のある求職者の39.7%は「職場でのコミュニケーションを容易にする手段や支援者の配置」を望んでいるという報告（障害者職業総合センター，2019）がある。障害ゆえの症状と頭で理解していても、職場でいざ直面すると陰性感情を禁じ得ない場面があるだろう。2016年施行の改正障害者雇用促進法において、事業主に相談体制の整備が義務づけられ、講ずるべき措置として示された指針で労使での話し合いを行うことが定められた。社員とのコミュニケーションは、障害の有無に限らず重要であるが、社員との個別の対話を通じての個別の調整は、これまでの雇用管理において必ずしも主流をなしてこなかったため（眞保，2016）、この規定は前進といえよう。メンバー間で生じる問題の発生予防として、上司による人間関係を含めた日々のマネジメントや、問題が大きくなる前にタイミングを逃さず介入し、面談等で対処し解決策を提示していくことが肝と考えられる。そのために上司は、チームのリーダーとして、平時からメンバー同士が友好的で温かい関係を築き維持することへの配慮を大切にしていることが示された。

　「インパクトと影響力」は、目指す結果が企業の機能改善ひいては社会的に利益をもたらすために、他の人たちが上司の考え方を支持してくれるように説得し、印象づけることで特定のインパクトや効果を与えようとする行動である。障害者雇用は、当事者本人の活躍だけでなく企業全体の職場環境の改善や業務効率化といった新たな価値の創造、発想やイノベーショ

ン、組織の活性化という効果をもたらす可能性をもつ。本調査では、上司がASD者を雇用する理由、成果の事実、具体例、数値データ等を用いた直接的関与や、舞台裏での仕掛け作りなど間接的関与によって、チームのメンバーに影響を及ぼす行動をする形で発揮されていた。また、Spencerら（1993）は、効果的な「インパクトと影響力」には正確な「対人関係理解」や「組織の理解」が基盤を提供するとし、本調査で多くの上司が自社の組織においてASD者が力を十分に発揮して企業に貢献することや、働きやすい職場を設計することは、結果的に社員全体ひいては社会全体に利益をもたらすことに重きをおいて発信していることが示された。

　「秩序・クオリティ・正確性への関心」は、職場の秩序を保持し、業務のクオリティや正確性を維持向上させることであり、モニタリングや曖昧さを除去するといった行動が含まれる。ASDの場合、一人ひとりの感覚や集中の特性に応じて職場の作業環境を調整したり、指示は口頭だけでなくメモやメールなど視覚的に確認したりするなどの配慮が必要なことがあり、その結果、高いポテンシャルを発揮できる人材を育成している企業が多かった。その個別の特性を知るために採用前の就労支援機関のアセスメントや実習、面談等を利用し、自社の業務に合致した人材を採用し、割り当てた業務を正確に一定の質を維持して遂行できるようにOJT（on the job training）により能力開発を行っていることが明らかになった。一方で、ASD者の業務の成果に注目しすぎると、表面上の達成の裏でストレスが蓄積し、その負荷を本人が自覚できないために深刻な二次障害の要因になり得るという指摘（本田，2018）や、短時間勤務から徐々に延長していく手法の有効性の報告（松為，2016）がある。本調査でも、上司は当事者の疲労度やストレス状態の把握に努めて個別に労働時間を弾力的に設定することや、日報システムを利用するなどして直接の対話で拾いきれない気づきを得ている企業が多かった。これらのことから、ASD者とともに働く上司には、彼らの特性を活かして高いパフォーマンスを引き出すための秩序を重視して心身両面の調整を図る行動が求められ、働くことを応援してもらえている安心感を提供していることが示された。

　「支援とサービス重視」は、他者のニーズに応え、支援し、サービスを提供したい願望を指す。しかし、その力点は、他者のニーズの理解を優先し、助け、支援行動を起こすことに置かれる。たとえば、教師の

場合は生徒に対しても保護者に対しても発揮されるコンピテンシーであるが、本研究では、ASD 者を含む社員全員のニーズの理解を最優先し、支援行動を起こすことと定義でき、行動面ではさまざまな場面に発揮され、「人材育成」の前提となるものと考えられる。企業組織において社員に対する支援やサービスという文言はなじみにくいが、ASD 者とともに働く上司は、日々の業務に関するサポートのみならず、F 社（表 3：支援とサービス重視）の語りのように生活状況が就労に影響を及ぼすことを危惧して支援機関に相談するなど、障害理解に基づくきめ細かい具体的な行動をすることで安定的な就労を下支えする行動や考え方が確認された。また、いずれの企業も必要に応じて、外部の支援者や支援機関との連携を維持していた。しかし、ある企業は「連携はするが、基本的には自社で完結させたい。外部の知見でやられても、それぞれの会社の風土とか、その社の人しかわからない細かい仕事が見えないと何も貯まらない。それより、社内の人が本気で向き合うためにスキルを上げていくべき」と語り、オンサイトの支援者確保の重要性を示唆している。そのため、各都道府県が実施する「精神・発達障害者しごとサポーター養成講座」（厚生労働省, 2019a）の充実に期待するとともに、サポートする上司や同僚に負担やストレスが偏らない工夫も必要である。

2.　ASD 者を雇用する上で課題に感じること

　今回の調査協力企業は、いずれも ASD 者の雇用に対して合理的配慮はするものの特別扱いはしないことを基本方針としていたが、ある問題が起こったとき、その原因が障害のためか、本人の個人的な性格なのかの見極めが難しい事例が示された。その対応の手がかりになるのが、「何か（仕事上の）問題があったときに、なんでそうなるかを分解していくというか。『癖だからしょうがない』と言われても周りがそれを嫌だなとか違和感あるなと思うんだったら、なんでこれが起こっているか代替案を考えるとか。そのプロセスがないと前に進めない人が多いかなと（G 社）」の語りである。つまり、その行動をとった当事者の考えや理由をわかろうとする姿勢で、もつれた糸をほぐすように問題を具体的な行動に分解し、自己の解釈と現実の調整を一緒に行い、予防策を計画したり納得する着地点を探り出したりすることが ASD 者に有効であることを示唆している。この発想は、本調査で低かった「分析的思考」や「概念的思考」のコンピテンシー

に関連しており、ASD 者に固有の個別的管理手法の 1 つとして今後は意識的に高めていくことが求められる。

　また、ASD 者は現在に至る経過のなかで気分障害などの二次障害があったり、生活面に課題があったりすることで仕事にネガティブな影響が及ぶことも少なくない。これら個別の事情を勘案しながら当事者へのマネジメントを求められる場合、担当できる社員は必然的に能力のある優秀な者になり、本来なら一層パフォーマンスが上がる可能性のある社員のコストをそこに割くべきか悩ましいという本音が語られた。多様性に優しい会社を突き詰めようとすることが、自社の競争力が削がれていくこととセットになってしまう構造を生まないためには、事業主のリーダーシップや現場の上司のマネジメント力は極めて重要である。本調査でも、基本コンピテンシーの上位概念であるクラスター（大分類）の「マネジメント・コンピテンシー」が最も多く出現していることから、現場の上司のマネジメントを支え、高めていく視点からの企業組織内と外部関係機関の理解と支援が一層求められる。

Ⅴ．本研究の限界と今後の課題

　本研究の課題として、調査対象企業は、障害者雇用に熱意をもって取り組んでいる企業からの回答であり、件数も 10 社と少なく、企業規模や雇用形態など、属性にばらつきがあり統制ができなかった点があげられる。しかし、本研究は ASD 者とともに働く上司に求められるコンピテンシーについて、インタビュー調査を通じて明らかにすることを試みた。また、ASD に特化したことで、特徴的と思われるコンピテンシーと課題を検討できた。今後、本調査で示された上司のコンピテンシーが、多様な人材育成や評価にどのように活用できるのかも検討の必要があろう。

　精神障害者が法定雇用率の算定基礎に加えられて 2 年が経過し、令和 3 年 3 月には民間企業の法定雇用率は 2.3％に引き上げられる。今後、ASD 者の職場定着で成果を上げている企業の創意工夫について、さらにインタビュー調査を進めて事例数を増やし、それら企業の参画と協働を得ることで研究と実践をつなぐ効果的プログラムモデルの構築へと発展させる予定である。

謝辞：本研究の実施にあたり、ご協力いただきました企業 10 社の関係者の皆様に謹んで感謝を申し上げます。

付記：本研究は、平成 28 〜 31 年度日本学術振興会研究費助成事業（挑戦的萌芽研究：課題番号 16K1342）の助成をうけたものである。

〈文　献〉

相澤欽一（2015）発達障害者の就労支援の現状．職業リハビリテーション, 29(1), 10.

別府千恵（2019）卓越した成果をあげる看護師長のコンピテンシー．北里看護学誌, 21(1), 1-13.

独立行政法人高齢・障害・求職者雇用支援機構障害者職業総合センター（2019）障害のある求職者の実態調査結果（中間報告）.

Duncan, A. W. & Bishop, S. L. (2015) Understanding the gap between cognitive abilities and daily living skills in adolescents with autism spectrum disorder with average intelligence. Autism, 19(1), 64-72.

藤田久美（2019）幼児期の障害児通所支援に携わる支援者の専門性向上のためのコンピテンシー・モデルの検討．山口県立大学学術情報, 12, 25-37.

後藤佳代（2012）コンピテンシー分析によるサポート校教員の育成について．奈良教育大学教職大学院研究紀要「学校教育実践研究」, 4, 19-28.

本田秀夫（2017）自閉スペクトラム症の理解と支援—子どもから大人までの発達障害の臨床経験から．星和書店, p.7, 15.

本田秀夫（2018）自閉症スペクトラムの人たちにみられる過剰適応的対人関係．精神科治療学, 33(4), 453-458.

影山摩子弥（2017）中小企業における知的障がい者雇用と組織運営．発達障害研究, 39(4), 301-309.

厚生労働省（2017a）精神・発達障害者しごとサポーター養成講座．https://www.mhlw.go.jp/seisakuni

tsuite/bunya/koyou_roudou/koyou/shougaisha koyou/shigotosupporter/（2020 年 3 月 20 日閲覧）

厚生労働省（2019b）平成 30 年度障害者雇用実態調査結果．https://www.mhlw.go.jp/stf/newpage_05390.html（2019 年 9 月 2 日閲覧）

厚生労働省（2019c）令和元年障害者雇用状況の集計結果．https://www.mhlw.go.jp/content/11704000/000580481.pdf（2020 年 3 月 3 日閲覧）

松為信雄・菊池恵美子（編）（2016）職業リハビリテーション学—キャリア発達と社会参加に向けた就労支援体系．協同医書出版社.

松井優子・小澤　温（2018）特例子会社における知的障害者とともに働く同僚・上司に求められるコンピテンシーに関する研究．発達障害研究, 40(3), 252-264.

永田昌子（2012）職場不適応をきたしている自閉症スペクトラムの労働者への対応と適切な支援方法に関する研究．厚生労働科学研究費補助金労働安全衛生総合研究事業　平成 23 年度総括・分担研究報告書, pp.167-190.

永田昌子・廣尚　展（2014）発達障害の労働者への配慮—産業医の役割．精神科治療学, 29 増刊号, 230-233.

眞保智子（2016）これまでの雇用管理の視点と合理的配慮の提供との類似点と相違点．職業リハビリテーション, 29(2), 21-24.

會田玉美（2011）作業療法士のコンピテンシーに関する一考察．目白大学健康科学研究, 4, 15-19.

Spencer, L. M. & Spencer, S. M. (著) 梅津祐良・成田　攻・横山哲夫（訳）（2011）コンピテンシー・マネジメントの展開 [完訳版].生産性出版.

高山静子（2009）コンピテンシー理論に基づく保育士養成課程の考察．全国保育士養成研究, 26, 23-32.

梅永雄二（2017）発達障害者の就労上の困難性と具体的対策—ASD 者を中心に．日本労働研究雑誌, 685, 57-68.

Competency expected of superiors working with ASD individuals

Natsuko Kawabata（Gunma University of Health and Welfare）

Abstract: The competencies required of superiors working with autism spectrum disorder（ASD）individuals were examined. Behavioral event interviews were conducted in companies employing and conducting good practices with ASD people. As a result, competencies consistent with practices defined by the company as managerial competencies were identified. Also, competencies that tended to be peculiar to ASD individuals' superiors were explored. The results indicated five competencies required of superiors: human resource development; team leadership; impact and influence; interest in orderliness; and quality, accuracy, and emphasis on support and services. Differences in human resource development and employee management methods based on the organization's size were also examined, which indicated that ASD individuals could be accommodated without special treatment because these companies, for example, had developed good individual management and consultation systems and conducted career development programs to facilitate ASD individuals' performance. It is recommended that future studies explore methods of refining managers' cognitive competencies, including analytical and conceptual thinking, which might contribute to enhancing the problem-solving abilities of ASD individuals. Future studies should also examine a broader range of managerial competencies, including coworkers' duties and interpersonal relationships with ASD individuals.

Key Words : autism spectrum disorder（ASD）, corporate employment, employment of persons with disabilities, superiors, competency

The Japanese Journal of Autistic Spectrum 2021, Vol.19-1, 43-51

実践報告

発達障害の疑いのある幼児の保護者に対する就学移行期のペアレントトレーニング

Parent-training for parents of children with developmental disorders during the transition to elementary school

荻野　昌秀（足立区こども支援センターげんき）
Masahide Ogino（Adachi Children Support Center GENKI）

前川　圭一郎（足立区こども支援センターげんき）
Keiichiro Maekawa（Adachi Children Support Center GENKI）

成瀬　稚歩（足立区こども支援センターげんき）
Chiho Naruse（Adachi Children Support Center GENKI）

■**要旨**：家族を対象とした発達障害やその可能性のある子どもへの支援方法の1つとしてペアレントトレーニングがあるが、保護者の負担の大きさが課題となっている。近年ではビデオ会議ソフトウェアやWebサイト、インターネット電話を活用した実践も報告されているが、通信状態や自宅で視聴することの困難さもある。また、就学移行期は子どもだけでなく保護者の支援も必要となるため、本研究では短時間の対面形式と電話でのフォローおよびホームワーク（HW）形式を組み合わせて開発した就学移行期のペアレントトレーニングの効果と課題を検証した。年長児の母親8名を対象とし、90分3回の講義および個別の対応検討を実施し、その後1週間に1回、計3回のHW（動画および教材）を送付して電話および面談によりフォローした。介入の結果、保護者の悲観や対象児のQOL、行動傾向の改善などが見られ、家庭でのHWの取り組みでは概ね保護者の支援もしくは自力での取り組みが可能であった。課題として、対象児の多動性など、今後の経過を観察していく必要性があることや、HW取り組みのための工夫、教員との連携や就学後の支援体制の整備、保護者の負担とのバランスを取りながら効果を正確に検証していく必要性が考えられた。

■**キーワード**：ペアレントトレーニング、発達障害の疑いのある幼児、就学移行

Ⅰ．問題の所在と目的

　2005年に施行された発達障害者支援法の中では、発達障害者の家族に対する支援の必要性について触れられている。家族を対象とした支援方法の1つとしてペアレントトレーニング（以下、PT）があり、我が国でも紹介されている（例えば山上，1998; Whitham, 1998；岩坂他，2004）。その効果として対象児の標的行動の増加や問題行動の減少、保護者の知識、養育スキルの向上やストレス、抑うつ傾向、不安などの低減が報告されている（原口他，2013；神山他，2011）。
　一方、神山ら（2011）によれば保護者の負担が大き

いという課題があり、学習時間の短縮や実施の負担の軽減が必要とされている。学習時間が長いPTは、参加率の低下やドロップアウトにつながる可能性があるが（Chronis et al., 2004）、原口ら（2013）によれば我が国の研究では、集団支援の平均回数が7.9回、平均時間は113分であり、学習時間を短時間に抑えながら、効果のあるプログラムを提供することが望まれる。
　保護者を対象としたトレーニングにおいては、実施場所までの移動にかかる負担の軽減や、実施場所までが遠く受講できない、育児や介護のために長時間の外出が困難などの状況に対応するため、さまざまな試みが行われている。例えばWackerら（2013）はビデ

43

表1　対象児の検査結果と課題

実施場所	対象児	性別	開始時月齢(月)	新版K式発達検査結果(DQ)				WISC-IV検査結果（IQ）					課題
				P-M	C-A	L-S	全領域	VCI	PRI	WMI	PSI	FSIQ	
A校	C児	男	73	クリア	71	81	75						他者の準備等を待てない
A校	D児	男	75	クリア	101	88	94						準備が進まない
A校	E児	女	77	クリア	72	81	76						教示要求を出すことが難しい
A校	F児	男	78					99	102	97	76	92	帰宅後の片付けができない
B校	G児	女	74	クリア	73	74	73						教示要求を出すことが難しい
B校	H児	男	70	クリア	108	103	105						帰宅後の片付けができない
B校	I児	男	76	クリア	86	89	87						できたことを報告してくれない
B校	J児	女	72					146	140	134	136	132	他者の準備等を待てない

※ P-M：姿勢運動領域、C-A：認知適応領域、L-S：言語社会領域、VCI：言語理解指標、PRI：知覚推理指標、WMI：ワーキングメモリー指標、PSI：処理速度指標

オ会議ソフトウェアを用いて2〜6歳の自閉スペクトラム症（autism spectrum disorders；以下、ASD）または広汎性発達障害児20名の機能分析を実施し、保護者が機能的コミュニケーショントレーニングを実施することで対象児の行動問題が低減した。またVismaraら（2013）は1〜3歳のASD児の保護者8名に対して12週間のオンライン介入（ビデオ会議とセルフガイドWebサイトを使用）と3カ月間のフォローアップを行い、保護者の養育スキルの向上と対象児の言語表出、共同注意の向上を確認した。我が国では、神山・竹中（2016）がインターネット電話と動画を用いて全4回のPTを3〜4歳のASD児の保護者7名に実施し、標的行動の達成度の向上や養育スキルの自己評価の向上を確認したが、講義や動画の視聴が不安定になる、開始時間までに子どもの世話をしておくのが大変という課題があった。保護者の負担を軽減しつつ家庭での取り組みが可能な方法として、短時間のPTの後に電話等でのフォローを行いながらホームワーク形式の課題や動画を送付して実践してもらう形式が考えられる。

また就学移行期は新しい環境に適応していく際にさまざまな困り感が生じることがあり、移行支援が重要である。例えば山本ら（2012）は発達障害の疑われる幼稚園児5名に予防プログラムを実施し、あいさつや質問時の挙手、発表者を見る、順番を守るといった標的行動の形成を確認した。一方で就学移行期は子どもと共に保護者の支援も必要な時期である（東海林他，2010）ため、対象児だけでなく保護者の支援プログラムの開発と効果検証が望まれる。国内では荻野ら（2019）が就学移行期のPTを実施し、対象児の行動傾向や保護者の養育ストレスの改善効果を確認したが、社会的妥当性は評価されていない。

そこで本研究では、対面形式（約90分を3回）と電話でのフォロー、ホームワーク（以下、HW）を組み合わせた就学移行期のPTの効果と課題を検証することを目的とした。本実践は筆者らが企画し、地域のこども支援センターの許可を得て試行事業として実施した。

Ⅱ．方　法

1．対象

介入当時、幼稚園または保育所在籍の年長児の保護者で、対象児は全員、通常の学級に就学予定かつ通級指導教室を利用予定で、療育機関で個別療育を受けていた。通級指導教室利用のために受けた就学相談の担当者を通じて9名に本研究の参加の募集を行ったところ、母親8名が参加した。対象児は男児5名（開始時70〜78カ月）、女児3名（開始時72〜77カ月）であった。就学相談または療育機関、医療機関で実施された新版K式発達検査2001またはWISC-IV（Wechsler Intelligence Scale for Children-Fourth Edition）の結果、後述のHWと関連した対象児の課題を表1に示す。男児1名はASDの診断があり、その他は療育機関や医療機関で「発達障害の疑い」とされていた。

2．プログラム内容
（1）講義および対応検討

①実施期間：プログラムは「就学準備講座」という位置づけで、X年1月〜2月に全3回のセッションを隔週で実施した（約1.5カ月間）。

②実施場所・形態：集団形式で対象児が就学予定の

小学校2校の教室において実施した。場所の選定理由は、上記のように実施場所までの移動の負担を軽減することと、入学後の学校の教員との連携を図るためであった。教員はプログラムに関わっていないが、前後の時間で子どもの様子について保護者と話す機会があった。

③講義の実施時間・内容：各セッションの講義は約1時間で、地域のこども支援センターに勤務する心理士（第1著者）（PTの実施経験は約10年）が実施した。

講義は免田ら（1995）、荻野ら（2014）、荻野ら（2019）、Coyne & Murrell（2009）を参考にして実施した。講義の内容を以下に示す。

第1回：オリエンテーション（プログラムの説明）の後、行動の見方、強化と弱化、ABC分析、記録の仕方、子どもに注意を向けることについて講義した。

第2回：前回の復習、刺激や環境の調整、効果的な指示と注目の仕方（ポジティブな声かけと強化）、場所や手順の工夫（構造化）、親のストレス、マインドフルネスワーク（呼吸のワーク）について講義した。

第3回：前回の復習、視覚的支援、読み書き・文章理解・算数（数概念、数的推論）の困難さと工夫、トークンエコノミーの仕組みと実施の仕方、子どもに抱く期待について講義した。

また、いずれの回も教材（「良い姿勢で座る」の絵や、文字と絵が記載された活動の手順表、トークンエコノミー表など）の写真を提示し、実際の指導場面の動画を見せながら実施した。

④対応検討：各回の講義に続いて約30分間、集団形式で保護者から心配なことや対応で困っていることを挙げてもらい、第1著者が助言を行いながら対応方針を検討した。他の家庭でも同様の問題がある場合には、他の保護者の対応方法も全体で共有した。

(2) ホームワーク

①手続き：3回のプログラム終了後、第1著者が電話で保護者と対象児の近況を聴取すると共に、対応の助言を行った。また3回目のプログラムの2週間後（X年3月）から毎週1回ずつ3週にわたり著者らが作成したHWを送付して、家庭での実践を促した。保護者の負担を考慮し、HWは強制ではないこと、子どもの状況によって実施内容は変更可能であること、質問等があれば電話で受け付けることを伝えた。

②教材の内容：HWには指導場面（後述）の例を文章で記載すると共に動画のURLとQRコードを記載し、1〜2分程度の著者らの指導場面の動画を親子で

見てもらい、イメージを持てるようにした。また、各回とも練習用シートを添付した。練習用シートには(a) どのような内容を練習するか、(b) いつ練習するか、(c) どこで練習するか、(d) トークンがたまったら何をする（または何をもらえる）か、の記載欄があり、(a) 〜 (c) は保護者が決定し、子どもに伝え、(d) は保護者と子どもで相談して決定してから練習してもらうように依頼した。練習用シートの下部にはトークンエコノミーの表が印刷されており、第1週は3回毎、4回毎、5回毎に3種類の強化があり、練習内容とご褒美の内容によって保護者にいずれかを選択して使用してもらうこととした。第2、第3週に送付したトークンエコノミー表は、上記の3種類に加えて強化までに必要な反応数を保護者が記入できるシートも添付して、選択可能とした。

初回のみ練習用シートの使い方の動画を添付した。トークンエコノミー表の使い方（シールを貼る、丸印をつけるなど）については講義内でも取り上げており、さらに各回の動画内で提示した。具体的には、練習場面を設定し、実際に練習して、トークンエコノミー表にシールまたは丸印をつけるまでの動画であった。

③HWの内容：3回分の講義および対応検討時間において保護者から挙げられた「就学にあたり心配なこと、身に付けてほしいこと」と、著者らが事前に就学先の学校教員に聴取した「就学にあたり身に付けてほしいこと」で合致したものの中から家庭で実践可能な内容を検討し、決定した。内容は以下の通りである。

a)「教えてください」と言う（第1週）

動画の例①は、その日の夕食のデザートが分からない場面で冷蔵庫にメニュー表が貼ってあり、デザートの欄には「？」が記載されていた。子どもが表を見て「今日のデザートは何？　教えて」と言えたら大人がデザートを教える内容であった。動画の例②は、保護者のタブレットを借りた子どもがパスワードが分からず「教えて」と言う場面で、言えたら大人がパスワード（子どもに貸すたびに変更する）を教える内容であった。

b) 準備（第2週）

動画では入浴前の準備として、Tシャツ、パンツ、ズボン、下着のシャツの4つが準備カードに書かれており、大人が1つずつカードを示して子どもが準備できるたびに褒める内容であった。準備が難しい場合には大人と一緒に準備すると良いことが記載されていた。なお、中身が空欄で書き込める準備カードを同封

した。

c）待つ（第2週）

動画の例①は食事の開始場面で、保護者が食具を用意するのを失念して「取ってくるから10秒数えて待っていてね」と伝え、戻るまで待てたら褒められるという内容であった。動画の例②は同様の場面で、砂時計を提示して待つ内容であった。待つことが難しい場合には大人が一緒にカウントすることが推奨されていた。

d）報告（第3週）

動画では大人が洗濯物を子どもに渡してたたみ終わったら報告するように伝え、子どもが報告できたら褒められる内容であった。1人でたたむことが難しい場合には大人が一緒にたたむと良いことが記載されていた。

e）片付け（第3週）

動画の例①は帰宅後に鞄を置く位置（カゴ）を決め、子どもが帰宅してカゴに鞄を置けたら褒められる内容であった。動画の例②は保育所や幼稚園から帰宅した想定で、連絡帳、歯ブラシとコップ、帽子を置く位置（3つのカゴ）を決め、帰宅してカゴにそれぞれを置けたら、それぞれが文字とイラストで描かれており、その右にチェック欄があるシートに大人がチェックして褒める内容であった。これらの行動が難しい場合には、帰宅時に一緒に置く場所を確認しながら練習することが推奨されていた。なお、上記のシートを同封した。

なお、第2週、第3週は保護者が取り組みたい（もしくは取り組みやすい）内容を選択した。

第3週のHWを送付した約1週間後にこども支援センターにて面接を行い、対象児の状況や家庭での取り組みについて聴取を行った。家庭の事情で面接が難しい場合は電話にて聴取を行った。電話は第1著者が、面接は第1～第3著者（いずれも同センターに勤務する心理士）がそれぞれ1対1で実施した。

3．効果測定

以下の質問紙をプログラム開始前（X年1月）とHW終了後（X年4月）にそれぞれ実施し、保護者が回答した。分析は統計解析ソフトR（Ver.3.5.3）を用いて行い、Wilcoxon符号付順位検定、効果量 r を算出した。効果量の基準は水本・竹内（2008）を参考にした。

（1）ADHD Rating Scale-Ⅳ（家庭版）（市川他，2008）

家庭における子どもの不注意・多動性・衝動性の状態を測定する質問紙の日本語版。18項目からなり、各質問項目への回答が「ない、もしくは、ほんどない」は0点、「ときどきある」は1点、「しばしばある」は2点、「非常にしばしばある」は3点が加算される。

（2）KINDL幼児版（親用）（根本，2014）

子どものQOLを評価する質問紙。各項目への回答が「いつも」は1点、「たいてい」は2点、「ときどき」は3点、「ほとんどない」は4点、「ぜんぜんない」は5点が加算される。全24項目であり、14項目が逆転項目である。身体的健康、精神的健康、自尊感情、家族関係、友だち関係、学校（園）生活の6因子からなる。

（3）Strength and Difficulties Questionnaire（SDQ）日本語版（Matsuishi et al, 2008）

子どもの行動のポジティブな面とネガティブな面を評価する質問紙。各項目への回答が「あてはまらない」は0点、「まあてはまる」は1点、「あてはまる」は2点が加算される。全25項目で、行為、多動、情緒、仲間関係の4因子とその総得点、および向社会性因子を算出する。向社会性因子は得点が低いほど、他の4因子および総得点は得点が高いほど課題や支援の必要性が大きいとされる。

（4）Questionnaire on Resources and Stress（QRS）日本語版（山上，1998）

保護者の養育上のストレスを測定する質問紙の日本語版である。52項目からなり、それぞれの項目に「はい」または「いいえ」で回答する。ストレスが高い方に回答した場合に1点が加算される。因子Ⅰ：親と家族の問題、因子Ⅱ：悲観、因子Ⅲ：子どもの特徴、因子Ⅳ：身体能力の低さ、の4因子からなる。

4．終了後アンケート

HW終了後（X年4月）に以下の2つのアンケートに回答を依頼した。

（1）ホームワークの取り組みの確認

上記のような面接での確認に加えて、アンケート形式で取り組み状況を確認した。アンケートの内容は、HWのどの内容に取り組んだか、各日の達成度についてであった。達成度は、「1．促しても行動できなかった」、「2．保護者が支援（促すなど）して行動した」、「3．自ら行動した」の3段階で評定された。

（2）社会的妥当性

プログラム終了後に上野ら（2012）を参考に作成した質問に「非常にそう思う」から「全くそう思わ

表2　プログラム実施前後における各尺度の変化

	Pre		Post		p 値	効果量 r
	Mean	SD	Mean	SD		
ADHD-RS	18.83	12.24	18.33	12.39	.905	.065
不注意	8.00	6.39	7.83	6.18	.909	.066
多動・衝動	10.83	6.24	10.50	6.63	.890	.041
KINDL	72.74	7.08	79.17	8.10	.063 †	.589
身体的健康	89.58	9.41	93.75	9.68	.472	.415
精神的健康	80.21	13.36	87.50	8.84	.329	.432
自尊感情	65.63	9.48	78.13	8.62	.034 *	.851
家族関係	71.88	11.69	75.00	16.30	.870	.099
友だち関係	76.04	19.13	73.96	17.86	.827	.133
学校（園）生活	53.13	13.55	66.67	21.89	.071 †	.694
SDQ						
行為	2.33	2.07	1.50	1.22	.035 *	.385
多動	3.83	1.83	4.50	1.87	.459	.232
情緒	3.33	2.88	3.17	2.86	.766	.066
仲間関係	3.00	3.16	2.83	3.31	.996	.041
向社会性	6.33	2.58	6.83	1.33	.078 †	.133
総得点（4 因子）	12.50	8.09	12.00	7.90	.037 *	.375
QRS	8.33	6.59	8.33	8.48	.818	.051
親と家族の問題	2.00	1.79	2.33	2.94	.784	.034
悲観	2.17	2.56	1.83	2.64	.071 †	.171
子どもの特徴	3.67	2.73	3.67	3.01	.989	.046
身体能力の低さ	0.50	0.55	0.50	0.55	1.000	.000

† $p<.10$、* $p<.05$

KINDL = Revidierter Fragebogen für KINDer und Jugendliche zur Erfassung der gesundheitsbezogenen Lebensqualität

SDQ = Strength and Difficulties Questionnaire

QRS = Questionnaire on Resources and Stress

効果量の基準は .10 = 小、.30 = 中、.50 = 大（水本・竹内，2008）

ない」の 5 件法で回答を求めた。内容は①「プログラムを通して学んだ方法が子どもにとって効果があったと思う」、②「プログラムを通して学んだことは子どもの行動を理解するのに役立ったと思う」、③「家庭での取り組みができたと思う」、④「家庭での取り組みは負担が大きかった」、⑤「プログラムに参加して精神的な余裕ができた」、⑥「家庭で取り組むことによって、子ども本人だけでなく、家族全体に対しても良い効果があったと思う」、⑦「今後も学んだ内容を実践していきたい」、⑧「手紙に入っていたビデオ（QR コード）は役に立ったと思う」、⑨「家庭でのプログラムを行って、就学への不安が低減したと思う」であった。

5.　倫理的配慮

　全員就学相談は終了しており結果に影響はなく、参加は任意であり不参加による不利益はないこと、中断可能であることを事前に説明した。本研究結果の公表については保護者全員から書面による同意を得ている。

Ⅲ.　結　果

1.　質問紙の結果

　各質問紙については、実施前後で全ての項目に回答が得られた 8 名中 6 名分を有効回答とした（有効回答率 75％）。2 名は一部の項目が未回答だったため分析から除外した。実施前後の得点（平均値、SD）および Wilcoxon 符号付順位検定結果、効果量を表 2 に示した。

　ADHD-RS 得点は総得点、不注意因子、多動・衝動

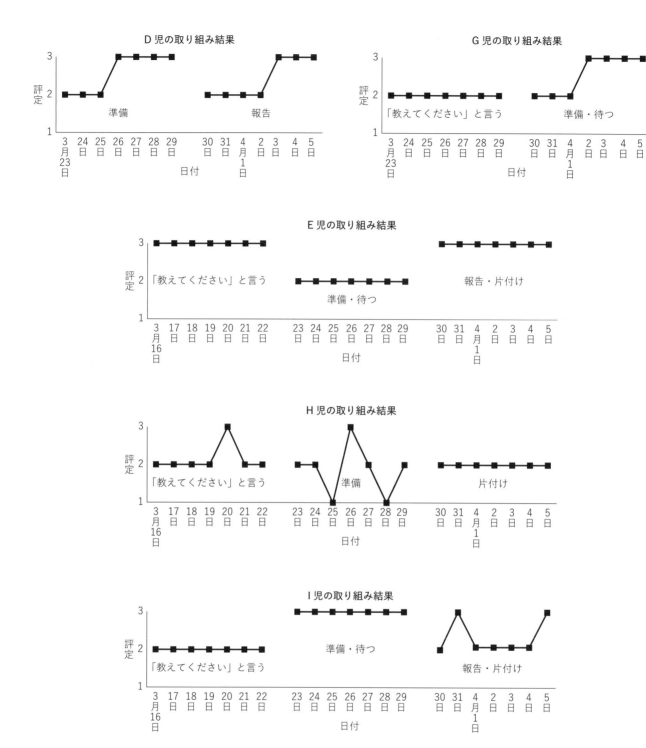

図1 ホームワークに関する評定の推移

※「1. 促しても行動できなかった」、「2. 保護者が支援（促すなど）して行動した」、「3. 自ら行動した」の3段階で評定

因子ともに有意差が見られなかった。

KINDL得点は、総得点、学校（園）生活因子は向上傾向が見られ（$p=.063$, $p=.071$）、自尊感情因子は有意に向上し（$p=.034$）、いずれも効果量大であった。

SDQは行為因子と総得点が有意に低下（$p=.035$, $p=.037$）し効果量は中〜大であり、向社会性因子の向上傾向が見られ（$p=.078$）、効果量は小〜中であった。

QRSは悲観因子の低下傾向（$p=.071$）が見られ、効果量は小〜中であった。

2. ホームワークの取り組み

回答の得られた5名分を図1に示した。3名は、取り組んだ項目はあるが記録ができなかったと回答した。

表 3　社会的妥当性の評価結果（*n* ＝ 6）

質問項目	中央値	得点範囲
1　プログラムを通して学んだ方法が子どもにとって効果があったと思う	5	5 〜 3
2　プログラムを通して学んだことは子どもの行動を理解するのに役立ったと思う	4.5	5 〜 4
3　家庭での取り組みができたと思う	4	5 〜 3
4　家庭での取り組みは負担が大きかった	3	3 〜 2
5　プログラムに参加して精神的な余裕ができた	4	4 〜 3
6　家庭で取り組むことによって、子ども本人だけでなく、家族全体に対しても良い効果があったと思う	4	5 〜 3
7　今後も学んだ内容を実践していきたい	4.5	5 〜 4
8　手紙に入っていたビデオ（QR コード）は役に立ったと思う	4	5 〜 3
9　家庭でのプログラムを行って、就学への不安が低減したと思う	4	5 〜 3

D 児（1 段目左）は 2 週目以降に取り組んでおり、準備、報告活動共に週の後半に自ら可能となった。

E 児（2 段目）は準備・待つ活動は保護者の支援が必要であったが、「教えてください」と言う、報告・片付け活動はいずれも自ら可能であった。

G 児（1 段目右）は「教えてください」と言う活動は保護者の支援が必要であったが、準備・待つ活動は週の後半に自ら可能となった。3 週目の活動は今後取り組む予定との記載があった。

H 児（3 段目）は「教えてください」と言う活動は一部自ら可能であったが、概ね保護者の支援が必要であった。片付け活動は保護者の支援が必要であり、準備活動は安定しなかった。

I 児（4 段目）は「教えてください」と言う活動は保護者の支援が必要であった。準備・待つ活動は自ら可能であった。報告・片付け活動は一部自ら可能であったが、概ね保護者の支援が必要であった。

3.　社会的妥当性の評価

質問紙を有効回答とした 6 名の保護者から回答が得られ、結果を表 3 に示した。未回答の保護者は HW 記録未提出者と同一であり、未回答理由は聴取していない。回答はいずれの項目も肯定的な評価が多かった。

自由記述欄では、「入学前に家庭で子どもの状況について話し合いができた」、「トークンエコノミーを他のきょうだいと共に行った」、「直接相談ができたことが良かった」、「子どもの対応が理解できた」、「HW がくると、子どもが喜んで取り組んでいる」、「動画やトークンエコノミー表が目に見えて分かりやすく、子どもと取り組むことができた」、「子どもが自ら取り組むようになった」、「できたら褒めることの大切さが分かった」などの感想が記載されていた。

4.　保護者、対象児の変化

面談や電話で報告された保護者自身や子どもの変化として、「兄弟喧嘩になりそうな時も、大人が子どもに優しく（ポジティブに）声をかけると、子どもも弟に優しくなれた」、「最近はやや落ち着きがない。移行の時期はそのようなことが多く、保育園入園時も落ち着かなかった」、「マインドフルネスを行うと、気持ちが楽になった」、「冷静に対応できるようになった」、「子どもが意欲的に準備を行うようになった」等があった。

IV.　考　察

1.　質問紙の結果について

ADHD-RS 得点は大きな変化は確認されなかった。本研究で実施した介入のみでは、対象児の全般的な不注意・多動・衝動性の変化は見られなかったと考えられる。多動と関連するのは HW では「待つ」の指導であったが、これだけでなく環境調整やスケジュール調整なども組み入れていくと良い可能性がある。

SDQ の行為、向社会性因子、総得点（4 因子）は改善またはその傾向が見られた。保護者が対象児の対応方法を知り、実践したことで行動問題等が減少したことがうかがえる。また向社会性の向上は、因子内に「自分からすすんでよく他人を手伝う」「年下の子どもたちに対してやさしい」などの項目があり、HW の報告活動の例が手伝いであったことから、そのような活動に取り組んだ家庭があったことや、上記のように弟に優しくなれたとの報告があり、対人面で良い関わりができるようになったことなどからも支持される。

QRS 得点については悲観因子の改善傾向が見られた。社会的妥当性の自由記述のように対応方法や褒め

る効果が理解できたことや、面談時の報告にあったようにマインドフルネスの実践による改善と考えられる。

KINDL 得点は総得点、自尊感情、学校（園）生活因子が効果量大で向上もしくはその傾向が見られた。眞榮城・酒井（2018）は学校（園）生活得点および総得点が就学前よりも就学後に有意に低下し、保護者の精神的健康が就学移行期の子どもの QOL に影響する可能性について触れており、QRS で測定された保護者の悲観の低下により、対象児の QOL が向上したと考えられる。また上記のように、保護者が対象児の対応方法を学び、ポジティブな対応が可能となったことも、対象児の QOL の向上に影響したことと考えられる。

2. ホームワークの取り組みについて

保護者の支援もしくは自ら取り組めた活動がほとんどであった。感想でも見られたように、動画や教材の送付によって、家庭で無理なく HW に取り組めたと考えられる。動画視聴については、通信環境や操作を事前に聴取し、全保護者が視聴可能であったが、文章のみでも概ね理解できる内容とした。環境によって動画視聴が困難な保護者もいることが想定され、今後の実践においても丁寧な聴取や文章化が必要となるだろう。

週の後半になると自らできることが増えた活動（D児の準備・報告、G 児の準備・待つ）については、HW の練習の効果であると考えられる。

1 週間にわたって全て自ら取り組めた活動については、①最初から取り組める力が身についていた可能性と、②PT の実施によってスムーズに導入できたために可能となり、その後も維持された可能性の両者が考えられる。この点を明らかにするために、今後の研究ではPT 実施前の状況を確認しておく必要があるだろう。

また当然ではあるが、対象児によって自ら取り組める活動と保護者の支援が必要な活動には差が見られた。保護者の支援が必要な活動は就学後も継続して支援し、自ら取り組めるようにしていけると良いだろう。

HW の実施にあたっては保護者から挙げられた行動を対象としたが、就学前機関や小学校で学ぶ行動も含まれていた。今後の実践において、対象児の状況に応じて行動を選定していく必要があるだろう。

3. 社会的妥当性の評価について

逆転項目である項目 4 以外はいずれも中央値が 4 以上であり、保護者は本トレーニングを高く評価していることが示された。項目 4 の家庭での実施の負担については「あまりそう思わない」という回答もあったが、「どちらでもない」が多く、負担軽減については今後も検討の必要がある。HW で明確な記録ができなかった保護者が 3 名おり、改善が望まれる（詳細は後述）。

4. 本研究の改善点と今後の展望

前述のように、質問紙のいくつかの指標については就学後の様子を確認していく必要があり、フォローアップの測定や面談が望まれる。特に多動性の部分や、効果の維持について確認していく必要があるだろう。

今回の HW の取り組みは任意だったが、効果の測定としてはできる限り取り組むよう依頼し、内容のより詳細な聴取が望まれる。ただし、保護者の負担とのバランスが重要である。HW や記録ができなかった保護者は、送付した例を、自身の子どもに合わせて変更・調整することが難しかった可能性がある。HW取り組み中にも面談や電話でフォローすることや、記録用紙の置き場所や記録のタイミングなどの効率的な（負担の少ない）記録の方法について講義で説明しておくこと、HW の負担感の事前聴取や、講義中にビデオを見て記録するなどの練習による成功体験、保護者の記録行動の強化（スタッフの褒めや賞状など）も望まれる。

少ない回数で保護者や対象児の変化が見られたことは、本実践のメリットと言える。一方で家庭の負担については上記のような改善を検討していく必要がある。

保護者の不安や抑うつについては、今回の対象者は特記すべきことはなかったが、対象者によっては個別フォローなども必要となる可能性がある。

対象児の知能・発達検査にはばらつきがあったが、結果の違いはデータ・エピソード上とも報告されなかった。しかし本実践のみで結論づけるには被験者数が少なく、今後の実践でも確認していけると良いだろう。

なお就学移行期としては、就学準備講座内の教員との連携（情報共有や一部を担当するなど）、保護者と教員との相互理解のための支援や就学後の支援体制も進めていく必要があると考えられる。今後はこれらも

含めたシステムを検討、実践していくことが望まれる。

〈文　献〉

Chronis, A. M., Chacko, A., Fabiano, G. A. et al. (2004) Enhancements to the behavioral parent training paradigm for families of children with ADHD. Clinical Child and Family Psychology Review, 7(1), 1-27.

Coyne, L. W. & Murrell, A. R. (2009) The Joy of Parenting: An Acceptance and Commitment Therapy Guide to Effective Parenting in the Early Years. New Harbinger Publications.（谷　晋二監訳 (2014) やさしいみんなのペアレント・トレーニング入門．金剛出版．）

DuPaul, G. J., Power, T. J., Anastopoulos, A. D. et al. (1998) ADHD Rating Scale- Ⅳ: Checklists, Norms, and Clinical Interpretation. Guilford Press.（市川宏伸・田中康雄・坂本　律訳 (2008) 診断・対応のための ADHD 評価スケール．明石書店．）

原口英之・上野　茜・丹治敬之他 (2013) 我が国における発達障害のある子どもの親に対するペアレントトレーニングの現状と課題―効果評価の観点から．行動分析学研究, 27(2), 104-127.

岩坂英巳・中田洋二郎・井澗知美 (2004) AD/HD のペアレント・トレーニングガイドブック―家庭と医療機関・学校をつなぐ架け橋．じほう．

神山　努・竹中正彦 (2016) 自閉スペクトラム症幼児の保護者に対するインターネット電話を介したペアレント・トレーニングの効果．特殊教育学研究, 54(4), 245-256.

神山　努・上野　茜・野呂文行 (2011) 発達障害児の保護者支援に関する現状と課題．特殊教育学研究, 49(4), 361-375.

Matsuishi, T., Nagano, M., Araki, Y. et al. (2008) Scale properties of the Japanese version of the strengths and difficulties questionnaire (SDQ). Brain and Development, 30(6), 410-415.

眞榮城和美・酒井　厚 (2018) 就学移行期における子どもの QOL の発達と関連要因の検討―親の自尊感情・養育態度との関連を中心として．チャイルドサイエンス, 16, 19-24.

免田　賢・伊藤啓介・大隈紘子他 (1995) 精神遅滞児の親訓練プログラムの開発とその効果．行動療法研究, 21, 25-37.

水本　篤・竹内　理 (2008) 研究論文における効果量の報告のために．英語教育研究, 31, 57-66.

根本芳子 (2014) 幼児版 QOL 尺度・幼児版 QOL 尺度（親用）．古荘純一・柴田玲子・根本芳子（編著）子どもの QOL 尺度その理解と活用―心身の健康を評価する日本語版 KINDL．診断と治療社, pp.12-15.

荻野昌秀・前川圭一郎・先光毅士 (2019) 就学移行期におけるペアレントトレーニング―保護者の変化に着目して．日本教育心理学会第 61 回総会発表論文集, 460.

荻野昌秀・平　雅夫・安川直史 (2014) 発達に課題のある児についての福祉センターでのペアレントトレーニングのプログラム開発とその効果．自閉症スペクトラム研究, 11(2), 49-54.

東海林夏希・橋本創一・伊藤良子他 (2010) 発達障害児に対する就学移行支援のための支援ツール開発の試み．東京学芸大学教育実践研究支援センター紀要, 6, 1-8.

上野　茜・高浜浩二・野呂文行 (2012) 発達障害児の親に対する相互ビデオフィードバックを用いたペアレントトレーニングの検討．特殊教育学研究, 50(3), 289-304.

Vismara, L. A., McCormick, C., Young, G. S. et al. (2013) Preliminary findings of a telehealth approach to parent training in autism. Journal of Autism and Developmental Disorders, 43(12), 2953-2969.

Wacker, D. P., Lee, J. F., Dalmau, Y. C. P. et al. (2013) Conducting functional analyses of problem behavior via telehealth. Journal of Applied Behavior Analysis, 46(1), 31-46.

Whitham, C. (1998) Win the Whining War & Other Skirmishes; A Family Peace Plan. Perspective Publishing.（上林靖子・中田洋二郎・藤井和子訳 (2002) 読んで学べる ADHD のペアレント・トレーニング―むずかしい子にやさしい子育て．明石書店．）

山上敏子（監修）(1998) お母さんの学習室―発達障害児を育てる人のための親訓練プログラム．二瓶社．

山本真也・香美裕子・田村有佳梨他 (2012) 発達障害の疑われる幼稚園児に対する就学支援プログラムの効果の検討．特殊教育学研究, 50, 65-74.

The Japanese Journal of Autistic Spectrum 2021, Vol.19-1, 53-59

実践報告

自閉症児への行動論的アプローチによる自発行動の活性化
——アクティビティシステムの活用による身辺処理行動の連鎖化——

Activating spontaneous behaviors in an autistic child through behavioral approaches: Skill chaining by setting up the child's affairs using an activity-system

田中　名帆（武庫川女子大学大学院文学研究科臨床心理学専攻）
Nao Tanaka（*Mukogawa Women's University Graduate School of Letters, Clinical Psychology*）

小林　重雄（小牧発達相談研究所）
Shigeo Kobayashi（*Komaki Development Consult Center*）

■要旨：本研究は、特別支援学校（知的障害）の小学部の自閉症スペクトラムの男児を対象に、登校後の荷物の片付けと着替えを自発的に行うことを目標として支援を行った実践である。対象児童は自発的な行動が乏しいが、活動に必要な動作は身につけていたため活動の流れを適切に伝え、行動形成をする必要があると考えた。学級担任3名で、2週間ごとに指導者を交代するという学級運営の中で実践を行った。荷物の片付けと着替えの行動を課題分析し、それをチェックリストにして、教員間で確認をしながら介入をした。また、活動の手がかりとするために手順カードを用意し、アクティビティシステムを活用して自発的に行動できるよう教室の構造化を行った。介入の結果、4カ月後にはチェックリストの項目の8割程度が自発的に行えるようになった。登校して、じっと床に座り込んでいた対象児童が、自発的に荷物を片付け、着替えをするというように行動が変化した。課題分析による指導の効果と、アクティビティシステムを併用した介入の有効性が示された。一方で、自発性の乏しい児童への、行動の初発を適切に形成していく支援の検討が課題として挙げられた。

■キーワード：自閉症スペクトラム、行動連鎖、手順カード、チェックリスト、アクティビティシステム

Ⅰ．問題と目的

特別支援学校においては、障害のある児童生徒の自立や社会参加を目指して支援をしている。「社会福祉事業及び社会福祉法人について（資料）」（厚生労働省，2004）によると、「自立」とは、「他の援助を受けずに自分の力で身を立てること」の意味である。そして、福祉分野では、人権意識の高まりやノーマライゼーションの思想の普及を背景として、「自己決定に基づいて主体的な生活を営むこと」、「障害を持っていてもその能力を活用して社会活動に参加すること」の意味としても用いられている。障害のある児童生徒が主体性を持ち、自分の力を活用して活動に参加することが、自立であると考えられる。「特別支援学校教育要領・学習指導要領解説　自立活動編（幼稚部・小学部・中学部）」（文部科学省，2018）において、自立を図るための教育活動には、「人間としての基本的な行動を遂行するために必要な要素」と「障害による学習上又は生活上の困難を改善・克服するために必要な要素」を含むとしている。自立を図るための教育活動には、基本的な行動の仕方を身につけるための支援と、生活上の困難を改善するための支援が必要であると考えられる。

「自立」がどういうことかについてはさまざまな捉え方があるが、日常生活を考えると、家族や教師から1つひとつ指示されなくても行動できることが、本人にとっても周りにとっても重要なことである（島宗，2003）。

McClannahan & Krantz（1999）によると、自閉症児の中には他者からの指示や手がかりがないと、自発的な行動をしない子どもがいることが観察された。ま

た、日常的に身近な大人や支援者からの働きかけによって行動していると、他者からの働きかけに依存してしまい、自発的な行動をすることが乏しくなってしまうことも考えられる。将来の自立的な生活を実現するためには、他者から直接的なプロンプトやガイダンスを受けずに課題や活動を行えるようになることが望ましい（山﨑・宮﨑，2014）。

自発的な行動を促すために、適切な行動を身につけるための支援と、手がかりを活用しながら自分で行動するための環境設定が必要であると考えた。適切な行動を身につけるための支援方法として、支援者が段階的に支援を減らしながら、活動の1つずつの行動を連鎖化していく方法がある。学校現場で複数の支援者が支援する状況において、段階的に支援を減らすためには、支援者間での共通理解が必要となる。支援者全員が児童生徒の実態を正確に把握すること、実施する支援の手順を十分に理解しておくことが大切であると考えられる。そのため、児童生徒が身につけた行動を簡単にチェックし、次に支援する行動を明確にする実践方法について検討した。竹内ら（2002）は、チェックリストを用いた支援によって、対象児が朝の着替えの一連の行動を短期間で習得した事例を報告している。本研究でもチェックリストを導入し、担任が協働して段階的に支援を減らし行動を連鎖化させることで、対象児が適切な行動を身につけられるよう支援することにした。

また、手がかりを活用しながら自発的に行動するための環境設定として、手順カードを活用した、アクティビティシステムを導入することとした。自閉症児に対する視覚刺激を用いた支援の有効性は多くの研究で指摘されており、手順カードを用いた支援の実践も研究されている（松下，2018）。本実践では、対象児の実態から手順カードの提示だけでなく、アクティビティシステムを用いることも必要であると考えた。アクティビティシステムとは、活動場面において、何をどのくらいの量行うのか、活動の終わりと次の活動は何であるのかを、分かりやすく示して構造化するシステムであり「活動の構造化」といわれる（梅永，2016）。アクティビティシステムなどの支援システムを活用することは、自閉症児のスキルを補強し、自発性を引き出すことにつながるとされている（ショプラー＆佐々木，1990）。荷物の片付けと着替えという一連の活動を連鎖化し、対象児にとって分かりやすく、自分で活動を進められる環境に設定することで、自発的な行動を引き出せるのではないかと考えた。

本実践では、自閉症児の自発行動を活性化するために、課題分析に基づくチェックリストと、手順カードを活用したアクティビティシステムを用いて支援を実践し、その効果を検討することを目的とする。

Ⅱ．方　法

1．対象児

10歳の自閉スペクトラム症男児である（以下A児）。特別支援学校小学部の4年生に在籍していた。

9歳9カ月時の新版K式発達検査（2001）は、発達年齢（DA）3歳5カ月、全領域DQ38、姿勢・運動DQ上限、認知適応DQ38、言語社会DQ38であった。

発語は単語が多く、「トイレ」や「おしまい」、「いらない」は表出していた。まれに決まったフレーズで、「給食しよか」などと2語文で要求することがあった。4年生になってから、絵カードを使ったコミュニケーションの練習を始めた。ひらがなは読めるが、実物と結びついていない時があり、文字と実物を結びつけるために、イラストや写真とひらがなを併せて提示し支援していた。視覚的な支援によって時間割の見通しを持つことや、マッチングの机上課題を行っていた。また、特定の物や道順へのこだわりが強く、A児の意思と異なることを指示されると座り込んでその場から動かなかった。学習や休み時間の活動においては、教員や友達に促されると参加するが、座ってじっとしていることが多かった。一方で、気になるものが見えると、走って行って手に取ったり、歩き回って教員に訴えたりする行動も見られた。決まった係りの仕事はルーティーンとして欠かさずこなす姿も見られた。

本研究で介入を行った、登校後の荷物の片付けと着替え場面では、介入前は教員が常に傍に立ち口頭での指示や身体支援をしている状況であった。支援は学級担任3名が2週間ごとにローテーションをして行っており、担当する教員によって声掛けや身体支援の仕方が異なっていた。また、荷物の片付けと着替えの手順も統一されておらず、日によって変わることもあった。称賛等の強化をするかどうかも担任やその時によってまちまちであった。A児はすぐ傍での支援がないと、30分以上も同じ場所に座って服の裾を触っており、1時間目の朝の会が始まってしまうこともあった。一方で下校前の着替えは、放課後の予定を呟きながら1人で行うこともあったことから、基本的な

動作は身についており、自発行動にはモチベーションも影響していると考えられた。荷物の片付けは教員が声掛けをすると行うが、下校前であっても A 児は自発的に行うことはなかった。

　保護者からは、家庭でも物の片付けをすることが少なく、着替えも手伝いが必要なため、自分から行動するようになってほしいという支援のニーズがあった。

2．目標

　荷物の片付けと着替えをする際に、一連の行動を中断せず、自発的に最後までやり遂げることを目標とした。

3．手続き

(1) 支援者

　ベースライン期、介入期Ⅰ、介入期Ⅱのそれぞれ始めの 2 週間は第一著者（T）が支援をするようにした。介入期Ⅱについては、学級担任 3 名が交代で支援を行った。対象児の学級は他に児童 5 名が在籍し、2 週間ごとに担当する担任が交代するというルールで学級運営を行っていた。T が主となって支援方針を決め、2 週間単位で対象児の支援を 3 名で引き継いで行った。担当者が交代することによる支援方法の細かな違いについては、日々振り返りを行い、時にはロールプレイを行ってできる限り調整するようにした。記録の仕方や、評価の基準についても、話し合いを通して共通認識を持って行った。

(2) 支援期間

　X 年度の 11 月からその翌年 3 月まで支援を行った。ベースライン期は X 年度 11 月 1 日〜 11 月 20 日とした。介入期Ⅰは 11 月 21 日〜 12 月 5 日、介入期Ⅱは 12 月 6 日〜 3 月 14 日とした。

(3) 支援場面

　行事等で着替えをしない日を除き、週 4 日程度継続して支援した。対象児が学校へ登校後、朝の荷物の片付けと着替えをする場面で 10 〜 20 分程度介入をした。また、介入期Ⅰと介入期Ⅱにおいては、介入に要した時間をストップウォッチで計測した。

(4) ベースライン期（11 月 1 日〜 11 月 20 日）

　従来通りの方法で、教員が A 児のすぐ傍で声掛けの指示や身体支援を頻繁に行って、荷物の片付けと着替えを支援した。荷物の片付けと着替えの課題分析を行い、それをもとにチェックリスト（表 1）にまとめた。チェックリストは竹内ら（2002）を参考に作成した。自発的に行った項目には○を、声掛けの指示に

表 1　荷物の片付けと着替えのチェックリスト

	記入例
①水筒などを鞄から出す	△
②着替えを出す	○
③上着を脱ぐ	○
④ズボンを脱ぐ	○
⑤上着を着る	○
⑥ズボンを履く	○
⑦服をかごに入れる	△
⑧水筒をかごに入れる	×
⑨連絡帳をかごに入れる	×
⑩給食袋をかごに入れる	×

自発的にできる○：声掛け△：身体的支援×

よって行った項目には△を、身体的に支援して行った項目には×を記録した。チェックリストは A 児が着替えと片付けをする、個別のスペースのすぐ傍に置いておき、支援をしながら A 児の行動観察をするようにした。

(5) 介入期

①介入期Ⅰ：チェックリストによる指導（11 月 21 日〜 12 月 5 日）

　介入期Ⅰでは、A 児の動きが止まった場合は 10 秒程度、自発を待ってから、チェックリストの項目順に声掛けしてプロンプトを出すように担任の支援を統一した。声掛けの指示をしても反応が見られない場合は、手を添えて身体的な支援をして行動を教示するようにした。A 児の様子を見ながら、続けて行動ができている時は認めて褒める声掛けをし、チェックリストの項目をすべて終えた時は拍手をして称賛した。

②介入期Ⅱ：チェックリストと、アクティビティシステムを用いた手順カードの指導（12 月 6 日〜 3 月 14 日）

　介入期Ⅱでは、自発性を高めるためにアクティビティシステムを用いた手順カードと強化子を導入した。チェックリストによる支援も継続して行った。

　まず、A 児が集中しやすいよう着替え・片付けスペースの環境を見直した。鞄から出した荷物や服を整理整頓しやすいよう、大きなかごの内部に小さな容器を配置して、「すいとう」などと名札と写真を貼るようにした。

　次に、めくり式の手順カードを用意した。A 児は複数の手順が示された手順書には注目しない傾向があったため、項目が 1 つできるごとにカードをめくり、次の指示が 1 つ見える形のめくり式の手順カード

を用意した。荷物の片付けのカードには、チップの半分をつけておき、荷物を片付ける場所（個人ロッカー、水筒かご等）にチップの半分を置いた。A児はマッチングのパズルに興味があったため、荷物を片付けて半分のチップを取り、手順カードの半分のチップに並べて貼ると好きなキャラクターの絵が完成するようにした（図1）。そして、手順カードの最後には、「おわり」という文字とともにA児の好きなおもちゃの写真カードを貼り、最後まで活動をすると強化子であるおもちゃを要求できるように設定した。

さらに、荷物の片付けと着替えの行動の初発となる、着替え・片付けスペースに鞄を置くという行動を生起させるために手がかりとなる絵カードを用意した。チェックリストの始めの「①水筒、連絡帳、給食袋を鞄から出す」という行動を自発するためには、登校して教室に入ったあと、対象児童が自ら着替え・片付けスペースに行くことが必要であると考えたためである。カードには「かばんをおく」という指示とA児の好きなキャラクターのイラストをつけ、着替え・片付けスペースのカード入れに同じイラストをつけた。手がかりの絵カードをマッチングさせることで着替え・片付けスペースに自発的に移動することをねらいとした。行動の初発を促すためのカードはA児が登校して、教室に入った時に、教員が手渡して提示するようにした。

（6）評価方法

チェックリストで○のついた項目を自発的に行動できた項目とした。自発的に行動できた割合（％）＝（自発的にできた項目数／全項目数）×100として割合を算出した。

（7）倫理的配慮

本稿の作成にあたり、書面にて「教育の発展の目的をもって専門機関誌に指導経過について投稿を予定している。その際、個人を特定する可能性のある要件を記載しないこと、そして個人の尊厳を傷つける可能性のある事項については一切記述しないこと」を説明し、A児の保護者の署名による承諾を得た（2020年8月29日）。

Ⅲ．結　果

介入の経過を図2に示した。ベースライン期は、登校後の荷物の片付けと着替えに取り掛かるまでに時間がかかることが多く、活動の途中で座り込んだり、動

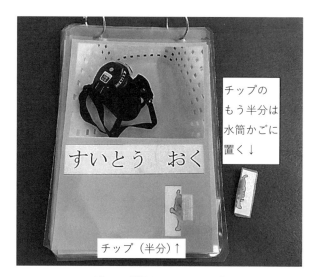

図1　手順カードとチップ

作が止まったりすることも見られた。支援者が支援をしていても、荷物の片付け・着替えが終わるまでに、20分程度の時間を要していた。荷物の片付け・着替えが自発的に行動できた割合は平均して25％だった。

介入期Ⅰでは、登校後の着替え・片付けにかかる時間は、平均して12分になっていた。荷物の片付け・着替えが自発的に行動できた割合は平均で15％だった。

介入期Ⅱでは、アクティビティシステムを活用した行動が増えたことで、支援者の声掛けを減少させることができた。支援を減らせたことで、教員の負担感も減少し、他の児童の支援をしながらA児を見守ることができるようになった。キャラクターの名前を呟きながら、軽やかな動きで次々と荷物を片付ける姿が見られた。荷物の片付けと着替えをスムーズに終えて、好きなおもちゃを要求し、朝の会の時間まで教員と遊びながら過ごすようになった。

介入期Ⅱを通して、荷物の片付け・着替えが自発的に行動できた割合は平均して63％だった。介入期Ⅱの最後の1カ月では、チェックリストの90％の行動を自発できることもあった。この時期に荷物の片付け・着替えに要した時間は平均して9分になっていた。2月14日〜3月14日に荷物の片付け・着替えが自発的に行動できた割合は平均して79％だった。

チェックリストの項目ごとに、自発的に行動できた割合の経過を見ていくと（表2）「①水筒、連絡帳、給食袋を鞄から出す」については12月3日〜12月17日に自発的に行動できた割合が29％になったものの、その後は0％が続いた。この項目については最後まで声掛けのプロンプトが必要であった。A児は初

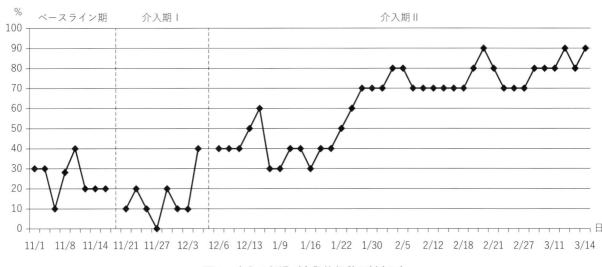

図2　介入の経過（自発的行動の割合％）

表2　項目ごとの自発的に行動できた割合の経過

チェックリストの項目	11/1 ～ 11/29	12/3 ～ 12/17	1/8 ～ 1/31	2/4 ～ 2/28	3/4 ～ 3/19
①水筒、連絡帳、給食袋を鞄から出す	0%	29%	0%	0%	0%
②着替えを出す	21%	0%	8%	40%	57%
③上着を脱ぐ	35%	29%	33%	100%	100%
④ズボンを脱ぐ	35%	71%	33%	100%	100%
⑤上着を着る	29%	100%	41%	93%	86%
⑥ズボンを履く	35%	89%	50%	93%	100%
⑦服をかごに入れる	29%	89%	8%	13%	100%
⑧水筒をかごに入れる	0%	0%	100%	100%	100%
⑨連絡帳をかごに入れる	0%	0%	100%	100%	100%
⑩給食袋をかごに入れる	0%	0%	100%	100%	100%

めの行動の手がかりとなる、絵カードを教員から受け取っても、自発的に着替え・片付けスペースに移動し、鞄を置くことはほぼなかった。また、「②着替えを出す」の項目についても、3月4日～3月19日の期間で57％であり、他の項目の自発的に行動できた割合より低くなっている。チェックリストの2番目の項目にも声掛けが必要な割合が高かったと言える。他の項目はすべて自発できていても、初発の行動には声掛けの支援が必要であり、自発的に生起しない結果となった。

Ⅳ．考　察

1．チェックリストの有効性

　介入期Ⅰと介入期Ⅱでは、チェックリストを用いて、荷物の片付けと着替えの一連の行動において、A

児が自発的にできている部分と支援が必要な部分を明らかにするようにした。A児は下校前の着替えは、1人で行えることもあったため、自発しやすい行動とそうでない行動があったと捉えられる。介入前は自発的にできる部分を評価されず、メリハリなく支援されていたことが、A児の自発的行動を引き出せなかった要因であると考えられる。チェックリストによって、A児の課題となる行動が明確になり、自発的に行動できている部分を伸ばし、必要な部分に段階的な支援を行う視点ができた。支援の見直しのきっかけとなり、支援の質を向上させる結果になったことが、A児の自発的な行動の増加につながったと考えられる。

　また、本研究は、担任3名が交代で支援を行うという学級運営の中で介入を行った。支援者間で支援方法が統一されないことも自発的な行動の割合を一定させなかった要因であったと考えられる。特別支援学校においては、複数の教員で連携して支援を行う、ティー

ム・ティーチングが取り入れられていることが多い。ティーム・ティーチングにおいては、児童への支援の仕方を共通理解することが重要であり、共通理解のズレがある時は、それを修正することで授業の改善ができる（長谷川・渡辺，2008）。介入期Ⅰで導入したチェックリストによって、A児の達成度が明確になり、それぞれの支援者が段階的に適切なプロンプトを用いて支援することができた。チェックリストというツールを使って、課題分析に基づいた支援をすることで、支援者が過剰な支援に気づき、適切な指導の方向性を明らかにすることができる（竹内他，2002）。本介入ではチェックリストによって支援者間の支援のズレを修正でき、共通理解をもつことができたのではないかと考えられる。

2. プロンプトとフェーディングの効果

　介入前のA児に対しては、教員が常に傍に立ち声掛けや身体支援をしていたことから、プロンプトに依存する状態であったと考えられる。自発的に行動することが乏しかった要因の1つに、教員が過剰な支援を行い、A児がそれに頼って活動する場面しかなかったことが挙げられる。教員が過剰な支援を減らしていくことで、A児が自ら行動していく余地が生まれたと考えられる。介入期Ⅰでは、支援者が共通して行動が止まった時にプロンプトを出すようにしたため、一時的に支援が増えることとなり、自発的な行動の割合の平均値はベースライン期よりも低下した。しかし、適切なプロンプトにより、A児にとっては次の行動を考え、自発する機会ができ、プロンプトへの依存が少なくなっていったと考えられる。介入期Ⅰの後半からは、自発的に行動できた割合が40％と上昇していることから、少しずつ荷物の片付けと着替えの一連の行動が連鎖化されていったのではないか。村中（2015）は、支援の開始時には支援者が働きかけを多くし、次第に減らしていくことが効果的であるとしている。介入期Ⅱでもチェックリストによる支援を継続し、A児の荷物の片付けと着替えの行動の達成状況を確認しながら、徐々にプロンプトを減らしていった（フェーディング）。介入期Ⅰと介入期Ⅱを通して、長期的にプロンプトフェーディングを行ったことが自発的行動の割合を増加させることに影響を与えたと考えられる。

3. アクティビティシステムと強化

　介入期Ⅰでは、最後に自発的行動の割合が上昇した

ものの、期間全体で見ると平均して15％であり、日によって変動していた。チェックリストやプロンプトフェーディングによる支援のみでは、教員による直接的な支援から脱却しにくく、A児が人的支援に頼らず自発性を高めていくためには、支援ツールを自ら活用することが必要であると考えた。そのため、介入期Ⅱではアクティビティシステムを導入した。また、下校前の着替えでは、放課後の予定を楽しみに自ら行動していたことから、登校後の活動には楽しみとなることがなく、それが自発的な行動を低下させていると考えられた。そのため、介入期Ⅱでは活動の楽しみを増やすように強化子も設定した。介入期Ⅱの始めは、手順カードの活用方法を伝えたり、チップを集めるというシステムを伝えたりするために支援が必要であったが、徐々に自分で手順カードをめくって次の行動を確認し、着替えや荷物を片付けることが見られるようになった。好きなキャラクターのチップを集めることが、各行動の即時強化となり、手順カードに沿った行動の自発が促しやすかったと考えられる。それに併せて、活動の最後に強化子を提示したことも、A児の意欲を向上させることに効果的であったと考えられる。この介入によって、自発的に行動できた割合は上昇し、介入期Ⅱの最後には平均して8割程度に安定した。構造化や強化手続きの実施によって、さらにプロンプトフェーディングを行うことができ、そのことも自発的な行動の増加に影響したと推測できる。

　また，A児は荷物の片付けと着替えの1つひとつの行動は身についていたが、次の活動を理解し、一連の流れとして行動することに困難さがあった。着替えにおいては、手順カードをめくることで次の活動が明確になり、行動しやすくなったと考えられる。荷物の片付けにおいては、チップを集めることが手掛かりとなり、自ら手順カードを確認して次の行動に向かうことが定着した。支援ツールを活用しながら、自分で次の行動を確認できるようになったことが自発行動を増やすことにつながったのではないかと考える。自閉症児は前の行動と次の行動の間で中断や逸脱が起こることがあるため、前の行動が終わるタイミングで次の行動の手がかりが得られるように支援することが望ましい（村中，2015）。アクティビィティシステムを用いた手順カードを活用することで、次の行動が分かるようになり、荷物の片付けと着替えの一連の行動の連鎖ができたのではないか。手順カードを活用したアクティビティシステムを用いた支援は、自閉症児の自発行動を活性化するために有効であったと考えられる。

4. 今後の課題

　本実践の課題として、チェックリストの始めの行動での自発が見られず、声掛けのプロンプトによって行動が生起していたことが挙げられる。さらに、一連の行動の初発を促すためのカードを用意し提示したが、A 児はカードを手に取っても着替え・片付けスペースに自発的に移動しなかった。A 児は手に持ったカードよりも、他の児童や、教室内に置かれた物に注意を向ける様子が見られた。支援者からの言語教示によって、次の活動を特定し、荷物の片付け・着替えの行動連鎖が開始されていたと考えられる。自立という視点から考えると、支援者による言語教示によって活動を特定するよりも、支援ツールを活用して自発的に次の活動に向かうことが望ましい。A 児は教室内の刺激に注意が向き、支援ツールのカードを活用することが困難だったことから、着替え・片付けスペースの環境の見直しが必要だったと考えられる。太田・青山（2012）は、周囲の環境に影響されない場でカードに注目することで、行動を自発的に始めることが可能になり、刺激のある教室での指導に移行してもカードへの注目が続いたという実践を報告している。例えば周囲の環境からの影響が少ない別室で着替えを行ってから、教室で荷物の片付けを行う等といった、活動の場所と流れの見直しが有効だったと考えられる。また、行動の初発を促すためのカードが教示として機能していなかったことから、カードの提示場所やタイミングの改善、注意を向けやすくするための工夫も必要だったと考えられる。活動のすべての自発行動を活性化するために、行動の初発を適切に形成していく支援を検討することが今後の課題である。

　付記：本研究の一部は、日本自閉症スペクトラム学会第 18 回研究大会で発表した内容に加筆・修正したものです。

〈文　献〉

長谷川裕己・渡辺明広（2008）特別支援学校（知的障害）におけるティーム・ティーチングによる授業改善の試み―「ティーム・ティーチングでの指導・支援の内容」表を活用した授業実践を通して．静岡大学教育学部附属教育実践総合センター紀要, 15, 18-92.

金　　喬・米山直樹（2016）知的能力障害を伴う自閉スペクトラム症幼児に対する課題分析を用いた着替え指導．関西学院大学心理科学研究, 42, 13-18.

厚生労働省社会保障審議会福祉部会（2004）社会福祉事業および社会福祉法人について（参考資料）．厚生労働省, 2004 年 4 月 20 日, https://www.mhlw.go.jp/shingi/2004/04/s0420-6b.html（2020 年 9 月 29 日閲覧）.

松下浩之（2018）知的障害や自閉症スペクトラム障害のある人に対する視覚刺激を用いた支援の効果―教材作成における課題と活用可能性．山梨障害児教育学研究紀要, 12, 117-129.

McClannahan, L. E. & Krantz, P. J. (1999) Activity Schedules for Children with Autism—Teaching Independent Behavior. Woodbine House.

村中智彦（2015）特別支援学校＆学級で学ぶ！　行動問題への積極的な支援「困った」から「わかる，できる」に変わる授業づくり．明治図書出版株式会社.

文部科学省（2018）特別支援学校教育要領・学習指導要領解説　自立活動編（幼稚部・小学部・中学部）.

太田千佳子・青山真二（2012）自閉症児の行動連鎖を妨げる要因のエコロジカルな分析と指導の展開―特別支援学校での登校後の荷物整理と着替えの場面を通して．特殊教育学研究, 50 (4), 393-401.

ショプラー, E. & 佐々木正美（1990）自閉症の療育者―TEACCH プログラムの教育研修．社会福祉法人新生会小児療育相談センター.

島宗　理（2003）行動分析学からみた TEACCH プログラム．鳴門教育大学研究紀要（教育科学編）, 18, 197-203.

竹内めぐみ・島宗　理・橋本俊顕（2002）自閉症児の母親の主体的な取り組みを促すチェックリストを用いた支援．特殊教育学研究, 40 (4), 411-418.

梅永雄二（2016）よくわかる！　自閉症スペクトラムのための環境づくり―事例から学ぶ構造化ガイドブック．株式会社学研プラス.

山﨑雄太・宮﨑　眞（2014）自閉症児における活動スケジュールによる自発的な行動の促進の検討―大学および学校の日課の観察を通して．岩手大学教育学部附属教育実践総合センター研究紀要, 13, 193-202.

The Japanese Journal of Autistic Spectrum 2021, Vol.19-1, 61-67

実践報告

通級指導教室における小集団社会的スキルトレーニング
——就学後の早期支援——

Group social skills training in resource rooms: Early support following the transition to elementary school

荻野　昌秀（足立区こども支援センターげんき）
Masahide Ogino（*Adachi Children Support Center GENKI*）

前川　圭一郎（足立区こども支援センターげんき）
Keiichiro Maekawa（*Adachi Children Support Center GENKI*）

■要旨：発達障害やその疑いのある児への支援として、就学後の適応のために就学前に実施する支援プログラムが先行研究によって開発されている。一方で、学校適応を促進し、その後の不適応を予防するための就学後の早期支援の研究はほぼ見当たらない。そこで本研究では、小学校1年生男児2名を対象に、就学後早期に通級指導教室で1回45分、全6回の小集団SSTを実施した。その結果、教示要求行動、他者を誘う行動、他者を励ます行動、気持ちを切り替える行動がいずれも指導内の適切な場面で生起するようになった。さらに、保護者や教員に指導場面のビデオを視聴してもらい、インタビューによって社会的妥当性が確認された。一方で、保護者が記入した対象児の行動やQOLについての質問紙得点の変化は、対象児によって異なる結果となった。今後は他の児童に対する効果の確認や、保護者以外による質問紙評価、通常学級や家庭での般化を確認する必要があり、経過観察を行って、実際に適応が促進され、不適応が予防されたのかを確認していく必要があると考えられた。

■キーワード：社会的スキルトレーニング、移行支援、発達障害

Ⅰ．問題の所在と目的

　通常学級に在籍する「発達障害の可能性のある特別な教育的支援を必要とする児童生徒」が6.2%から6.8%（95%信頼区間）とされる（文部科学省，2012）昨今、学校現場における早期の発達支援は急務である。

　知的発達に遅れのない発達障害児の場合は、遊びが中心の比較的自由度が高い就学前の集団では適応できていても、枠組みが決められた学習活動が中心の小学校という環境に適応していく際、さまざまな困り感が生じてくる（東海林他，2010）。

　このような困り感に対する就学前の支援として、例えば山本ら（2012）は発達障害の疑われる幼稚園児5名に対して4回の就学支援プログラムを実施し、標的行動（挨拶や質問時の挙手、発表者を見る、順番を守る）の形成と入学後の般化を確認している。また道城ら（2008）は広汎性発達障害の女児に対し、「挙手し

て発表する」などの授業準備行動を個別、グループトレーニングにより形成し、就学後の教室場面での般化を確認した。前川ら（2019）は発達障害の疑われる幼児7名に対して5回のプログラムを実施し、挨拶、挙手、指示従事、順番を待つ、教示要求、援助要求、他児を誘う、お礼を言うなどのスキルの自発生起率の向上が見られた。

　このように就学前の支援が進んでいる一方で、学校適応を促進し、その後の不適応を予防するための就学後の早期支援プログラムについての研究はほぼ見当たらない。不適応予防の学級集団プログラムとしては、浅本ら（2010）が小学校1年生の1学級（30名）を対象に、お礼とあいさつの2つのスキルを各45分のプログラムで指導し、標的スキル行動および社会的スキル、向社会性の向上が確認された。また、半田（2014）は3歳児健診で要経過観察とされた小学1年生5名（うち2名は広汎性発達障害、1名は知的障害）を対象に小集団SSTにより働きかけスキルとその応答スキル、上手な聞き方スキルを全6回で指導し、働

きかけと応答の生起回数の増加と1カ月後の維持、教師評定による社会的スキル尺度の向上が見られた。このように、入学後早期に基本的な社会的スキルを身に付けることにより、不適応状態の改善、予防が可能になるとされている（浅本他，2010）。

そこで本研究では、通級指導教室を利用する予定の小学1年生を対象として、入学後の小集団での早期支援プログラムを作成し、その効果を検証することとする。

Ⅱ．方　法

1．対象

介入当時、小学校1年生の男児2名（開始時月齢77カ月、82カ月）を対象とした。2名とも通常学級に在籍し通級指導教室を利用予定で、入学前まで療育機関による個別療育を受けていた。入学後に学校を通じて参加の募集を行い、2名の保護者に小学校において実施内容を説明し、書面での表明によって参加決定とした。年長時に療育機関で実施された新版K式発達検査2001の結果を表1に示す。2名とも診断名はなかったが、医師から注意・集中に課題があると指摘されていた。保護者から挙げられた各児の課題については、A児は「食事中の離席、順番が1番でないと嫌がる、物を並べるのが好きで他者が動かすと怒る、気持ちのコントロールが難しい」、B児は「食事中の離席、急な予定変更に怒る、興味のあることに取り組んでいる際に終わることが難しい、嫌なことを自分から表明できない、他児を誘うことが難しい、読字・書字が苦手」とのことであった。

2．プログラム内容

就学後の授業開始2週目に、著者らが通常学級での対象児の行動観察を2回（各2時間程度）実施し、就学相談時の情報も参考にしてプログラム内容を決定した。プログラムは通級指導教室の小集団指導という位置づけで、授業開始4週目から授業時間内に週1回40分のセッションを全6回実施した。各セッションは社会的スキルの教示、問題場面の提示、問題場面についての話し合い、モデルの提示、練習（ロールプレイ）とフィードバックといったSSTの流れで実施した。なお、当該の小学校において例年の通級指導教室での指導は授業開始7～10週目の間に開始されていた。また、各回の終了後数日以内に、保護者および通

表1　対象児の検査結果

対象児	性別	検査時月齢（月）	新版K式発達検査結果（DQ）			
			P-M	C-A	L-S	全領域
A児	男	69	上限	87	77	81
B児	男	75	上限	105	99	103

常学級の教員に対して実施した内容と当日の対象児の様子を書面で報告した。スタッフは通級指導教室を担当している教員4名（教員歴は4年、4年、6年、30年）であり、1名がメインで指導を進め、2名は対象児のプロンプトを行い、1名は記録を行った。著者らはプログラムの立案および各回の終了後に30分～1時間程度のスタッフへの助言を行った。プログラムは前川ら（2019）、山本ら（2012）を参考にして対象児の状況を考慮して作成した。各回の指導内容を以下に示す。

なお、各スキルの教示は初回のみであったが、第2回以降は開始時に「前回の復習」として、前回練習したスキルを口頭で説明すると共に文字で提示した。

（1）第1回：制作場面で方法が分からない時に教員に「教えてください」と言う、制限時間のあるゲームで教員に「手伝ってください」と言う（教示要求、援助要求）。

（2）第2回：問題の回答が分からない場合に教員に「教えてください」と言う、問題の回答が分からない場合に他児に「教えてください」と言う（他児がヒントが書かれたカードを持っている）（教示要求）。

（3）第3回：2人で協力して行うゲームで他児に「一緒にやろう」と誘う、3人で協力して行うゲームで他児と教員に「一緒にやろう」と誘う（他者を誘う）。

（4）第4回：教員がゲームに失敗した時に「どんまい」と言う（励ます）（教員が1人で行うゲームと対象児を含めて行うゲームの2種類）。

（5）第5回：他児が1人で行うゲームに失敗した時に「どんまい」と言う（励ます）、自分がゲームに失敗した時に深呼吸をする（気持ちを切り替える）。

（6）第6回：自分がゲームに失敗した時に深呼吸をする（気持ちを切り替える）、同時に応援している他児は「どんまい」と言う（励ます）（ゲームは2種類を実施）。

3．指導経過

A児は全回出席し、B児は体調不良のため第4回を

欠席し、その他の 5 回に出席した。

　第 2 回は適切な教示要求、援助要求が自発できない場合には、教員が「なんて言うんだっけ？」「おし……？（「教えてください」の文頭）」といったプロンプトを行った。第 6 回は深呼吸が自発できなかった場合に、教員が「どうするんだっけ？」といった声かけを行ったり、隣でモデルを見せて促した。なお、標的行動に関わるプロンプトが行われたのは上記の 2 回のみで、その他は教示に応じて対象児が標的行動を自発できたため、プロンプトは行われなかった。標的行動以外に、例えば活動時に場所を移動する際などには、状況に応じて教員が移動先を指さすなどのプロンプトを行った。

　教員への助言は以下の通りである。なお、第 6 回の終了後は助言ではなく全体の振り返りを行った。

　（1）第 1 回：標的行動以外の行動（例：移動など）はプロンプトと分化強化で支援していく。過集中してしまうことがあるため、活動時間を事前予告し、短時間で区切る。

　（2）第 2 回：対象児が関係のない話をし始めた際は、教員が反応しすぎずに元の文脈に戻す。事前予告が有効であったため、継続していく。

　（3）第 3 回：他児の行動に対して「だめだよ」などと指摘する場合は教員が指摘するルールであると伝え、教員は「○○すると良いよ」などポジティブに伝える。対象児の 1 人は興奮しやすい様子もあるが、切り替えは良いため、「おしまいです」などのキーワードで切り替えを支援する。

　（4）第 4 回：プロンプター役の教員が声かけを多用しているが、対象児にとって注目獲得になっている場合があるため、身体ガイドや指さしを行う。事前予告は有効だが、対象児が注目獲得のために何度も確認していることがあるので、その際は教員が反応しすぎないようにする。

　（5）第 5 回：対象児が適切に教示に注目できている時などは強化していく。「上手に待てているね」などの声かけが有効だったので、継続していく。

4．効果測定（行動の生起率）

　上記の全 6 セッションを保護者同意の上でビデオ撮影し、以下の標的行動のそれぞれの生起率（%）を「（生起数／機会数）× 100」で算出した。なお、実施前の行動観察ではビデオ撮影ができなかったため、観察時に著者らがカウントした。

　（1）「教えてください」と言う（教示要求）

　（2）「一緒にやろう」と言う（他者を誘う）

　（3）「どんまい」と言う（他者を励ます）

　（4）深呼吸をする（気持ちを切り替える）

　なお、ビデオ記録の測定は第 1 著者が行い、全時間のうち 33.3% の内容について、本研究の主旨を知らされていない発達障害支援の経験が約 8 年の公認心理師にも測定を依頼した。両者の評定者間一致率を算出した結果、95.0% であった。なお、両者の意見が一致しない場合は一致したデータのみ採用した。

5．効果測定（質問紙）

　以下の質問紙をプログラム開始前および全 6 回終了後にそれぞれ実施した。いずれも保護者が回答した。

　（1）ADHD Rating Scale-Ⅳ（ADHD-RS-Ⅳ）（家庭版）
　　　（市川他，2008）

　家庭における児の不注意・多動性・衝動性の状態を測定する質問紙の日本語版。18 項目からなり、各項目への回答が「ない、もしくは、ほとんどない」は 0 点、「ときどきある」は 1 点、「しばしばある」は 2 点、「非常にしばしばある」は 3 点が加算される。

　（2）KINDL 小学生版（親用）（柴田，2014）

　子どもの QOL を評価する質問紙。各項目への回答が「いつも」は 1 点、「たいてい」は 2 点、「ときどき」は 3 点、「ほとんどない」は 4 点、「ぜんぜんない」は 5 点が加算される。全 24 項目であり、14 項目が逆転項目である。身体的健康、精神的健康、自尊感情、家族関係、友だち関係、学校生活の 6 因子からなる。

　（3）Strength and Difficulties Questionnaire（SDQ）
　　　日本語版（Goodman, 1997）

　子どもの行動のポジティブな面とネガティブな面を評価する質問紙。各項目への回答が「あてはまらない」は 0 点、「まああてはまる」は 1 点、「あてはまる」は 2 点が加算される。全 25 項目であり、行為、多動、情緒、仲間関係の 4 因子とその総得点、および向社会性因子を算出できる。向社会性因子は得点が低いほど、他の 4 因子および総得点は得点が高いほど課題や支援の必要性が大きいとされる。

6．社会的妥当性

　最終回終了後に、小学校の会議室において保護者に指導場面のビデオ（1 回分 5 分程度、計 30 分程度）を視聴してもらい、家庭や普段の学校生活での様子を

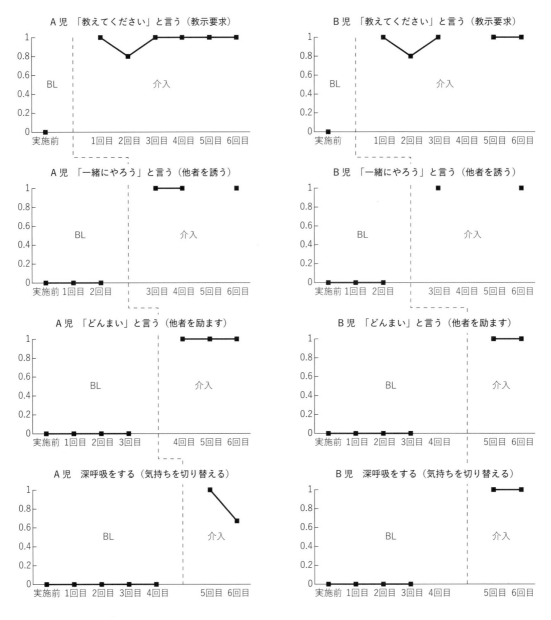

※第4回はB児が欠席したためA児のみの生起率を記載した。
※「一緒にやろう」は機会設定ができなかった第5回の結果。
※BL：ベースライン

図1　行動の生起率

考慮して効果があったと思うか、子どもの成長・発達に役立ったと思うかなどを自由回答形式でインタビューした。その後、保護者の許可を得てプログラム実施者ではない通常学級担当の教員にもビデオを視聴してもらい、同様のインタビューを実施した。

7．倫理的配慮

　保護者に対して参加は任意であり不参加による不利益はないこと、中断可能であることを事前に説明した。本実践結果の公表については両名の保護者から書面による同意を得た。

Ⅲ．結　果

1．行動の生起率の結果

　行動の生起率の結果を図1に示す。いずれの行動も指導前には見られていなかったが、指導後に生起するようになった。

　なお、「一緒にやろう」と言う（他者を誘う）行動のみ、第5回で機会の設定ができなかったため、生起率を記載していない。

表 2　各質問紙の得点および先行研究の平均値、*SD*

	A 児		B 児		先行研究	
	介入前	介入後	介入前	介入後	*Mean*	*SD*
ADHD-RS						
不注意	22	13	13	13	5.94	5.08
多動・衝動	17	9	16	15	6.59	5.56
総得点	39	22	29	28	12.54	9.97
KINDL						
身体的健康	87.5	93.8	100.0	100.0	73.88	17.05
精神的健康	81.3	81.3	87.5	68.8	75.13	19.82
自尊感情	68.8	68.8	93.8	100.0	70.13	20.86
家族関係	62.5	62.5	68.8	75.0	68.75	19.82
友だち関係	62.5	56.3	87.5	87.5	72.13	16.93
学校生活	43.8	50.0	43.8	81.3	69.00	20.16
総得点	67.7	68.8	80.2	85.4	71.50	12.16
SDQ						
行為	5	3	1	3	2.01	1.57
多動	5	3	3	3	3.27	2.26
情緒	2	0	6	4	1.59	1.77
仲間関係	5	3	4	5	1.52	1.57
向社会性	2	5	9	10	6.18	2.10
総得点（4 因子）	17	9	14	15	8.39	5.09

※各質問紙の先行研究は、ADHD-RS は市川ら（2008）、KINDL は柴田（2014）、SDQ は Moriwaki & Kamino（2014）を参照。

2．質問紙得点の結果

各質問紙得点の結果および先行研究の平均値、標準偏差を表 2 に示す。

ADHD-RS 得点については A 児は総得点、および全因子が 1*SD* 以上の改善を示した一方で、B 児はいずれの項目も大きな変化が見られなかった。

KINDL 得点については、A 児はいずれの項目も大きな変化が見られなかった一方で、B 児の学校生活因子は 1*SD* 以上の向上が見られた。

SDQ は A 児の行為因子、情緒因子、仲間関係因子、向社会性因子、総得点（4 因子）および B 児の情緒因子が 1*SD* 以上改善し、B 児の行為因子は 1*SD* 以上支援度が向上した。

3．社会的妥当性の評価

社会的妥当性のインタビューでは、両名の保護者から家庭での援助要求や家族に対する励ましの言動（「どんまい」など）が増えていること、書面や動画で対象児の様子を知ることができて安心したこと、プログラムには楽しく参加しており効果があり、役立ったと思うことが語られた。また、事前に聴取した保護者の希望として、「気持ちのコントロールができるようになってほしい」（A 児の保護者）、「他児を誘うこと

が難しく、人との会話などを練習してほしい」（B 児の保護者）があり、本プログラムによって上記の内容が改善されたことも語られた。教員からも適切な援助要求が見られ、活動への積極的な参加が増えていることが語られた。

Ⅳ．考　察

1．行動の生起率の結果について

いずれの行動も教授後に生起するようになったことから、本実践によって対象児が援助要求などの適切なスキルを身に付けることができたことが示唆された。

しかし本実践においてはプログラム終了後の家庭や学校場面の様子までは把握できておらず、今後は実際場面で般化できたかどうかの検証が望まれる。また、A 児の「深呼吸をする」については介入後の第 5 回で 100％となったが、第 6 回ではやや低下したため、この点についてもその後の経過の観察が望まれる。

2．質問紙得点の結果について

ADHD-RS 得点について、A 児は総得点、および全因子が改善を示したことから、本プログラムが A 児

の多動・衝動性や不注意に効果をもたらした可能性が考えられる。例えばA児はプログラムの実施により適切な場面で援助要求を出すことができるようになったため、援助要求を出さずに自分のやり方で課題に取り組む行動や、教員・保護者の指示（意図）と異なる行動を取ることが低減したと考えられる。このことにより、多動・衝動性や不注意と判断される場面が減ったのではないだろうか。一方で、B児については大きな変化が見られなかった。B児も上述のように適切な行動は獲得できていたが、実施前の得点がA児ほど高くはなかったため、得点の変化として明確に表れなかった可能性が考えられる。

KINDL得点（QOL）については、A児は大きな変化が見られず、本プログラムのみではQOLの大幅な改善までは至らなかった可能性があるが、身体的健康因子はM＋1SD以内だったが実施後にM＋1SD以上となり、学校生活因子はM−1SD以上だったが実施後にM−1SD以内となったことから、大幅な改善ではないがQOLはやや向上したと考えられる。B児の学校生活因子の改善については、適切なスキルを表出できるようになったため、教員や他児との関係性が良好になり、QOLの向上につながったと考えられる。また、B児の総得点も実施前はM＋1SD以内だったが実施後にM＋1SD以上となり、全体としてのQOLも向上している可能性がある。

SDQについては、A児は適切なスキルを身に付けることによって、行動上の問題や他児との社会的な関係性が改善されたと考えられる。A児の実施後の全因子および総得点は、M±1SD以内に改善している。例えばA児は実施前の行動観察時、休み時間に他児に加わって遊ぶことができずにいたが、プログラム実施後は他児を誘うことなどができているとのことであった。またB児については情緒因子が改善した一方で行為因子は要支援度が向上したことから、B児が適切なスキルを身に付けて情緒的に安定した一方で、さまざまな行為に応用できるまでには至っていない可能性がある。しかし1SD以上上昇したとは言え、B児の実施後の行為因子得点はM＋1SD以内であり、標準の範囲内と言える。なお、この結果（A児との効果の差）はB児が一部を欠席したことも関係している可能性もある。

質問紙全体に言えることとして、対象児の姿をより客観的かつ全体的に捉えるため、質問紙による評価は可能な限り複数の関係者によって行うことが望まれる。今回は保護者の評定のみであり、教員による評価は実施していないため、今後は半田（2014）が実施したように教員による評価も行っていく必要があるだろう。

3. 社会的妥当性の評価について

社会的妥当性については、保護者および教員から肯定的な評価が得られた。保護者や通常学級の教員と書面や動画による情報共有ができたことも大きいと考えられた。このような情報共有により、通級指導教室だけでなく通常学級や家庭での支援がより進むのではないかと考えられる。

4. 本実践の限界と今後の課題について

本実践では、就学後の早期支援として通級指導教室でのSSTを実施した。上記のような効果も確認されたが、まず対象児が2名と少なく、質問紙の変化が対象児によって異なること、欠席や機会設定ができなかったことにより一部のデータが欠損していることなどもあり、今後同様のプログラムを実施することにより、効果の確認や、他の児童に対しても効果があるのかどうかを検証していく必要がある。

また、前述のように保護者以外による質問紙評価や、通常学級や家庭で般化していることを動画や観察によって確認していくことも望まれる。

さらに半田（2014）が指摘するように、6カ月や1年などの長期間で対象児の様子を観察することによって、このプログラムがその後の不適応の予防につながったのかどうかを検証することも必要であると考えられる。

謝辞：本研究にご協力いただきました保護者の皆様、小学校の先生方、データ分析にご協力いただきました渡邊千尋氏に厚く御礼申し上げます。

〈文　献〉

浅本有美・国里愛彦・村岡洋子他（2010）小学校1年生に対する集団社会的スキル訓練の試み．行動療法研究, 36(1), 57-68.

道城裕貴・原　説子・山本千秋他（2008）模擬授業場面における就学前の発達障害児の授業準備行動に対する行動的介入．行動療法研究, 34, 175-186.

DuPaul, G. J., Power, T. J., Anastopoulos, A. D. et al. (1998) ADHD Rating Scale-IV: Checklists, Norms, and Clinical Interpretation. Guilford Press.（市川宏伸・田中康雄・坂本　律訳（2008）診断・対応のた

めの ADHD 評価スケール. 明石書店.)

Goodman, R.（1997）The strengths and difficulties questionnaire: A research note. Journal of Child Psychology and Psychiatry, 38(5), 581-586.

半田　健（2014）発達障害児へのセルフモニタリングを取り入れた社会的スキル訓練. 行動療法研究, 40(3), 177-187.

前川圭一郎・荻野昌秀・成瀬稚歩（2019）発達障害が疑われる幼児への就学移行プログラムの効果検討. 日本特殊教育学会第 57 回大会発表論文集, 5-41.

文部科学省（2012）通常の学級に在籍する発達障害の可能性のある特別な教育的支援を必要とする児童生徒に関する調査結果について.

Moriwaki, A. & Kamio, Y.（2014）Normative data and psychometric properties of the strengths and difficulties questionnaire among Japanese school-aged children. Child and Adolescent Psychiatry and Mental Health, 8, 1.

柴田玲子（2014）小学生版 QOL 尺度. 古荘純一・柴田玲子・根本芳子他（編著）子どもの QOL 尺度その理解と活用—心身の健康を評価する日本語版 KINDL. 診断と治療社, pp.12-15.

東海林夏希・橋本創一・伊藤良子他（2010）発達障害児に対する就学移行支援のための支援ツール開発の試み. 東京学芸大学教育実践研究支援センター紀要, 6, 1-8.

山本真也・香美裕子・田村有佳梨他（2012）発達障害の疑われる幼稚園児に対する就学支援プログラムの効果の検討. 特殊教育学研究, 50, 65-74.

The Japanese Journal of Autistic Spectrum 2021, Vol.19-1, 69-77

実践報告

即時性エコラリアを示す自閉スペクトラム症児の
イントラバーバル訓練にモデリングを用いた事例

Modeling in intraverbal training of a young child with autism spectrum disorder showing immediate echolalia: A case report

田原　太郎（世田谷区　スクールカウンセラー）

Taro Tahara（*Setagaya City School Counselor*）

■**要旨**：本研究の目的は、即時性エコラリアを示す自閉スペクトラム症の幼児へのイントラバーバル訓練におけるモデル提示の効果を検討することである。訓練は、音声プロンプトによる訓練期間、モデル提示を追加した期間、9カ月後のフォローアップ（維持テストと追加訓練）の期間から構成されていた。場面は家庭および通所施設の療育場面で行われた。対象児は即時性エコラリアを示す自閉スペクトラム症の女児だった。訓練開始時は2歳3カ月だった。独立変数の操作として、音声プロンプトを用いた訓練を続け、それにモデル提示を加えた指導を2セッション実施した。ターゲット行動は、名前、年齢、住所の3つの質問に対するエコラリアのない適切な応答行動とした。結果、当初は音声プロンプトによる介入で訓練の効果がみられなかった。しかしモデル提示を導入後、正反応率が上昇した。その後モデル提示や音声プロンプトを除去した後も正反応がみられた。また質問の文章や人物を変えても答えられるなど一定の般化がみられた。一方で、9カ月後のフォローアップでは名前以外の反応は維持されていなかった。結論としてはまず介入方法の変更の効果がみられた。しかしモデリング時の道具などの剰余変数があり、独立変数をモデリングに限定することはできなかった。また介入効果の維持やターゲット行動の選定などの課題も残された。最後に臨床的意義として本事例の介入法は類似の事例に応用する際、コストが低く、実施が容易である利点が考えられた。

■**キーワード**：モデリング、エコラリア、イントラバーバル、自閉スペクトラム症、応用行動分析

Ⅰ．問題の所在と目的

エコラリア（echolalia）とは他者やテレビなどから発せられた言葉の全部、あるいは一部を繰り返すことである（Neely et al., 2015；廣澤・田中，2004）。エコラリアはとくに自閉スペクトラム症でしばしばみられ、DSM-5では自閉スペクトラム症の診断基準の一部である「行動、興味、または活動の限定された反復的な様式」の例の中で「反響言語」として指摘されている（DSM-5; American Psychiatric Association, 2013）。

エコラリアには即時性エコラリア（immediate echolalia）と遅延性エコラリア（delayed echolalia）がある（Neely et al., 2015；廣澤・田中，2004）。即時性エコラリアは他者の発話を聞いた数秒以内にみられる。一方、遅延性エコラリアは他者の発話を聞いた数日経過後にみられることもある（Neely et al., 2015）。どちらのエコラリアに対しても応用行動分析（Applied Behavior Analysis; ABA）によるアプローチは一定の効果を挙げている（Neely et al., 2015）。

応用行動分析は、自閉スペクトラム症の幼児への早期介入としても用いられている（横山他，2019）。しかしエコラリアの傾向がある場合、言語の指導が難しくなることがある。例えば〈お名前は？〉という質問の直後に「ヒロキ」と答えられるよう指導を行う際に、「おなまえはー」というオウム返しの反応（即時性エコラリア）がみられる場合、指導方法の工夫が必要となる。

こうした質問に答える行動は、Skinner（1957）が提唱した言語行動の1つであるイントラバーバル（intraverbal）にあたる。杉山ら（1998）はイントラバーバルを「言語刺激を弁別刺激とし、その弁別刺激との間に1対1の対応がない言語行動」としている。

例えば上記の〈お名前は？〉という質問を弁別刺激として、「ヒロキ」や「ヒロキだよ」などと応答する行動はイントラバーバル反応の1つといえる。イントラバーバルは質問に答えたり、会話を続ける上で重要な言語行動といえる。

これらの研究の課題として、まずイントラバーバルに関しては、マンドやタクトといった他の言語行動に比べて研究が少ないことが指摘されている（谷, 2012; Sautter & Leblane, 2006）。例えば Sautter & Leblane（2006）の調査によると1963〜2004年まで応用行動分析学の代表的な雑誌に掲載された言語行動の研究では、マンドが60本だったのに対して、イントラバーバルは14本だった。また国内外ともに、幼児におけるイントラバーバル研究は少なく（例えば Valentino et al., 2012；奥田・小口, 2008）、イントラバーバル獲得の初期段階での研究が必要といえる。

即時性エコラリアについての課題は研究方法上のものが挙げられる。例えば Neely ら（2015）のシステマティックレビューでは、エコラリアに関する研究のうち、エコラリアの定義が論文中に示されていることや、対象者の繰り返すフレーズを従属変数として記録していることなどの9条件を設定したところ該当する論文が11本のみに限定された。そのためエコラリアについての行動的アプローチの介入効果を示す際に、ターゲット行動を明示するといった課題が挙げられる。

即時性エコラリアがみられる際のイントラバーバル訓練の方法として Lovaas（2003）は様々な音声プロンプトを紹介している。一方で近年では音声だけでなく視覚的な介入も含む行動的アプローチが注目されてきている（Neely, 2015）。視覚的な介入にはカードや映像、ジェスチャーやモデリングなどがある。その中でもモデリングは、モデルの行動に良い結果がもたらされている様子を観察する必要がある（Miltenberger, 2001）。そのため他者に注目することに困難のある自閉症スペクトラム症児にとって有効なケースとそうでないケースがあり、実践報告を蓄積する必要がある。例えば数秒程度の短い会話シーンであればモデルを観察することができる場合、イントラバーバル訓練に適用できる可能性がある。

そこで本研究では、即時性エコラリアがみられる自閉スペクトラム症の幼児へのイントラバーバル訓練におけるモデリングの効果について検討する。

Ⅱ．方　法

1．対象児

訓練開始時2歳3カ月の女児。医師から自閉スペクトラム症の診断を受けていた。2歳3カ月で新版K式発達検査、2歳7カ月で田中ビネー知能検査を受け、どちらも「軽度の遅れ」と言われていた。

対象児は1歳6カ月から、筆者が勤務していた事業所が提供する応用行動分析による療育を受けていた。申し込みの経緯として保護者からは「1歳半健診で『様子見』と言われたが、以前から何かおかしいと気になっていた。ABAを知り、専門家に依頼した」といったことが語られていた。また来所時の保護者の希望として「呼びかけに反応して、目を合わせたり、言葉のやり取りをしたい」といったことが挙げられていた。本報告で扱うイントラバーバル訓練の時点では、名前を呼ばれて顔を向けたり、アイコンタクトを取ることはできていた。また、動作の模倣については「手をたたく」などの簡単なものができていた。音声の模倣については「ひ」が入る音など、一部の苦手な音以外はできていた。その他「グミ」や「チョコ」といった一語での要求や、「じゃがいも」や「くつした」など具体物の名前を言うことができていた。また、初期のイントラバーバルの訓練として、Th. の声かけで歌を歌う課題があり、1曲は数セッションの訓練で歌えるようになっていた。しかし、他の曲は穴埋めの形でも安定して歌えていなかった。

2．セッション形態

筆者が勤務していた事業所が提供する応用行動分析による療育を行った。タイムラインを図1に示す。まず1歳6カ月の時点から家庭での訪問セッションが1回2時間、週2回行われた。その後、2歳3カ月頃からは通所施設でのセッションが1回1時間30分、週2回、開始された。約2カ月は訪問と通所の併用が行われ、その後は通所セッションのみとなった。今回のイントラバーバル訓練は1回のセッションのうち5〜20分程度実施された。その時間や試行数は、対象児の体調や眠気、学習の進み具合をその場のセラピストの観察と保護者からの聞き取りにより判断した。

その他の時間は具体物や動作の名称を言う課題、視覚的な課題、体を使う課題、休憩や遊びでの関わる時間、保護者へのフィードバックなどが行われていた。また、今回のイントラバーバルのターゲット行動の語

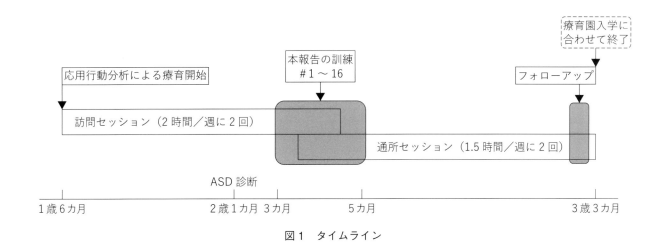

図1　タイムライン

句には含まれていないが「ひ」など一部の苦手な音声の模倣の課題もあった。ターゲット行動に含まれる語句は明瞭な発音が可能で聞き取りに影響はなかった。

3．指導者

　今回の訓練には3人のセラピスト（以下、Th.）と2名のモデル役が関わった。

（1）Th.A

　訪問セッションを開始時から担当した。女性。応用行動分析による療育の経験は4年だった。

（2）Th.B

　筆者。対象児の通所セッションのほとんどを担当した。男性。臨床心理士。本発表のイントラバーバル訓練開始時の応用行動分析による療育の経験は1年6カ月であった。

（3）Th.C

　#9のみ担当した。女性。療育については6年、応用行動分析による療育の経験は1年6カ月だった。

（4）モデル役

　モデル提示は#12と#14の2回実施され、それぞれ異なるスタッフがモデル役を担当した。どちらも女性スタッフで、それまで対象児に声をかけることなどはあったが、個別セッションを担当したことはなかった。

4．ターゲット行動

　3つの質問への応答行動をターゲット行動とした。これらは当時、対象児が自分について質問される可能性があると考えられたものである。

　Th. の質問を〈　〉で、対象児の反応を「　」で示す。

・名前〈お名前は？〉→「ユリコ」

・年齢〈何歳？〉→「2歳」

・住所〈どこに住んでるの？〉→「上野」

5．分析方法

　訓練では Th. が「名前」「年齢」「住所」のいずれかの質問をして、対象児がエコラリアせずにターゲット行動を示した際、正反応として記録した。すなわち名前についての試行であれば〈お名前は？〉の質問に対して「ユリコ」とのみ応答した場合、正反応として記録した。

　その他の反応は誤反応として記録した。例えば〈お名前は？〉という質問に対して「おなまえはー」という繰り返しの反応や、「おなまえはーユリコ」という質問部分も繰り返しつつ応答した反応が挙げられる。その他、何も答えないという反応も誤反応ではあるが、ほとんどみられなかった。

　また、プロンプトしながら質問した試行で正反応がみられた場合は強化しているが、データではその試行は正反応数に含めていない。プロンプトした試行での誤反応も同様である。

　すなわち記録には正反応と誤反応、プロンプトを用いた正反応とプロンプトを用いたが誤反応だったものの4種類あった。「名前」「年齢」「住所」のそれぞれのターゲット行動ごとに、全試行数から正反応を割ったものを正反応率とした。例えば、「名前」の訓練でプロンプトせずに質問して正反応が3回、誤反応が2回、プロンプトした質問での正反応が4回、プロンプトした質問での誤反応が1回みられた場合は、合計10試行のうち、3試行が正反応である。そのためそのセッションでの「名前」の質問の正反応率は30％となる。

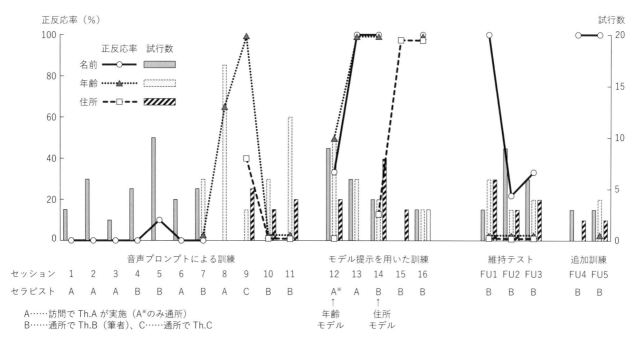

図2　正反応率と試行数の経過

また分析対象は3試行以上行った課題のみとした。#9と#10の間に、名前について2試行のみ実施しどちらもプロンプトしたセッションが1回あり、それは除外した。

6. 記録方法

記録はTh.自身が行っていたため、観察者間の一致率は測定できていない。ただ、後述するモデル提示を行った試行での正反応と誤反応の評価は、#12のモデル役とTh.Aとの間、#14のモデル役とTh.B（筆者）の間で合致していた。

7. 倫理的配慮

本研究の発表について、保護者に口頭と書面での同意を得た。またターゲット行動の「2歳」は実際の年齢だが、本報告における「名前」と「住所」は架空のものに改変している。

Ⅲ．介入方法と経過

訓練では、対象児がTh.の質問に正反応を示した時に、お菓子や賞賛、ハイタッチ、くすぐりなどを随伴させた。とくにお菓子は小さいサイズにしていたこともあり、1回のセッションを通じて自発的な要求が多く、強化価が高いと考えられた。そのためその時点で

行動形成を目指しているが低頻度のターゲット行動において正反応がみられた場合には、賞賛だけでなくお菓子を随伴させた。一方で維持を目的としたすでに高頻度で答えられているターゲット行動や、プロンプトを用いた際の正反応には毎回お菓子を用いることはせず、賞賛やハイタッチ、くすぐりなどのいずれかのみを随伴させることもあった。

対象児から誤反応がみられた場合、Th.は反応せず次の試行へ移った。誤反応が続くと思われる場合は後述するプロンプトを用いた試行を行った。

図2に正反応率と試行数の経過を示す。

1. 音声プロンプトによる訓練（#1〜11）

訓練の初期は、音声プロンプトを用いて訓練した。この時期は〈お名前は？〉という質問に対して「おなまえはー」という繰り返しの反応や「おなまえはーユリコ」といった誤反応が多くみられた。誤反応が続くと思われる時は、基本的に音声プロンプトを用いた。しかし〈お名前は？……ユリコ〉といったように質問の直後にターゲット行動の言葉を示した場合、「ユリコ」とプロンプト部分のみを模倣できる場合と、「おなまえはーユリコー」と質問部分とプロンプト部分のどちらも模倣する場合があった。また、〈お名前は？……ユ……〉といった部分的なプロンプトも用いられたが、これに対しては「おなまえはユー」といった模倣がみられることもあった。他にも質問文の〈お名

前は？〉の部分をささやき声で言い、直後に大きな声で「ユリコ！」と言うことで、質問箇所と子どもに音声模倣してほしい箇所を区別する方法も試された（Lovaas, 2003）。しかしこれらの音声プロンプトは効果が見られなかった。

　また、ターゲット行動の変更も効果は見られなかった。1 つの質問（例：名前のみ）を続けた場合も、複数の質問（例：名前と年齢）をランダムに聞いた場合も適切に答えられなかった。年齢の質問は＃ 8 〜 9 で正反応率が一時的に上がったものの、住所の質問を含めてランダムに聞くと 0％に下がってしまった。

　なおこの期間の＃ 1 〜 3 までは Th.A による家庭での訪問セッションを行い、＃ 4 から主に Th.B（筆者）による事業所での通所セッションが開始された。＃ 1 〜 3、＃ 6、＃ 8 が家庭で Th.A が行ったセッション、＃ 4 〜 5、＃ 7、＃ 10 〜 11 が Th.B が行ったセッション、＃ 9 のみ Th.C が行ったセッションである。

2.　モデル提示を用いた訓練（＃ 12 〜 16）

　モデル提示は＃ 12 と＃ 14 で実施された。その他のモデル提示を行わないセッションは＃ 13 では家庭で Th.A が行い、＃ 15 〜 16 は Th.B が事業所で行った。

　モデル提示は 2 回とも事業所の通所セッションの際に行われた。＃ 12 は Th.A が担当した。Th.A は普段は家庭でのセッションのみを担当していたが、この時のみ事業所でセッションを行った。＃ 14 は Th.B が担当した。＃ 12 と＃ 14 のモデルは異なる女性スタッフだった。

　＃ 12 では、年齢の質問でモデル提示を行った（図 3 の左）。Th.A が〈何歳？〉と聞き、モデル役は自分の年齢ではなく、対象児の年齢「2 歳」を答えてみせた。Th.A はそれを賞賛、ハイタッチをした。このモデルのやりとりを 2 〜 3 回見せた後、Th. が対象児に質問をした。その際、モデル役が対象児の後ろにつき、小さい声で「ユリコ」と音声プロンプトをした。このモデル試行を 2 回行った。その後は、それまでのセッションと同様に、モデル役ではなく Th.A が正面から音声プロンプトをした。

　モデル提示時はモデル役と対象児のどちらに質問をしているかが明確になるようにおもちゃのマイクを向けた。マイクはボリュームや声色を変える効果はなかった。口を近づけて大きな声を出すと反響する効果はあったが、このセッション中はみられなかった。

　モデル提示をした＃ 12 では、訓練の後半に音声プロンプトを除去しても、年齢の質問の正反応が増え

た。また、モデルを提示していない名前の質問についても、正反応が増えた。住所の質問について正反応はみられなかった。

　＃ 13 は訪問セッションで、モデル提示を行わず、名前と年齢の質問に 100％の正反応を示した。

　＃ 14 では住所について正反応が見られず、再びモデル提示を行った（図 3 の右）。この時は＃ 12 と異なり、モデル提示時の音声プロンプトは、モデル役でなく Th.B（筆者）が正面から行った。マイクは＃ 12 と同様に用いた。モデル提示を実施しても最初は適切に反応できなかった。その後、モデル提示と音声プロンプトで 3 試行し、プロンプトなしで 1 回正反応できたところでその日は終了した。

　＃ 15 では住所の質問に 100％の正反応を示した。＃ 16 では 3 つの質問をランダムに聞いても、質問を繰り返すことなく適切に答えられ、訓練は終了となった。

　また、「名前なんだっけ？」などと質問の言葉を多少は変えても答えられたり、Th. 以外の大人が質問しても答えられるなど一定の般化が見られた。

3.　フォローアップ

　9 カ月後〜 10 カ月後の間にかけてフォローアップ（FU）を 5 セッション行った。全て Th.B が事業所でセッションを行った。FU1 〜 3 では維持テスト、FU4 〜 5 では追加訓練が行われた。

　維持テストでは正反応がみられた場合は Th. は「うん」や「そうだね」などの短い同意や賞賛にとどめた。誤反応の場合は Th. は反応せず次の試行に移った。その結果、「名前」の質問については FU1 で「ユリコ」という正反応が 100％みられた。しかし FU2 〜 3 では「ユリコ」と言う正反応もみられたものの、「おなまえはーユリコー」と質問文を含めた誤反応の方が多くみられた。

　年齢と住所については質問文を繰り返すのみだった。すなわち「なんさいーにさいー」という繰り返しの誤反応ではなく、「なんさいー」とのみ答える誤反応だった。年齢については 3 歳になっていたが、「2 さい」という反応も「3 さい」という反応もみられなかった。

　そこで、FU4 〜 5 で追加訓練を行った。正反応がみられた場合に同意や賞賛を「上手に言えたね！」など介入期や当時の他の課題と同様に明確に提示し、お菓子も随伴させた。その結果、「年齢」と「住所」については音声プロンプトも用いたが正反応はみられな

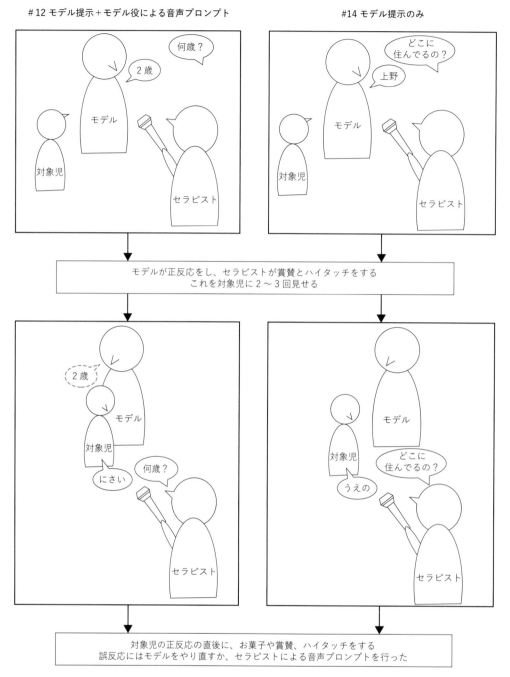

図3　モデル提示の流れ

いままだった。一方で「名前」はFU4とFU5でともに正反応が100％みられた。正反応のみだったため、「名前」に関してはいずれのプロンプトも用いなかった。

Ⅳ．考　察

本事例は、即時性エコラリアを示す自閉スペクトラム症児のイントラバーバル訓練に、モデル提示による

介入を行った事例である。その結果、介入の効果とその限界が示された。

1．モデル提示による正反応率の変化

＃12と＃14のモデル提示を行ったセッションでは、どちらもセッションの後半で正反応がみられ、その次のセッション（＃13と＃15）ではモデルや音声プロンプトがなくても100％の正反応がみられた。これは＃11までの音声プロンプトを用いたセッションとは異なるデータの推移であり、モデル提示の効果が

あったと考えられる。

モデル提示の効果を上げる要因は様々なものが指摘されている（Miltenberger, 2001）。本事例では、モデルの行動に良い結果（賞賛やハイタッチ）がもたらされる様子を対象児が観察したこと、モデルの観察後すぐに対象児に模倣させ、即時強化した点などが介入効果を上げた可能性がある。

2．モデリングにおける般化

♯ 12 では年齢のモデル提示を 2 回行った。その際、名前と住所を答えているモデルは見せていないにもかかわらず、名前の正反応率も上昇した。一方で住所の反応については変化がみられなかった。そのため、年齢についてのモデルを観察し、モデルと同様に年齢を答えて強化された経験が、名前についても同様に質問部分は繰り返さない答え方をする頻度を高めた可能性がある。これはモデリングによる般化と考えられる。

一方で、住所には般化がみられなかったことについては、ターゲット行動の間で以下のような違いがあったことが考えられる。まずイントラバーバル訓練において♯ 12 までの時点で、名前の方が多く取り組んできていた。また、自然環境下で対象児が住所について耳にする機会は多くなかったことは保護者に確認している。一方で自分の名前は対象児が耳にすることの多かったものである。また、対象児は自然環境下でも名前を呼ぶことで振り返ったり、顔を上げており、他者の名前とは弁別できていた。こうした違いにより、住所には般化せず、名前には般化が見られた可能性がある。

モデリングによる般化と、その違いの要因を検討するうえでは、ターゲット行動に意図的に違いを設定し、学習や般化の傾向を検討することも有効と思われる。例えば井上・小林（1992）は自閉症児への会話訓練にビデオモデリングを用いている。そこでは、ターゲット行動として対象児の好きなパズルやお絵かきといった場面と、好きではない勉強の場面を設定しモデリングの効果を検討している。それにより、好きな場面と好きではない場面で、般化の程度が異なるかの検討が可能となっていた。今回のように接する頻度や理解度が般化の程度にどの程度影響するか検討するためには、例えば未知の言葉をターゲット行動にし、試行数を多いものと少ないもので般化の程度が異なるか比較することなどの方法が考えられる。

3．独立変数の限定

本研究の限界として、独立変数をモデル提示に限定できない点がある。これについては以下で音声プロンプトの方法、マイクの使用について検討した後、今後の展望について検討する。

まず音声プロンプトの方法について検討する。♯ 12 ではモデル提示を導入した他に、音声プロンプトを対象児の後ろから実施しており、この点もそれ以外のセッションとは異なる変数だったといえる。そのため♯ 12 で正反応率が上がった「年齢」と「名前」は音声プロンプトの変更も関係している可能性がある。一方で♯ 14 の「住所」のモデル提示時の音声プロンプトは他のセッションと同様に目の前の Th. から実施されており、♯ 15 ではプロンプトなしで 100％の正反応がみられている。そのため後ろからの音声プロンプトは♯ 12 の介入に効果があった可能性も考えられるが、介入効果の必須条件ではないと考えられる。

次に、マイクの使用について検討する。モデル提示時には、マイクが Th. の前にある時に〈何歳？〉という質問がなされ、マイクがモデル役や対象児の前に来たタイミングで「2 さい」の音声プロンプトがなされた。それにより質問箇所と模倣してほしい応答箇所の区別が強調された可能性がある。Lovaas（2003）は声の大小で、その 2 つの箇所を区別する方法を紹介している。本事例では、言語的な弁別刺激である質問文とともに、マイクが模倣してほしい箇所を示す視覚的な弁別刺激の機能を果たした可能性がある。

以上見てきたように、本事例の学習に最も効果があったのがモデル提示なのか、マイク使用なのか、あるいは両者を同時に用いることが必要だったのかについては十分に限定できない。

こうした独立変数の検討を行っていくための方法として、課題間マルチプルベースラインデザインによる検討が可能である。ベースライン測定の後、モデル提示とマイク使用の介入時期をずらすことで、どちらの導入後に正反応率が変化したかによって独立変数の検討を行うことができる。また、モデル提示期間とマイク使用期間とは別に、両者を同時に用いる期間を加えることで交互作用の検討も可能と思われる。

4．ターゲット行動の選定

ターゲット行動の選定には複数の課題が残った。例えば名前に比べて、年齢と住所については生活場面での使用頻度に違いがあった。保護者に聞き取りをしたところ、フォローアップまでの 9 カ月の間に、具体的

な回数まではわからないが名前については答える機会はあったという。一方で、年齢や住所を答える機会はなかったとのことだった。また、名前は基本的に変化しないものであるが、年齢は時間の経過とともに2歳、3歳、4歳と変化していく性質の違いがあった。その他、2歳の幼児であったことなどを含めて複数の課題が残った。

まず、対象児の生活環境を検討する必要があった。イントラバーバルの特徴の1つに、褒め言葉や同意などの般性強化子により形成・維持される点がある。対象児は9カ月の間、年齢や住所を答えて褒められたり同意を得られる機会（強化される機会）がなかったと思われる。この問題への対策として、十分な生態学的なアセスメントを行うことが必要と言える。対象児の普段の生活にあるやりとりや道具、周囲の人物や好む食べ物、おもちゃやキャラクターなどに基づき、学習の促進や維持が優れていると考えられるターゲットを保護者と検討することが可能であった。

また本研究では、#12の「年齢」のモデル提示の際も#14の「住所」のモデル提示の際も、モデル役自身の実際の年齢や住所ではなく、対象児の「年齢」と「住所」を言っていた。より高次なモデリングでは、モデル役が「40歳」と実際の年齢を言う様子や、複数の子どもが各自の名前を答えている様子を観察させることもできる。適切にモデリングを行うことができれば、自分自身の名前や年齢を答えることができると思われる。ただ、本研究の対象児は訓練開始時には2歳であった。また、本介入のモデル提示はエコラリアの特性も考慮した介入であったため、モデル役自身の年齢や住所ではなく、対象児の年齢と住所を答えさせた。

一方でターゲット行動にはモデル役と観察者（対象児）にとって答えが共通するものを選ぶこともできる。例えば谷（2012）は3歳2カ月の男児と3歳9カ月の女児の2名の自閉症児に対して、事前にカードを命名させる訓練を行った後にイントラバーバル訓練を行っている。その研究では〈鼻の長い動物は？〉という質問に対する「ゾウ」という応答や、〈寝るのは？〉に対する「布団」、〈アイスを食べる時に使うものは？〉に対する「スプーン」といったイントラバーバル課題が選定されていた。こうした質問はモデリングで介入した場合でもモデル役と対象児の応答が同じになる。谷（2012）によると上記のターゲットは一般的知識に関する質問と、事物の機能を問う質問である。一方で、本事例で扱った質問はいずれも社会的質問であ

り、抽象的な特性やモデルによって異なる特性などが含まれており、2歳の自閉スペクトラム症児にとって困難だった可能性がある。そのため今後は一般的知識に関する質問や事物の機能を問う質問から検討することも重要かと思われる。

5. フォローアップ時期の選定

本研究ではフォローアップの時期が9カ月後に開始されており、今回の介入の維持効果については考察が限定されてしまった。

本事例と関連する研究では、9歳4カ月の自閉症児の会話訓練にビデオモデリングを用いた井上・小林（1992）は訓練終了の1カ月と5カ月後に維持の測定をしている。また、3歳の自閉スペクトラム症児のイントラバーバル訓練に視覚的手がかりを用いたValentinoら（2012）は訓練終了の3カ月後に維持の程度を測定している。これらの研究では、維持テストで例えば70%や20%などの正反応率を示すターゲット行動が含まれていた。一方で本研究では年齢と住所については9カ月後の維持テストで0%であった。しかし、維持テストを例えば2週間後や1カ月後に実施していた場合、0%といった極端な結果ではなかった可能性がある。また、本研究の訓練効果が時間の経過とともにどの程度維持されるか、より詳細に検討できた可能性がある。そのため今後は対象者の年齢や特性から測定時期を検討し、本研究の介入が維持されているか検討する必要がある。

6. 臨床的意義

最後に、本事例の臨床的意義を検討する。本事例で用いた介入の利点としてはコストが低く、多くの現場で実施可能な介入である点が挙げられる。

まず、本事例で用いたおもちゃのマイクは100円程度で販売されており、見た目の本物らしさや複雑な機能はない。そのため、本介入に会話のモデル提示だけでなくマイクが必要な要素だったとしても、安価に購入したり、作成できると思われる。

次に、モデル役は専門家でなくても少しの練習で実施可能と思われる。例えば、専門家が計画を立てることで、モデル自体は専門知識の少ないスタッフや学生、保護者や兄弟、他の子どもに実施してもらうことができると思われる。

最後に、井上・小林（1992）と同様にビデオモデリングも可能かもしれない。例えばモデルとなるやりとりを録画し、タブレットやスマートフォンにモデル映

像を保存しておく。それを家庭でのホームワークの際などに再生して使用することが可能であればモデル役を 1 人用意する必要がなくなる。また、Miltenberger（2001）はモデル提示を対象者が必要なだけ繰り返すことが必要であると指摘している。本事例の対象児は少ないモデリングで変化がみられたが、より多くモデル提示が必要な事例も考えられる。そうした時も映像であれば何度も同じ映像を再生することができ、より簡易にモデル提示を行うことができるかもしれない。

〈文　献〉

American Psychiatric Association（2013）Diagnostic and Statistical Manual of Mental Disorders; DSM-5.（高橋三郎・大野　裕監訳（2014）DSM-5　精神疾患の診断・統計マニュアル．医学書院, pp.49-50.）

廣澤満之・田中真理（2004）自閉性障害児における即時性エコラリアに関する研究の展望．東北大学大学院教育学研究科研究年報, 52, 249-259.

井上雅彦・小林重雄（1992）自閉症児におけるビデオモデリングを利用した会話訓練の検討．行動療法研究, 18（2）, 108-115.

Lovaas, O. I.（2003）Teaching individuals with developmental delays. PRO-ED Inc.（中野良顯訳（2011）自閉症児の教育マニュアル．ダイヤモンド社．）

Miltenberger, R. G.（2001）Behavior Modification: Principles and Procedures（2nd ed.）. Wadsworth.（園山繁樹・野呂文行・渡部匡隆他訳（2006）行動変容法入門．二瓶社．）

Neely, L., Gerow, S., Rispoli, M. et al.（2015）Treatment of echolalia in individuals with autism spectrum disorder: A systematic review. Review Journal of Autism and Developmental Disorders, 3, 82-91.

奥田健次・小口詔子（2008）アスペルガー幼児におけるイントラバーバルの指導．日本行動分析学会年次大会プログラム・発表論文集, 77.

Sautter, R. A. & Leblanc, L. A.（2006）Empirical applications of Skinner's analysis of verbal behavior with humans. The Analysis of verbal behavior, 22, 35-48.

Skinner, B. F.（1957）Verbal Behavior. Prentice Hall.

杉山尚子・島宗　理・佐藤方哉他（1998）行動分析学入門．産業図書．

谷　晋二（2012）はじめはみんな話せない．金剛出版．

Valentino, A. L., Schillingsburg, M. A., Conine, D. E. et al.（2012）Decreasing echolalia of the instruction "ay" during echoic training through use of the cues-pause-point procedure. Journal of Behavioral Education, 21, 315-328.

横山佳奈・吉田翔子・永田雅子（2020）自閉スペクトラム症児への早期介入における現状と展望．名古屋大学大学院教育発達科学研究科紀要．心理発達科学, 66, 7-16.

Modeling in intraverbal training of a young child with autism spectrum disorder showing immediate echolalia: A case report

Taro Tahara（Setagaya City School Counselor）

Abstract: This case study examines the effects of modeling for intraverbal training of a young child with autism spectrum disorder. At the start of training, the girl was two years and three months old and displayed autism spectrum disorder with immediate echolalia. The training was conducted at home and facility settings and consisted of three periods: (1) training with verbal prompts, (2) training with modeling prompts, and (3) a nine-month follow-up. Verbal prompt training was continued to manipulate the independent variable, and modeling prompt training was introduced in the 12th and 14th sessions. The target behavior was defined as appropriate responses without echolalia to three questions: name, age, and address. The initial verbal prompt intervention did not result in any training effects. However, the appropriate response rate increased after introducing modeling prompt training, which was continuously observed even after the modeling and verbal prompts were removed. In addition, there was some generalization, including the ability to respond to different questions and people. However, no responses other than the name were maintained at the 9-month follow-up. These results suggest that modeling is effective for intraverbal training. However, the results were not limited to the independent modeling variable because other tools and methods were used simultaneously. The clinical merit of this intervention is the low cost and ease of application to similar cases.

Key Words : modeling, echolalia, intraverbal, autism spectrum disorder, applied behavior analysis

The Japanese Journal of Autistic Spectrum 2021, Vol.19-1, 79-86

実践報告

関係者との支援会議を活用した高校通級指導の充実
——自閉傾向のある生徒へのコミュニケーション支援を通して——

Enrichment for handicapped high school students in special classes support meetings with stakeholders: Practicing communication support with autistic tendency students

佐藤　利正（群馬県立高崎高等学校）

Toshimasa Sato（*Gunma Prefectural Takasaki High School*）

■**要旨**：高校通級とは高等学校において実施する「通級による指導」の略称である。その高校通級の指導形態において、群馬県は拠点となる指導場所を基本としながらも、通級担当者が通級指導を利用する生徒が在籍する高校へ出向いて指導する「巡回型高校通級指導」を採用している。この巡回型高校通級を進める上では、生徒の実態把握を行い、それに応じた指導計画の作成と実際の指導を行う必要がある。生徒の学校生活の様子については、在籍校の担任や特別支援教育コーディネーター等から情報を得ることができるが、生徒はスクールカウンセラー（以下：SC）からのカウンセリングを受けていたり、放課後に放課後等デイサービスを利用していたりする場合があり、そこから情報を得ることは通級指導で自立活動を進める上で大変重要である。

　そこで本実践報告では、全日制高校で通級利用をしている生徒について、在籍校の職員だけではなく、SC や放課後等デイサービスの学習支援員を交えながら支援会議を行い、それをもとに構築した支援体制や、作成した個別の指導計画、また実際の高校通級指導について報告する。具体的には、全日制高校に通う、通級を利用している自閉傾向のある生徒について、カウンセリングを受けている SC や利用している放課後等デイサービスの学習支援員と支援会議を行い、それぞれの場面での生徒の実態について関係者間で情報共有を行い、目標に対する共通理解をもち、各関係者の強みを活かしながら支援を行えるようにした。また本報告では、支援会議の内容を受けて進めた、実際のコミュニケーション指導について、その内容と成果について報告する。

■**キーワード**：高校通級、関係者との連携、自閉傾向、コミュニケーション

Ⅰ．問題の所在と目的

　高校通級とは高等学校において実施する「通級による指導」の略称である。文部科学省によると通級による指導を受けている児童生徒は、1993 年の 1 万 2259 人から 2017 年の 10 万 8946 人と増加しており、2017 年度は中学校においては約 1 万 2000 人が通級による指導を活用している（文部科学省，2019）。それらを受けて、学校教育法施行令の一部改正により、2018 年度から高等学校及び中等教育学校後期課程において、大部分の授業を通常の学級で受けながら、一部の授業について障害に応じた特別の指導を特別な場で受ける「通級による指導」を実施できるようになった。その高校通級の指導形態において、群馬県は通級担当者が、通級を希望する生徒の高校へ出向いて指導する

巡回による指導も採用している。この形態での高校通級指導は 2018 年度より行っており、2020 年 12 月 4 日時点で 23 校計 45 名の高校生が通級を利用している。巡回型による指導により、県内のより多くの高校生の指導を行うことができ、通級担当者も多様な生徒と関わることで指導のスキルを高めることができる。また、巡回型通級指導を担う教員には、子どもの直接的な指導支援のみならず、在籍校における校内全体への支援に対する期待も高い（伊藤他，2015）。

　生徒の入級に当たっては、まず県教育委員会指導主事と通級担当者 2 名の計 3 名で、利用希望生徒、保護者、在籍校教員それぞれに対して、初回面談「インテーク」という形で面談を行う。そして、そこで得られた情報をもとに分析資料を作成し入級判定会議を行い、入級が決定した生徒に通級指導が始まる。指導は生徒 1 人ひとりの障害や特性による学習上または生

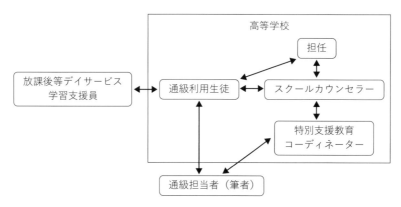

図1　通級利用生徒に関わる関係者の相関図

活上の困難を改善、克服することをねらいとし、学習内容は特別支援学校高等部学習指導要領で示す「自立活動」の内容を取り扱っている。利用生徒の障害（傾向も含む）の状況は自閉症スペクトラム障害が最も多く、次に注意欠陥・多動性障害、続いて学習障害である。

　通級指導を進める上で、在籍校の特別支援教育コーディネーター（以下、特支 Co とする）や学級担任等と連携をしながら、生徒の実態把握やそれに基づいた個別の指導計画の立案を行う必要があるが、生徒の中には、スクールカウンセラー（以下、SC とする）によるカウンセリングや、放課後等デイサービスを利用している生徒もいる。SC においては、校内支援体制の中でその役割分担を明確にし、その支援を個別の支援計画に反映させていくことが推奨されている（加藤，2009）。また放課後等デイサービスにおいては、サービスの利用は、学校教育との時間的な連続性があることから、特別支援学校等における教育課程と放課後等デイサービス事業所における支援内容との一貫性を確保するとともにそれぞれの役割分担が重要としている（文部科学省，2012）。さらに放課後等デイサービスを含めた関係機関との連携において、そのハブや境界線を明確にすることが、連携を効果的に機能させる上で重要とされている（山崎，2020）。

　そこで本実践では、全日制高校で通級利用を行っている生徒を対象に、在籍校の教員だけではなく、SCや放課後に利用している放課後等デイサービスの学習支援員を交えながら、高等学校をハブとした支援会議を行った。そして、そこで明らかになった生徒の実態や目標について関係者間で情報共有し、各関係者の強みを活かした支援体制を構築した。また通級担当者として、支援会議の内容をもとに個別の支援計画を作成し、それに基づいて通級指導を行った。以上のことに

ついて、その内容と成果を報告する。

II．方　法

1．対象生徒（A さん）

　群馬県内の県立高校（全日制）に通う生徒で、自閉傾向がある。コミュニケーションが苦手で、周囲とうまく関われないという主訴で通級利用が始まった。当初の通級学習での様子は、自分の関心のある内容については多弁であるが、そうでないときは黙り込んでいることが多かった。

2．生徒に関わる関係者

　A さんに関わる学内外関係者を相関図に示した（図1）。周囲とうまくコミュニケーションがとれないことに対して、担任の教諭が適宜相談にのっている。また、同様の相談を SC も定期的に受けている。さらに、放課後は放課後等デイサービスを利用しており、幅広い年齢層の利用者と一緒に過ごしている。それらの関係者の勧めもあり、コミュニケーションの苦手さを主訴とした通級利用が始まった。本実践は、放課後に定期的に自立活動に関わる通級指導をしている著者が行ったものである。

3．支援会議

（1）方針と内容

　A さんの実態把握と個別の指導計画の立案、またそれを実際の指導や関わりに活かすための支援会議を、保護者の同意のもと、担任や特支 Co などの校内関係者、SC や放課後等デイサービスの学習支援員などの学外関係者と行った。生徒の実態把握については、課題面だけではなく、現在よくできていることに

担任より	スクールカウンセラーより	放課後等デイサービス 学習支援員より	通級担当者より
【現在できていること】 ・学習意欲が高い。 ・人と関わりたいという気持ちをもっている。 ・同じ過ちは繰り返さない。	【現在できていること】 ・人と関わりたいという気持ちをもっている。 ・困っている人を助けたいという優しい気持ちをもっている。	【現在できていること】 ・料理が得意である。 ・優しい性格である。 ・決められたことは、それを忠実に守ることができる。 ・視覚的に伝えると、落ち着いて行動できる。	【現在できていること】 ・人と話をすることが好きで、興味があることについて知識が豊富である。 ・人と関わりたいという気持ちをもっている。
【課題】 ・興奮すると、一方的に発言し、話が止まらない。 ・人と関わることに対して自信がない。	【課題】 ・自分の世界に入り込むと止まらない。 ・自己肯定感が低く、自信がない。	【課題】 ・イレギュラーなことが起こると興奮し、適切な対応ができない。 ・自信がない	【課題】 ・興味があることについて、一方的に発言し、話が止まらない。 ・人と適切に会話をすることに対して自信がない。

【目指したい生徒の姿】
・自己肯定感を高め、人と関わることに対する自信をもつ。
・人と関わる上でのルールやマナーを知り、それを守りながら関わることができる。

目指す生徒の姿のための各関係者の指導方針			
学校	スクールカウンセラー	放課後等デイサービス 学習支援員	通級担当者
・グループ活動を積極的に取り入れ、活動を行う上でのルールやマナーを明確に伝える。 ・ルールやマナーを守りながら、適切に人と関われた際は賞賛するなどして、人と関わることに対する自信を高める。	・自分の特性について、自己理解を高められるようにする。 ・前向きな気持ちや特技等に注目し、自己肯定感を高められるようにする。 ・トラブルについて、学校と通級と連携しながら対応を検討する。	・特技の幅を広げ、自信を高められるようにする。 ・感謝の気持ちを伝えたり、褒めたりしながら、人から喜ばれることに対する意欲を高める。 ・人と関わる上でのルールを明確に伝えていく。	・人と関わる上でのルールやマナーについて、視覚的手段も用いながら明確に伝える。 ・学習を通して自己肯定感を高め、人と関わることに対する自信を高める。 ・トラブルに学校とSCと連携しながら対応を検討する。

図2　各関係者間の情報共有シート

ついても情報交換した。そして、明らかになった実態をもとに、関係者で協同しながら目指したい生徒の姿を協議し、そのための指導や関わり方の方針を各関係者で立てた。これらの会議の内容を情報共有シートにまとめ、各関係者で情報共有した（図2）。

(2) 回数

第1回支援会議（3月）

参加者：本人、保護者、担任、特支Co、通級担当教員

内容：通級学習を始めるにあたり、学校生活で困っていることについて確認した。

―通級指導開始―（3月）

第2回支援会議（5月）

参加者：特支Co、SC、通級担当教員

内容：学校生活の様子やカウンセリングでの様子等についての実態把握

第3回支援会議（6月）

参加者：放課後等デイサービス学習支援員、保護者、特支Co、保護者、担任、通級担当教員

内容：放課後等デイサービスでの様子や家庭での様子等についての実態把握

―個別の指導計画の作成―（6月）

第4回支援会議（12月）

参加者：特支Co、通級担当教員

内容：学習状況や生徒の変容等についての情報交換、またそれを受けての指導目標や指導内容の見直し。

4. 倫理的配慮

本実践を報告するにあたり、対象生徒や保護者、また各関係者から報告することの同意を得た。また、匿名性を保ち、個人情報の保護に十分配慮した。

Ⅲ．結　果

1．支援会議により明らかになった A さんの実態

（1）担任・特支 Co より

　各教科担当者からの情報をもとに、定期的に A さんの相談に乗っている。学校生活では、学業に対して意欲的に取り組めており、課題にもしっかり取り組めている。しかし授業中、全員で静かに考える時間に、思いついたことを大きな声で発言してしまうことがある。グループ活動では、自分の意見を一方的に言い相手の話を聞かないことが多い。人と関わりたいという気持ちを強くもっているが、関わり方がわからず、諦めてしまっている。

（2）SC より

　A さんの希望をもと、定期的に対象生徒のカウンセリングを行っている。自分の世界に入り込むと止まらない特性があり、本人もそれを自覚している。人とうまく関われるようになりたいと思っているが、自己肯定感が低く自信がない。正義感や責任感が強く、人の役に立ちたいという気持ちをもっている。

（3）放課後等デイサービス学習支援員より

　平日の放課後や長期休業中など、定期的に対象生徒の学習支援を行っている。面倒見がよく、小さい子の世話をよくしてくれる。経験のないことやイレギュラーなことに対応することが苦手だが、事前に視覚的に予定を示しておくと落ち着いて行動できる。また、料理が得意で、味を褒められると嬉しそうな表情をする。

（4）通級担当者（筆者）より

　定期的（月 1 ～ 2 回程度）に放課後に A さんの在籍高校に出向き、主にコミュニケーションに関する指導をしている。アニメやゲームなど、自分の好きなことに関する知識は豊富であるが、それらを話し始めると一方的に話してしまう。人と関わりたいという気持ちをもっているが、自信がなく消極的である。

2．目指したい姿の共通理解

　各関係者で共通してもっている認識や他の関係者からの情報により明らかになったことなど、生徒の実態に関するさまざまな情報をもとに、関係者間で目指したい姿の共通理解を図った。各関係者が認識している A さんの特性として、1）人と関わりたいという気持ちをもっている、2）人と関われず自己肯定感が低い、3）決められたことは忠実に守ることができる、4）視覚的に伝えると落ち着いて行動できるということが、支援会議を通して明らかになった。そこで、A さんの人と関わりたいという気持ちを尊重しながら自己肯定感を高め、また人と関わることに対して自信をもてるようになることが重要であると共通理解をした。また、そのために決められたことはしっかり守れるといった A さんの強みを活かしながら、適切な会話の仕方や人と関わる上でのルールを、視覚的手段も取り入れながら、指導していくことが効果的かつ重要であると共通理解した。

3．各関係者で立てた指導方針

（1）担任

　各授業やホームルーム活動の中で、集団活動を積極的に取り入れていく。通級での学習を踏まえながら、話し合いにおけるルールやマナーを事前に確認し、それらを守れたときは賞賛することで、適切に人と関わることに対する意欲を高める。

（2）特支 Co

　生徒の現状や変容について、各関係者間で情報共有できるよう、情報交換を頻繁に行う。また、支援会議で明らかになった生徒の実態や目指したい姿について、担任だけではなく、学校全体で共有できるようにする。

（3）SC

　自分の特性や苦手なことなど、自己理解を高められるようにする。自分の課題だけではなく、人の役に立ちたいという気持ちや特技等に注目し、自己肯定感を高められるようにする。対人関係等のトラブルを振り返り、その際の対応について、通級での学習を踏まえながら、考えられるようにする。

（4）放課後等デイサービス学習支援員

　さまざまな活動をすることで、特技の幅を広げ、自信を高められるようにする。小さい子の世話をしてくれたり、手伝いをしてくれたりした際に感謝の気持ちを伝え、人から喜ばれることに対する意欲を高める。通級での学習を踏まえながら、人と関わる上でのルールを明確に伝えていく。

（5）通級担当者

　支援会議で明らかになった生徒の実態や目指したい姿をもとに、通級指導で行う自立活動の指導計画を作成した。通級での自立活動では、人と関わる上でのルールやマナーを守ることができること、成功体験を重ねることで自己肯定感を高め、人と関わることに対する自信を高めることを中期目標とし、個別の指導計

質問 1.　声の大きさはどうでしたか？

大きい　　　　ちょうどいい　　　　小さい

【ちょうどいい声の大きさはどれくらい？】

質問 2.　自分の話す情報量はどうでしたか？

自分ばかり話している　　　　お互いがそれぞれ話している　　　　相手ばかり話している

質問 3.　お互いの話した時間を比べてみよう

	1	2	3	4	5	6	分
○○さん							
先生							

質問 4.　会話をして、相手のこと（興味があることなど）がわかりましたか？

よくわかった　　　　まあまあわかった　　　　あまりわからなかった

質問 5.　相手に質問したり、話を振ったりした回数は？　　　　　　　回

質問 6.　最初のルール（サイコロトーク）は守れましたか？

守れた　　　　まあまあ守れた　　　　守れなかった

質問 7.　相手は楽しそうでしたか？

楽しそうだった　　　　つまらなそうだった　　　　よくわからない

質問 8.　相手の表情はどうでしたか？

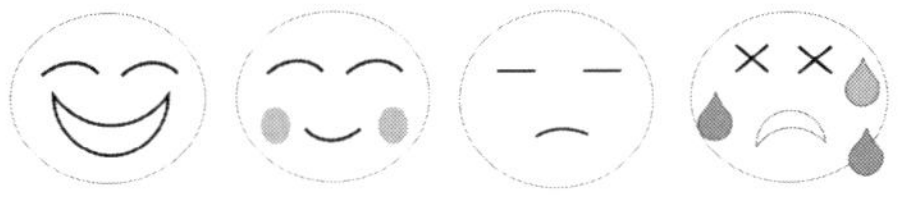

図 3　会話の評価シート

画に明記した。また、通級の学習状況や学校生活の様子について、特支 Co を通じて頻繁に情報交換を行い、継続的に生徒の実態把握を行い、通級指導に活かせるようにした。

4．実際の通級指導

（1）適切な会話をするための指導

　短期目標を、ルールやマナーを守りながら他者と会話できることとし、実際の通級指導を行った。具体的には、サイコロで出た目に関する話題について生徒と通級担当者で話をする「サイコロトーク」を行った。そこでの会話について、会話をボイスレコーダーに記録したり、会話の評価シート（図 3）を用いたりしながら、行った会話を振り返り評価した。評価の観点

として、1）会話の量的評価、2）会話の質的評価、3）会話の非言語的評価の 3 つの観点で一緒に評価した。観点 1（質問 1、2、3）については、声の大きさは適切だったか、自分の話す時間や相手に伝える情報量は適切だったかなどについて評価した。観点 2（質問 4、5、6）については、話が逸れることなくテーマに沿った話ができたか、質問するなどして相手についての情報が得られたかなどについて評価した。観点 3（質問 7、8）については会話中の相手の表情や仕草はどうだったかなどについて評価した（図 3）。

　また質問の仕方や受け答え方について、質問の仕方の形式を示した。自閉症児に対する会話の指導において、スクリプトを示しながら行うことが効果的とされている（井上他，2012）。本実践でも、質問の仕方に

表1　指導の経過

指導	生徒の様子	指導者（著者）の反応と指導内容
1	• 自分の話したいテーマの目でないとサイコロを振り直す。 • 自分の話したいことを一方的に話す。 • やや声の大きさが大きい。	• サイコロトークのルールを再度確認する。 • 相手の話に応じて、相槌を打つ。 • ボイスレコーダーで会話を録音し、相手の声の大きさに合わせるように指導する。
2	• 自分の話したいテーマの目でないとサイコロを振り直す。 • 自分の話したいことを一方的に話す。 • 適度な声の大きさで話す。	• 適度の声の大きさで話せたことを賞賛する。 • サイコロトークのルールを再度確認する。 • 相手の話に応じて、途中で相槌を打つのを止めたり、視線を逸らしたりする。
3	• サイコロの出た目に従い話をするようになる。 • 自分の話したいことが終わると沈黙する。	• サイコロの出た目に従い、話ができたことを賞賛する。 • 互いが話をしないと会話が続かないことを指導する。
4	• 沈黙が続いた後、「そっちは？」などと、相手に質問するようになる。 • 相手の返答を受けて、再び沈黙する。	• 相手に質問できたことを賞賛する。 • 「いつ、誰と、なぜ」等と質問すると、相手が答えやすいと指導する。
5	• 沈黙が続いた後、「いつ、誰と、なぜ」等と質問できるようになる。 • 相手の返答を受けて、再び沈黙する。	• 相手に適切に質問できたことを賞賛する。 • 相手からの返答を受けて、それに対して感想等を伝えられると、会話が広がると指導する。
6	• 相手の返答を受けて、沈黙した後、「いいですね」、「私も〜が好きです」等と受け答えができるようになった。	• 相手の返答に対して、感想が言えたことを賞賛する。 • 感想を伝えられ、できるだけ大袈裟に反応する（会話を楽しんでいる様子を伝える）。
7	• 相手の表情を見ながら、積極的に質問し、適切な受け答えができるようになった。	• 会話ができて、とても楽しかったと伝える。 • 会話をする上で、重要なポイントを再度確認する。

ついては「いつ〜しましたか？」、「誰と〜しましたか？」、「なぜ〜ですか？」など、受け答えについては「私も〜だと思います」、「私は〜の方が好きです」などとスクリプトを示しながら会話の指導を行った。

（2）生徒の変容

　最初は自分が話したいテーマの目でないとサイコロを振り直し、自分の話したいことを一方的に話す状況だった。録音した会話や評価シートを用いながらその会話を振り返ると、「サイコロトーク」のルールを守れなかった、自分ばかり話している、相手のことがあまりわからなかった等と、冷静に会話を振り返ることができた。それを受けて、自分ばかり話さない、質問するなどして相手のことも知る等のルールを一緒に確認し再度「サイコロトーク」を行った。これらを繰り返して行く内に、次第に会話の仕方に変容が見られるようになってきた。

　まず、自分が興味のないテーマでも、振り直すことなく会話に臨めるようになり、また沈黙が生じた際、「ところでそちらはどうですか？」等と質問できたり、相手の回答を受け「私も〜好きです」等と少しずつ受け答えしたりできるようになってきた。また、一方的に話が始まった際にも、途中で時計を気にしながら、自分から話を切り上げられるようになってきた。さらに一方的な話が続いた際に、聞き手があえて相槌を止

めたり、視線を逸らしたりすることで、本人もその様子をつまらなそうだったと振り返ることができた。質問ができた際や、適度に話を切り上げることができた際には、聞き手は表情を変え、視線を本人に戻すようにしたところ、その様子を楽しそうだったと振り返ることができた（表1）。

5．評価

　関係者との支援会議を活用しながら作成した指導計画や目指す姿をもとに、通級指導を進めた。実際の指導ではルールやマナーを守りながら他者と会話できることを目標に指導を行ってきた。指導の成果として、生徒が自分の会話を、評価の観点を明確にすることで、問題点を見出し、それらを改善させることができたことが挙げられる。

　学校、SC、放課後等デイサービス学習支援員との支援会議を活用した通級指導の内容と進め方について、リッカート尺度を用いてアンケートを取った。その結果、生徒からは、通級指導によって自己理解が深まった、自分の課題が改善された、指導内容が役に立ったとの回答が得られた。また日々の通級指導について、SCや放課後等デイサービス学習支援員と、時々話題にしたとの回答が得られた。特支Coからは、生徒の実態にあった個別の指導計画が立てられた、通

級での学習内容は適切だった、通級を行うことで生徒の変容が見られたとの回答が得られた。また日々の通級指導について、生徒と時々話をしたとの回答が得られた（表2）。

　通級指導を行うたびに、通級での学習内容や生徒の様子について記載した指導記録を作成し、その内容について学校職員、SC で共有するようにした。そのことについて、学校職員や SC から、通級での学習内容やそこでの生徒の変容がよくわかるとの感想が得られた。

　実際の生徒の変容については、授業中勝手に発言してしまうことがなくなり、声の大きさも調整できるようになってきた。また、友人との関わりにおいても、グループ学習をする際、一方的に話すことが少なくなり、相手の話を聞けるようになってきた。

　通級指導においては、指導者の表情を見ながら自分の話を切り上げたり、相手に質問したりできるようになってきた。以前のように一方的に話をしてしまうと、会話の評価の観点を思い出しながら、何が問題だったのか適切に振り返られるようになってきた。

　放課後等デイサービスにおいては、得意な料理により積極的に取り組むようになり、将来の進路希望についても料理関係に進みたいと話すようになってきた。

　以上のように、各関係者が A さんの良い変容を感じており、A さんもさまざまな関係者にそのことを賞賛されたことで、表情も明るくなり、学校生活に対しても進路についても、前向きな発言が増えてきた。

Ⅳ. 考　察

　本実践のように、通級指導を進める上で、学校関係者だけでなく、SC や放課後等デイサービス学習支援員と連携を取りながら進めていくことは、より実態に応じた効果的な指導を行う上で、大変有意義であったと考える。今回関係者と連携を進めていく上で、それぞれの関係者が生徒の実態について共通した認識をもとに、今まで知らなかった生徒の新たな一面を知ることができた。また関係者との支援会議の内容を情報共有シートにまとめて共有することで、さまざまな視点から捉えた上での共通する課題を見出すことができた。さらに各関係者の役割分担を意識しながら、自分たちのもつ強みを再確認することができた。これらのことで、各関係者がそれぞれの専門性を活かしながら、共通の目標をもって生徒の支援を進められるもの

表 2　通級指導に対する評価

通級指導に対する生徒の評価	
1. 学習内容は役に立ちましたか？	役にたった
2. 自分の課題は改善されましたか？	改善された
3. 自分のことを知ることができましたか？	よく知れた
4. 通級の学習について、担任など学校の先生と話をすることがありましたか？	たまに話をした
通級指導に対する学校職員の評価	
1. 自立活動における個別の指導計画は、生徒の実態に合ったものでしたか？	合っていた
2. 通級の学習内容は、生徒にとって適切でしたか？	適切だった
3. 通級の学習を行うことで、学校生活で生徒の変容は見られましたか？	見られた
4. 日々の通級の学習について、生徒と話をすることがありましたか？	たまに話をした

と考える。

　今後の課題は、このような支援会議を継続的に行っていくことである。生徒の成長や新たに生じた課題について、それぞれの関係者で共有しながら、その時々の実態に応じた支援を検討していくこと大変重要であると考える。また、SC や放課後等デイサービス学習支援員に限らず、医療機関や児童相談所など、生徒が関わりをもっている機関がある場合は、それらの関係者とも支援会議を活用しながら連携し、通級指導を進めていくことも効果的であると考える。支援会議を継続的に行っていくためには、生徒の現状や変容に対してアンテナを張り、それらを情報共有していこうとする姿勢を、各関係者がもつことが大変重要であると考える。高校通級のニーズが高まり利用生徒が増えていく中で、全ての利用生徒に対して支援会議を実施することは困難であるが、学校内外のさまざまな関係者とつながりをもつ生徒に対しては、支援会議を行うことで多面的に生徒の実態を捉えることができ、より効果的な指導を行うことができると考える。

　高校通級は、障害の診断がある生徒に限らず、傾向のみの生徒や何も診断がない生徒も利用している。しかし障害の有無にかかわらず、自分の特性について知る、いわゆる「自己理解を深める」ことについては、高校生の年代において極めて重要なことである。それは結果的に、自らの障害との向き合い方につながっていくことであると考える。今回の実践は、コミュニケーション等において課題を抱える、高校生の年代にある通級を利用している生徒が、自己理解を深める上

で大変効果的なものであったと考える。

〈文　献〉

井上美由紀・松田幸恵・齋藤絵美他（2012）自閉症児に対するコミュニケーションおよび会話指導の実践研究1．岩手大学教育学部附属教育実践総合センター研究紀要, 11, 273-288.

伊藤由美・拓殖雅義・梅田真理他（2015）「通常の学級に在籍する発達障害の可能性のある特別な教育支援を必要とする児童生徒に関する調査」の補足調査の結果から見た通級指導教室の役割と課題．国立特別支援教育総合研究所研究紀要, 42, 28-38.

加藤哲文（2009）特別支援教育におけるスクールカウンセラーの役割．上越教育大学心理教育相談研究, 8, 97-111.

文部科学省（2012）児童福祉法等の改正による教育と福祉の連携の一層の推進について（事務連絡）．文部科学省, 2012年4月. http://www.mext.go.jp/a.menu/shotou/tokubetu/materi al /1322204.htm（2021年3月10日閲覧）

文部科学省初等中等教育局特別支援教育課（2019）通級による指導の現状．文部科学省.

山崎康一郎（2020）子ども一人ひとりを大切に育む連携を．月刊学校教育相談, 34(5), 42-43.

The Japanese Journal of Autistic Spectrum 2021, Vol.19-1, 87-96

実践報告

自閉スペクトラム症児におけるピアノ演奏発表に向けた指導の検討

Teaching piano performance to children with ASD: Piano performance sessions

青木　康彦（聖学院大学人文学部）

Yasuhiko Aoki（*Seigakuin University Faculty of Humanities*）

佐々木　かすみ（筑波大学大学院人間総合科学研究科）

Kasumi Sasaki（*Graduate School Comprehensive Human Sciences, Tsukuba University*）

野呂　文行（筑波大学人間系）

Fumiyuki Noro（*University of Tsukuba*）

■要旨：本研究は、ASD の診断がある児童 2 名に対して、ピアノ演奏スキル指導によりピアノ演奏スキルを形成し、ピアノ演奏スキル習得までの段階ごとの教材の工夫、プロンプト、プロンプトフェイディングの種類を検討した。また、お誕生会において、ピアノ演奏スキルを発揮するために必要な振る舞いの形成の指導を検討した。その結果、ピアノ演奏スキル指導を実施すると、はじめはセッション内での指導前、指導後で正反応率に大きな差がみられたが、徐々に差が小さくなり、全体的に正反応率が高まっていった。お誕生会での振る舞いにおいては、指導を実施すると、正反応率が上昇した。また、お誕生会において、お誕生会での振る舞いの正反応率は高く、社会的妥当性の評価も概ね肯定的なものであった。本研究では、ピアノ演奏スキル指導における段階ごとの教材の工夫、プロンプト、プロンプトフェイディングの種類が示唆された。また、ピアノ演奏発表に向けたピアノ演奏スキル指導とピアノ演奏スキルを発揮するために必要な振る舞い指導の実施の有効性が示唆された。

■キーワード：自閉スペクトラム症、ピアノ演奏、発表会

Ⅰ．問題の所在と目的

　我が国において、自閉スペクトラム症（以下：ASD）の診断がある児童を対象として、より充実した生活を過ごすために、余暇活動の指導を検討した研究が多くある。例えば、料理（井上他，1995）、買い物（渡部他，1990）、ピアノ演奏（奥田他，1999；佐々木他，2008）がある。知的能力障害者を対象とする調査では、障害者が集うサークル活動として音楽サークル・バンド、音楽活動、音楽クラブ等が報告されていた（武蔵・水内，2009）。音楽サークル・バンド、音楽活動、音楽クラブが余暇活動として定着するには、複数の段階がある。例えば、佐々木ら（2008）では、ピアノ演奏スキルの習得、家庭練習における技術の習熟、発表会での他者からの称賛や注目等の社会

的強化を得る経験という 3 つの段階を経てピアノ演奏が余暇として定着するとしている。しかし、ASD 児においては、社会的振る舞いの苦手さが想定され、発表会での振る舞いスキルの形成が必要になってくると考える。そのため、ピアノ演奏スキル形成と発表会での振る舞いスキルの両方を標的行動とした指導を検討する必要がある。

　まず、発達障害児におけるピアノ演奏スキルの形成については、いくつかの研究で指導効果を検討している。佐々木ら（2008）は、知的能力障害のある ASD 児を対象に楽譜への音名の記入をするプロンプト、参加児の演奏と同時に指導員が参加児の演奏の速さに合わせて音名を歌唱するプロンプト、児童のピアノ演奏の速さに合わせたピアノ伴奏を指導員が行うプロンプト等で、ピアノ演奏スキルを形成した。奥田ら（1995）は音符の理解について、見本合わせ訓練を応用するこ

との有効性を示唆した。しかし、ピアノ教室や音楽の授業等の実践場面においては、それぞれの教材の工夫やプロンプト、プロンプトフェイディングを単独で使用するのではなく、いくつかの教材の工夫やプロンプト、プロンプトフェイディングが同時並行的に使用され、また児童のピアノ演奏スキルの上達に伴い、使用する教材の工夫、プロンプト、プロンプトフェイディングが異なってくることが予測される。このことから、ピアノ演奏スキル習得までの段階に応じた教材の工夫やプロンプト、プロンプトフェイディングについて検討する必要がある。

次に、楽器演奏スキルを発表する際の振る舞いスキルについては、例えば、お辞儀をしてから椅子に座りピアノ演奏を始める、ピアノ演奏を終えたら、立ってお辞儀をしてから、席に戻る等がある。知的能力障害のある ASD 児においては、楽器演奏スキルを発表する場の振る舞いスキルについて個別に指導を必要としていた（佐々木他，2008）。佐々木ら（2008）においては、ピアノ演奏スキルの発表場面に必要な振る舞いスキルの学習について記載はあるが、どのような指導を行い、どのような推移でそれらのスキルを学習していったのかに関して詳細な検討は行われていない。

以上のことから、本研究では、知的能力障害のある ASD 児に対して、ピアノ演奏指導によるピアノ演奏スキル形成を検討し、ピアノ演奏スキル習得までの段階ごとの教材の工夫、プロンプト、プロンプトフェイディングの種類を検討することを第一の目的とする。また、お誕生会において、ピアノ演奏スキルを発揮するために必要な振る舞いを形成する指導を検討することを第二の目的とする。

Ⅱ．方　法

1．対象児

対象児は、A 児、B 児の 2 名であった。

A 児は、11 歳 0 カ月で、医療機関で ASD の診断を受けた男児であった。自閉症・情緒障害特別支援学級に在籍していた。10 歳 11 カ月時の WISC-Ⅳの結果では、FSIQ52、VCI55、PRI60、WMI65、PSI67 であった。ピアノ歴は 1 年半であり、月に 3 回ピアノ教室に通っていた。ピアノ教室では、音楽遊び活動を中心に行っており、1 年に 1 回ある発表会では、ピアノの練習の初歩の段階で使用する子どものバイエル上巻の中の 1 曲を練習して発表していた。これまでに弾ける

ようになった曲は 1 曲であった。そのため、既に発表会でピアノで曲を弾く経験があった。また、A 児は発表場面に苦手意識があり、C 大学で行われている発達障害がある児童生徒の療育を実施する教育相談でのセッションにおいても、発表場面を設定すると、うつむいてしまうことがあった。

B 児は 12 歳 8 カ月で、医療機関で ASD の診断を受けた男児であった。特別支援学校に在籍していた。12 歳 7 カ月時の WISC-Ⅳの結果では、FSIQ50、VCI47、PRI62、WMI63、PSI70 であった。ピアノ歴は 2 年半であり、A 児と同様のピアノ教室に通っており、これまでにバイエル上巻の中の 3 曲を発表会で弾いた経験があった。C 大学で行われている教育相談でのセッションにおいて、B 児は発表場面で発表を嫌がる言動をすることが時々あるが、ほとんどの場面で発表を行うことができていた。しかし、発表場面では下を向き、すぐに発表を終えようと早口になることがあった。

2．倫理的配慮

対象児の保護者らに書面及び口頭で研究内容の説明をした。研究内容の説明では研究協力に同意した後でも、対象児、保護者らの意思で同意を撤回できることを説明した。その上で保護者らに研究協力を署名により同意を得た。本研究は筑波大学の人間系研究倫理委員会の承認を得て実施した。同意書等の書類は鍵付きの部屋で保管、管理し、本研究の関係者以外の閲覧を制限した。研究終了後一定期間経過後に破棄した。

3．研究期間および場所

本研究はおおよそ週に 1 回の頻度で、C 大学の教育相談の中で行われた。1 回 60 分のうち 15 分程度本研究の指導を行った。ピアノ演奏スキル指導はおおよそ 4 カ月、お誕生会の振る舞い指導は 1 カ月半行った。

4．従属変数

（1）ピアノ演奏スキルの評価

ピアノ演奏スキルの評価は音階の順序による評価を行った。評価はビデオ記録から行った。ビデオは、児童の手と鍵盤が映り、弾いた音階が聞こえるように記録した。音階の順序による評価は演奏の速度や長さにかかわらず 1 小節内で演奏される音がすべて正しければ正反応とした。例えば、レドファとある小節において、レドファと弾ければ、その小節は正反応とした。レミファと弾いた場合には、ドと弾くべきところをミ

表1　お誕生会での振る舞いスキル

機会	正反応
司会者が「○○君ピアノをお願いします」と言う	司会者に呼ばれたら、ピアノの席に移動する
児童がピアノの席に移動する	お辞儀をしてピアノの椅子に座る
司会者が「1、2、3、はい」と言う	ピアノを弾く
司会者が「元の席に戻って下さい」と言う	ピアノの椅子から起立してお辞儀をする
お辞儀をし終わる	元の席に戻り、座る

と弾き、小節内で1音誤反応と判断し、その小節は誤反応となる。なお、音階の弾き直しについては、弾き直しのはじめの一音を誤反応として、その後の音について評価した。例えば、レドファとある小節において、レミドファと弾いた場合に、ミと誤反応しドと弾き直した場合、ドは誤反応となり、その後のファは正反応となる。

また、音の長さを伸ばす箇所については、佐々木ら（2008）では、音の長さを時間的構成と定義し、正反応評価を音楽大学卒業生2名により行っており、音楽への専門性が必要であった。音階の順序は、弾いた音の順序を評価するものであるため、音が正しく聞き取れれば、専門家でなくとも評価が可能であった。そのため、本研究では、音楽の専門家ではない者も評価できる音階の順序のみで評価した。合計で9小節であった。正反応を示した小節を、9小節で除して正反応率を算出した。

(2) お誕生会の振る舞いの正反応

ベースライン期、介入期において、表1のお誕生会の振る舞いの正反応基準を満たした回数を、機会数で除して、振る舞いの正反応率を算出した。

(3) 社会的妥当性の評価

本研究では、お誕生会の振る舞い指導の12セッション目（お誕生会）のビデオ記録を見て、対象児らのピアノ演奏スキル、お誕生会の振る舞いに関する5項目について、4件法（全くそう思わない～そう思う）で保護者に評価を求めた。

5. 課題曲と楽器

演奏する課題曲は、ピアノ演奏スキルを発揮する身近なイベントであるお誕生会で弾くことができる「ハッピーバースデートゥーユー」とした。楽器は電子ピアノ（DIGITAL PIANO P-115）を使用した。

6. ピアノの指導員

ピアノの指導員は障害科学を専攻とする博士後期課程の学生の2名が行った。その内1名は、音楽大学を卒業していた。もう1名は、音楽大学を卒業した学生と指導内容を検討し、決定した指導を実施していた。

7. 手続き

本研究の介入は、まず、ピアノ演奏スキル指導を実施し、ピアノ演奏スキル指導完了後、お誕生会の振る舞い指導を行った。

(1) ピアノ演奏スキル指導

①ベースライン期　ベースライン期ではピアノ演奏スキルの評価を行った。ピアノ演奏スキルの評価では、音符のみが記された楽譜を提示し、児童は楽譜に沿ってピアノを弾いた。この際、メトロノームの音（3拍子、65ビート）を提示して、「ピアノを弾くときは、このリズムで弾けたら弾いてね」と教示した。「1、2、3、はい」で児童はピアノ演奏を始めた。その間プロンプト等はせず、児童のピアノ演奏が終わったら、課題は終了とした。

②介入期　介入期では指導開始前、指導終了後でピアノ演奏スキルの評価を行った。ベースライン期と同様の手続きであった。その後、ピアノ演奏スキル指導を実施した。ピアノ指導開始時に、「これから、○○先生と一緒にピアノを練習しましょう」と教示し、音符の上にカタカナで音名が書かれた楽譜を提示した。表2のピアノ指導パッケージの指導内容を対象児に合わせて指導した。介入期は全8回で構成されていた。

③フォローアップ期　お誕生会が終了した後においてベースライン期と同様の手続きでピアノ演奏評価を行った。A児においては、ピアノ演奏スキルにおける介入期終了後のおおよそ3カ月後、B児においては、ピアノ演奏スキル介入期終了後のおおよそ2カ月後に行った。

(2) お誕生会の振る舞い

①ベースライン期　ベースライン期は、図1のお誕生会のシナリオに沿って、図2のセッティングで行われた。対象児には、「○○先生が○月に誕生日なので、誕生会を開きます。そのために練習をしましょう」と説明した。なお、お誕生会では、振る舞い指導を目的

表2　ピアノ演奏スキル指導パッケージ

工夫箇所	工夫内容
ピアノ教材の工夫	a ピアノの鍵盤に音名を貼り、鍵盤に音名を貼る際に音を確認する
	b 楽譜に音名を記す
	c 楽譜に音名を記さない
	d 鍵盤に音名をすべて貼る
	e 鍵盤の一部に音名を貼る
	f 鍵盤に音名を貼らない
支援者のプロンプト	g 歌唱、音声により弾く音（音名）を教える
	h 楽譜や鍵盤を指差しする
	I 鍵盤を弾く指を指示する
	j 児童の弾くピアノの伴奏を指導員が行う
	k 楽譜を小節に区切りピアノを弾く
	l 音名を対象児に言わせる
	m 支援員がピアノを弾いて見せる

［お誕生会のシナリオ］

司会者：「これから○○先生のお誕生会を行います。では、ハッピーバースデーを歌います。A君ピアノお願いします」

A児：ピアノの席に移動し（振る舞い①）、お辞儀をしてから椅子に座る（振る舞い②）

司会者：「1、2、3、ハイ」

A児：ピアノを弾く（振る舞い③）

司会者：「ピアノありがとうございました。元の席に戻ってください」

A児：椅子から立ち、お辞儀をして（標的行動④）、元の席に戻る（標的行動⑤）

司会者：「では、次はB君ピアノお願いします」※

上記の標的行動①から⑤までをB児が行った

※ベースライン期、介入期では、A児のロールプレイが終了したら、もう一度シナリオのはじめから、B児のロールプレイを行った

図1　お誕生会のシナリオ

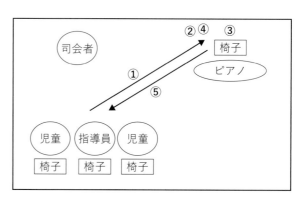

図2　お誕生会のセッティング

は、指導員が正反応の見本を見せ、もう一度児童らに振る舞いを行うことを求める、で構成されていた。なお、3）において、対象児が誤反応を示した場合においても、その場では修正を求めず、4）のフィードバックで修正を求めた。

③お誕生会　お誕生会では、「○○先生のお誕生会」として行われた。お誕生会は、「ピアノと歌」、「お菓子」、「歌遊び」のスケジュールで行われ、「ピアノと歌」で、お誕生会のシナリオ（図1）に沿って、お誕生会のセッティング（図2）でピアノ演奏が行われた。

8. 信頼性

（1）ピアノ演奏スキルの信頼性

　筆者と障害科学を専攻とする大学院生1名によって独立して全セッションの31％にあたる4セッションのA児、B児のビデオを観察し、正反応、誤反応の評価の一致した小節数／全小節数により、観察者間一致率を算出した。その結果、観察者間一致率は94％

としていることから、ピアノ演奏スキルでの負担を減らすため、鍵盤と楽譜にドレミの音名が書かれた条件でピアノ演奏を行った。

　②介入期　介入期での指導は、以下のように行った。1）振る舞いをホワイトボードに書いた文字と口頭で教示する、2）指導員が図1のシナリオに沿って図2のセッティングで、対象児が行う振る舞いの見本を見せる、3）対象児らは、図1のシナリオに沿って振る舞いを行う、4）児童らが行った振る舞いについて、正反応の振る舞いは称賛し、誤反応の振る舞いに

表 3　A 児のピアノ演奏スキル指導において使用した工夫とプロンプト、プロンプトフェイディング

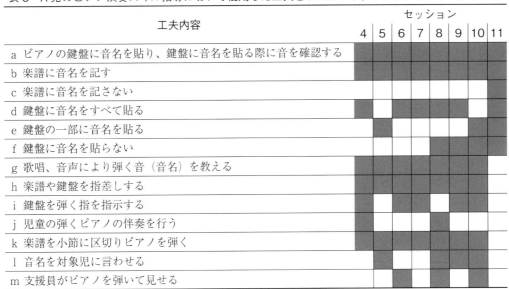

工夫内容	セッション							
	4	5	6	7	8	9	10	11
a ピアノの鍵盤に音名を貼り、鍵盤に音名を貼る際に音を確認する	■	■	■	■	■	■	■	■
b 楽譜に音名を記す	■	■	■	■	■	■	■	■
c 楽譜に音名を記さない								■
d 鍵盤に音名をすべて貼る	■	■	■	■	■	■		
e 鍵盤の一部に音名を貼る					■		■	■
f 鍵盤に音名を貼らない						■	■	■
g 歌唱、音声により弾く音（音名）を教える	■	■	■	■	■	■		■
h 楽譜や鍵盤を指差しする	■	■	■	■	■	■	■	
i 鍵盤を弾く指を指示する	■	■		■	■		■	
j 児童の弾くピアノの伴奏を行う						■	■	
k 楽譜を小節に区切りピアノを弾く	■	■	■	■	■	■	■	
l 音名を対象児に言わせる					■	■	■	■
m 支援員がピアノを弾いて見せる		■			■		■	

注）■はセッション内において工夫・プロンプトを使用した。

であった。

(2) お誕生会の振る舞いの信頼性

　筆者と障害科学を専攻とする大学院生 1 名によって独立して全セッションの 33％にあたる 4 セッションの A 児、B 児のビデオを観察し、正反応、誤反応の評価の一致した数／全機会数により観察者間一致率を算出した。その結果、観察者間一致率は 85％であった。

Ⅲ．結　果

1．使用された工夫とプロンプト、プロンプトフェイディング

　A 児、B 児のピアノ演奏スキル指導において指導員が使用した工夫とプロンプト、プロンプトフェイディングを表 3、4 に示した。なお、当該セッションにおいて、はじめ音名を記した楽譜を使用し、その後、音名が記されていない楽譜を使用した場合には、b（楽譜に音名を記す）と c（楽譜に音名を記さない）のどちらも当該セッションにおいて使用したと判断した。d（鍵盤に音名をすべて貼る）、e（鍵盤の一部に音名を貼る）、f（鍵盤に音名を貼らない）についても同様に当該セッション内で行われることがあり、その場合は、当該セッションにおいて使用したと判断した。

　まず、A 児のピアノ演奏スキル指導において指導員が使用した工夫とプロンプト、プロンプトフェイディングについて、8 セッション中 8 回使用されていたのは a（ピアノの鍵盤に音名を貼り、鍵盤に音名を貼る際に音を確認する）、b（楽譜に音名を記す）であった。g（歌唱、音声により弾く音（音名）を教える）、h（楽譜や鍵盤を指差しする）、k（楽譜を小節に区切りピアノを弾く）は 8 セッション中 7 回、d（鍵盤に音名をすべて貼る）は 8 セッション中 6 回、i（鍵盤を弾く指を指示する）は 8 セッション中 5 回使用されていた。上記の工夫とプロンプトは、セッション回の進行とは関係なくほぼ使用されていた。l（音名を対象児に言わせる）、f（鍵盤に音名を貼らない）は 8 セッション中 4 回、e（鍵盤の一部に音名を貼る）、m（指導員がピアノを弾いて見せる）は 8 セッション中 3 回使用されていた。e（鍵盤の一部に音名を貼る）、f（鍵盤に音名を貼らない）、l（音名を対象児に言わせる）、m（指導員がピアノを弾いて見せる）においてはセッション回の後半（セッション 8 ～ 11）で多く使用されていた。j（児童の弾くピアノの伴奏を指導員が行う）は 8 セッション中 2 回、c（楽譜に音名を記さない）は 1 回であった。

　次に、B 児のピアノ演奏スキル指導において指導員が使用した工夫とプロンプト、プロンプトフェイディングについて、b（楽譜に音名を記す）は 8 セッション中 8 回使用されていた。a（ピアノの鍵盤に音名を貼り、鍵盤に音名を貼る際に音を確認する）、d（鍵盤に音名をすべて貼る）は 8 セッション中 7 回使用されており、a（ピアノの鍵盤に音名を貼り、鍵盤に音

表4　Ｂ児のピアノ演奏スキル指導において使用した工夫とプロンプト、プロンプトフェイディング

工夫内容	セッション							
	5	6	7	8	9	10	11	12
a ピアノの鍵盤に音名を貼り、鍵盤に音名を貼る際に音を確認する	■	■	■	■		■	■	■
b 楽譜に音名を記す	■	■	■	■			■	■
c 楽譜に音名を記さない					■	■	■	■
d 鍵盤に音名をすべて貼る	■	■	■	■		■	■	■
e 鍵盤の一部に音名を貼る		■	■	■	■	■	■	
f 鍵盤に音名を貼らない					■	■	■	■
g 歌唱、音声により弾く音（音名）を教える	■	■	■	■	■			
h 楽譜や鍵盤を指差しする	■	■	■	■	■	■		■
i 鍵盤を弾く指を指示する	■	■	■	■	■			
j 児童の弾くピアノの伴奏を行う				■				
k 楽譜を小節に区切りピアノを弾く	■	■	■	■	■			
l 音名を対象児に言わせる								
m 支援員がピアノを弾いて見せる								

注）■はセッション内において工夫・プロンプトを使用した。

名を貼る際に音を確認する）、ｂ（楽譜に音名を記す）、ｄ（鍵盤に音名をすべて貼る）はセッション回の進行とは関係なく多く使用されていた。ｅ（鍵盤の一部に音名を貼る）、ｈ（楽譜や鍵盤を指差しする）は８セッション中６回、ｃ（楽譜に音名を記さない）、ｆ（鍵盤に音名を貼らない）、ｇ（歌唱、音声により弾く音（音名）を教える）、ｉ（鍵盤を弾く指を指示する）、ｋ（楽譜を小節に区切りピアノを弾く）は８セッション中５回使用されており、ｇ（歌唱、音声により弾く音（音名）を教える）、ｈ（楽譜や鍵盤を指差しする）、ｉ（鍵盤を弾く指を指示する）、ｋ（楽譜を小節に区切りピアノを弾く）はセッション回の前半（セッション５〜８）で多く使用されており、ｃ（楽譜に音名を記さない）、ｅ（鍵盤の一部に音名を貼る）、ｆ（鍵盤に音名を貼らない）はセッション回の後半（セッション９〜12）で多く使用されていた。ｊ（児童の弾くピアノの伴奏を指導員が行う）は８セッション中１回、ｌ（音名を対象児に言わせる）、ｍ（指導員がピアノを弾いて見せる）は０回の使用であった。

2. ピアノ演奏スキルの正反応率の推移

　Ａ児、Ｂ児におけるピアノ演奏スキルの正反応率の推移を図３に示した。まず、Ａ児について、ベースライン期では３セッション連続で11％の正反応率であった。介入期では５セッション目から指導後の正反応率が上昇し67％となったが、指導前の正反応率は６セッション目から上昇し33％であり、８セッション目

まで指導前より指導後の正反応率が高かった。９セッション目で指導前、指導後の正反応率が89％となり、その後のセッションでは、指導前、指導後の正反応率共に80％以上であった。フォローアップ期においては、89％の正反応率であり、維持していた。

　Ｂ児について、ベースライン期では、３セッション目では正反応率が44％であったが、それ以外のセッションでは正反応率は11％であった。介入期では、５セッション目で指導後の正反応率が67％となったが、指導前の正反応率はベースライン期の正反応率と同程度であった。その後、８セッション目で指導前、指導後の正反応率が89％となった。しかし、９セッション目では、指導中に「もうやめる」等の発言があり、Ｂ児のピアノを弾くことへの否定的な発言が見られ、指導後における正反応率が22％となった。その後は、指導後における正反応率が指導前よりも高い値を示し、12セッション目では、指導前、指導後共に正反応率が100％となった。フォローアップ期においては、89％の正反応率であり、維持していた。

3. お誕生会の振る舞い正反応率の推移

　Ａ児、Ｂ児におけるお誕生会の振る舞い正反応率の推移を図４に示した。Ａ児においては、ベースライン期の正反応率が40％、60％であった。介入期では、80〜100％の範囲の正反応率であった。Ｂ児においては、ベースライン期の正反応率が60％、40％であった。介入期になると、80〜100％の範囲の正反応率で

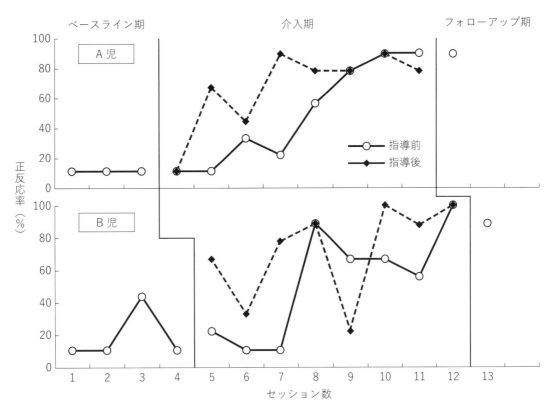

図3　ピアノ演奏スキルの正反応率の推移

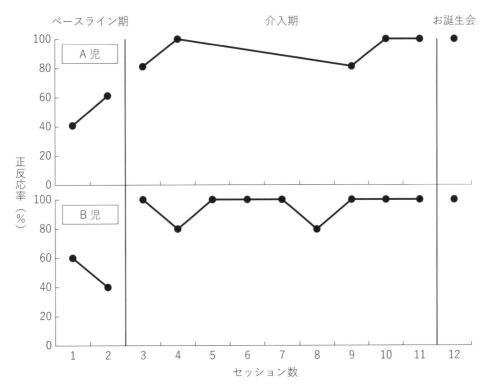

図4　お誕生会の振る舞いの正反応率の推移

表5　社会的妥当性の評価

質問項目	A児	B児
1　児童はピアノ演奏が上手にできていた	そう思う	そう思う
2　児童はピアノ演奏をして楽しそうであった	あまりそう思わない	少しそう思う
3　児童にとってピアノ演奏は負担そうであった（逆転項目）	あまりそう思わない	全くそう思わない
4　児童はピアノ演奏に伴う振る舞い（お辞儀・移動等）を上手にできていた	そう思う	そう思う
5　お誕生会でピアノ演奏があってよかった	そう思う	そう思う

あった。お誕生会では、A児、B児ともに正反応率が100％であった。A児においては、お誕生会で席に座っている場面においては笑顔が見られ、振る舞いを求められる場面においても顔を前に向けることができていた。B児においては、正反応率は100％であったものの、お誕生会で席に座っている場面、振る舞いを求められる場面共に、顔を下に向けており、不安そうな様子が見られた。

4. 社会的妥当性

社会的妥当性について保護者の評価を表5に示した。A児において、「そう思う」と回答した質問項目は1、4、5、「あまりそう思わない」と回答した質問項目は2、3であった。

B児において、「そう思う」と回答した質問項目は1、4、5、「少しそう思う」と回答した質問項目は2、「全くそう思わない」と回答した質問項目は3であった。

Ⅳ. 考　察

本研究は、ピアノ演奏スキル指導によりピアノ演奏スキルを形成し、ピアノ演奏スキル習得までの段階ごとの教材の工夫、プロンプト、プロンプトフェイディングの種類を検討した。また、お誕生会において、ピアノ演奏スキルを発揮するために必要な振る舞いの形成を検討した。その結果、ピアノ演奏については、介入期において上昇し、指導において、共通する、もしくは児童ごとに必要な教材の工夫、プロンプト、プロンプトフェイディングが示唆された。お誕生会での振る舞いスキルについても介入期において上昇した。お誕生会本番においても、お誕生会での振る舞いスキルを発揮し、ピアノ演奏を行うことができた。

まず、本研究ではピアノ演奏スキル指導においてパッケージ化した工夫とプロンプト、プロンプトフェ

イディングを使用したが、A児、B児で共通していた点としては、ピアノの鍵盤に音名を貼り、鍵盤に音名を貼る際に音を確認する、楽譜に音名を記す、鍵盤に音名をすべて貼るという教材の工夫とプロンプト、プロンプトフェイディングがほぼすべてのセッションを通じて行われていたことである。また、楽譜に音名を記さない、鍵盤に音名を貼らないについては、セッション回の後半において用いられることが多くあった。知的能力障害のあるASD児において、視覚プロンプトを使用した支援が多く行われ、有効性が示唆されていることから（井上他，1994；井上他，1996）、知的能力障害のあるASD児のピアノ演奏スキルにおいても、視覚プロンプト、その視覚プロンプトのフェイディングは多くのセッションを通じて行う必要があった。

A児、B児において異なる点としては、音名を対象児に言わせる、指導員がピアノを弾いて見せるプロンプトについて、A児では複数回使用していたが、B児においては一度も使用されていなかった点である。音名を対象児に言わせるプロンプトは、音名をリズムに合わせて覚える機能がある。また、支援員がピアノを弾いて見せるプロンプトは、曲のリズムを聞く機能がある。上記2つのプロンプトは、リズムに合わせてピアノを弾くことを目的として行われるものであり、リズムに合わせてピアノを弾くことができていたB児においては行われなかった。また、児童の弾くピアノの伴奏プロンプトはA児、B児ともに1～2回しか使用されなかったが、対象児が弾くピアノのリズムを調整する機能だけではなく、指導員の伴奏と対象児が弾くピアノの音が合うことは強化子としての働きがあるため、ピアノ演奏を行うことを促すと考えられる。ピアノ演奏スキル指導におけるプロンプトの機能を今後検討していく必要があると考える。

ピアノ演奏スキルについては、介入期のはじめはピアノ演奏スキルの正反応率が指導前よりも指導後で高かったが、セッションが進むにつれ、指導前と指導後

の正反応率の差が小さくなっていった。この点について、本研究は週に1回のペースで行われていたため、はじめの段階では、前回セッションでの指導において学習したピアノ演奏スキルが次回セッションの指導前まで維持しなかった可能性がある。また、セッションを重ねることで、ピアノスキルが定着していき、指導前と指導後の正反応率の差が小さくなっていったと考える。

次に、お誕生会での振る舞いスキルについて、ベースライン期では低い正反応率であったが、指導を実施すると、即座に正反応率は上昇し、お誕生会においても高い正反応率であった。このことから、お誕生会での振る舞いの学習について、行動リハーサルを使用した本研究の介入は有効であったと考える。ピアノ演奏スキルを発表する場面において、他者からの称賛を得る要因の一部としてお辞儀、挨拶等のピアノ演奏スキル以外のスキルが必要とされることが指摘されており（佐々木他，2008）、発表会で必要な振る舞い指導はピアノ演奏スキル指導と同様に重要な要素であると考える。

社会的妥当性について、A児、B児ともに質問項目1、2、4、5に関して、概ね肯定的な評価であり、社会的妥当性が認められたと考える。しかし、A児の保護者は質問項目2「児童はピアノ演奏をして楽しそうであった」について、「あまりそう思わない」と評価していた。この点についてA児はお誕生会の振る舞いの正反応率は高かったが、A児は人前での発表を苦手としており、お誕生会では緊張した様子が見られていた。このことから、A児においては、振る舞いスキルの正反応率の高さと振る舞いに対する自己効力感が一致していない可能性があった。お誕生会で緊張した様子が見られたものの、繰り返し他者の前で、振る舞いを行い、そこで称賛を受ける経験を積み重ねることで、自己効力感が高まっていくことも予測される。こうしたことから、他者の前で振る舞う機会を今後も設定し、その中で称賛を受ける経験を積み重ねていくことが必要であると考える。

本研究の限界と課題としては、1点目に、ピアノ演奏スキル指導を指導パッケージとしたことが挙げられる。パッケージとしたため、どの指導要素がピアノ演奏スキルの正反応率に影響を与えていたかが検討できなかった。また、臨床的な判断により、教材の工夫やプロンプト、プロンプトフェイディングを導入する客観的な基準が明確になっていなかった。2点目に、お誕生会の振る舞いの正反応率について、ベースライン期で正反応率に上昇傾向が見られたため、介入期の手続きによって正反応率が上昇したのかの関数関係が明確に示すことができなかった。今後は、正反応率が安定するまでベースライン期を続ける必要がある。3点目に、本研究の指導において、曲全体を聞いたり、歌ったり、リズム打ちをしたり等の曲を楽しむ時間を設定しなかったことが挙げられる。4点目に、音楽への興味や関心についても、本研究の指導により変化があったか検討できなかった。音楽への興味や関心等の要因は音楽活動が余暇として定着するかに影響すると考えられ、今後はそうした時間や評価を設定することが必要である。

知的能力障害のある ASD 児が余暇において音楽活動を楽しむために、ピアノ演奏スキル指導、発表会での振る舞い指導はどちらも重要な要素であるが、2つの指導を実施し、指導経過を検討した研究はこれまでなかった。本研究では、ピアノ演奏スキル指導から発表会での振る舞い指導の過程を検証した。今後は、ピアノ演奏指導における教材の工夫、プロンプト、プロンプトフェイディングを導入する客観的な基準の作成と、発表会での振る舞いスキルに対する自己効力感を含めた指導を検討していく必要があると考える。

謝辞：本研究に参加して頂いた A 君と B 君、その保護者に心より感謝申し上げます。

付記：本研究は日本特殊教育学会第 58 回年次大会において発表済みの内容に加筆、修正をしたものである。

〈文　献〉

井上暁子・井上雅彦・小林重雄（1996）自閉症生徒における代表例教授法（General Case Instruction）を用いた料理指導—品目間般化の検討. 特殊教育学研究, 34, 19-30.

井上雅彦・飯塚暁子・小林重雄（1994）発達障害者における料理指導—料理カードと教示ビデオを用いた指導プログラムの効果. 特殊教育学研究, 32, 1-12.

井上雅彦・井上暁子・菅野千晶（1995）自閉症者に対する地域生活技能援助教室—料理スキル獲得による日常場面の料理行動の変容について. 行動分析学研究, 8, 69-81.

武蔵博文・水内豊和（2009）知的障害者の地域参加と余暇活用に関する調査. 富山大学人間発達科学部紀要, 3, 55-61.

奥田健次・服部恵理・島村康子・松本充世・井上雅彦

（1999）自閉症児のピアノ指導と余暇活動レパートリーの拡大．障害児教育実践研究, 6, 49-61.

佐々木かすみ・竹内康二・野呂文行（2008）自閉性障害児におけるピアノ演奏指導プログラムの検討．特殊教育学研究, 46, 49-59.

渡部匡隆・山本淳一・小林重雄（1990）発達障害児のサバイバルスキル訓練—買物スキルの課題分析とその形成技法の検討．特殊教育学研究, 28, 21-31.

The Japanese Journal of Autistic Spectrum 2021, Vol.19-1, 97-105

実践報告

知的発達に遅れのある自閉スペクトラム幼児の
保育園・小学校通常クラス入学に向けてのアプローチ
——CLISP-dd（ボトムアップ編）を活用した事例——

Approaching for including an autistic infant with mildly mental retardation to the general class of elementally school: Utilizing of CLISP-dd developmental test

山本　順大（小牧発達相談研究所）

Jundai Yamamoto（*Komaki Developmental Consult Center*）

小林　重雄（小牧発達相談研究所）

Shigeo Kobayashi（*Komaki Developmental Consult Center*）

■**要旨**：3歳の知的発達に遅れのある自閉スペクトラム男児について、保育園・小学校の通常クラスへの参加を目標とした指導経過を追ったものである。対象児の居住地が遠方であったこともあり、関連機関などとの連携をとることが困難であった。そこで、当該センターでの個別指導（行動論的）、そして CLISP-dd 発達検査の反復実施による経過観察をもとにした家庭指導を中心に進めた。その結果、保育園への入園、そして小学校の通常クラスに入学することができた。就学前幼児の療育における課題として、役立つ発達検査、具体的な指導目標、そして地域でのチームワーキング体制の必要性について検討した。

■**キーワード**：自閉スペクトラム児、保育園入園、小学校入学、CLISP-dd（ボトムアップ編）

Ⅰ．目　的

　発達障害者支援法（平成28年6月改正）では、発達障害者に対する早期発見、早期支援の必要性が明記されているが、就学以降に比べて就学前の幼児に対する支援体制は今なお十分とはいえない状況にあり、教育条件の整備が課題とされている（朴，2017；平澤，2011）。

　一般に、自閉スペクトラム症（以下、ASD とする）幼児（6歳未満）は、ASD と診断されると母子通園を原則とした通所施設で療育的サポートを受けることが多い。そして、保育園などに入園することができても、専門家による直接指導や親へのアドバイスを必要とする事例がほとんどといえる。いかなる体制を構築する必要があるかは、インクルーシブ教育・保育を実現するために早急に検討すべき課題といえる。

　ところで、ASD 児の療育的サポートに関する研究はさまざまあるが、「発達を促す」研究（小林・山本，2012）においては、共通して適切な発達尺度が設定さ

れ、経過を追跡することが行われる。一般的に心理検査なり特定の尺度によってその変容過程は評価されているが、中でも CLISP-dd（ボトムアップ編）は、広範囲の領域についてチェック項目をあげていることから、発達に問題のある子どもの指導計画を立てる上で有効な資料となりうるツールである（小林，2017）。

　就学に向けた具体的な指導計画を立てるには、多角的な発達評価の実施と、さしあたっての達成目標を設定することが必要である。幼児の場合には、3歳台の保育園（年少クラス）入園時と、6歳台の小学校入学時に必要とされる準備条件を整理しておかなければならない（山本，2019）。

　そこで本報告では、就学前の ASD 幼児（3歳）を対象に、保育園への入園、そして小学校の通常クラスへの入学を目指し、親指導を含む積極的なアプローチを試みた。その過程で用いた評価法をも含めて、就学前幼児の療育における課題を明らかにする。

Ⅱ．方　法

1．対象者と家族構成

　A児：3歳0カ月でD発達相談センター（以下、D
センターとする）でインテーク面接が実施された。両
親からの訴えとしては、以下の3点が挙げられた。

(1) 同年代の子どもとの「かかわり」がとれない。
(2) 発声として「パパ」「ママ」は認められるが対象
　　とは無関係。しかし、「いや」「いないいないば
　　あ」「だめ」「ブーブー（車の意味)」の4つの発
　　声は場面に合った使用が見られるが、コミュニ
　　ケーションとしてのやりとりは成立していない。
(3) 2歳半頃から思い通りにならないと家族を叩いた
　　り蹴ったりするようになり、それに対して叱って
　　も効果は認められない。

　家族構成は、父・母・本人・妹（11カ月）。父方の
祖父母は近隣に在住している。

2．生育史（A児）

(1) 妊娠時および出産時
　特に問題はなかった。
(2) 乳児期（1歳頃まで）
　乳児期に寝付きがよくなかった。入眠しても3時間
くらいで覚醒し、泣き出し、抱っこすると眠るが寝床
に戻すと目を覚まし泣き出すというパターンを繰り返
した。これは生後数カ月〜1歳半頃まで続いた。しか
し、全般的な身体的・運動的発達は順調であった。
(3) 幼児期（1〜1歳半）
　1歳頃に歩行開始。1歳半健診時に「パパ」、「ブー
ブー」、「オッちょん（座ること）」、「いないいないば
あ」といった発言がときに認められていた。しかし、
その頃に「名前を呼んでも振り向かない」ことに気づ
き、臨床心理士に相談した。しかし「問題ない」と言
われた。
(4) 幼児期（2〜3歳）
　母親は妹（2年2カ月差）を妊娠中にA君のこと
ばの発言数の減少が気になり始めた。2歳半頃から、
母親が妹を抱っこしたりあやしたりしていると妹を叩
く。他にも思い通りにいかないと父母・祖母を叩く
ことが出現した。2歳11カ月、地元のB市児童セン
ターで「知的遅滞を伴う自閉症スペクトラム障害」と
診断された。その後、母子通園施設に週5日通所して

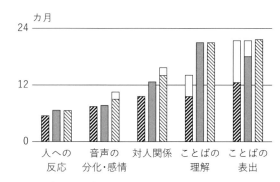

左：3:00（インテーク）　中：（保育園入園）3:07　右：4:08（年中）

図1　ことばの萌芽期（0〜24カ月）

療育を受けることになった。そこでは同年代の子ども
との「かかわり」は認められなかった。

3．アセスメント（1）

　Dセンターでのインテーク面接（3歳0カ月）では
生育史などを両親から聴取したが、A児は「自閉症
スペクトラム」の診断があるにもかかわらず、少なく
とも大人に対しては回避傾向、視線回避は見られず、
むしろ積極的なスマイルなどを含むコンタクトが認め
られた。

　「動物・野菜・果物」などの絵カードを提示すると、
自発的なネーミングは見られなかったが、エコラリア
様の反応が認められることもあった。

　鉛筆による描出行動では、モデルを模写すること
（コピーイング）はできなかった。しかし、単純な
「殴り書き」ではなく、動きが形をとる段階に接近し
ていると判断された。

4．アセスメント（2）

　全般的な発達状況をチェックするため、CLISP-dd
（ボトムアップ編）（小林，2017）を適用した。

　「ことばの萌芽期」についての評価では、とくに同
年齢児とのかかわり困難が目立ち、ことばの「理解」
と「表出」は著しく低水準（12カ月前後）にあるこ
とが示された（図1）。なお、棒グラフの白色部分は
◎○の達成項目と△×の未達成項目が混在しているこ
とを意味している。

　また、集団場面に参加するのに期待される「生活習
慣」についても「食事」「清潔」などの基本的身辺処
理スキルが著しく未熟であることが示されている（図
2）。

　以上のことから、保育園（3歳児クラス）に参加で

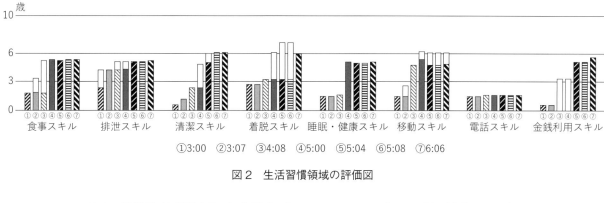

①3:00　②3:07　③4:08　④5:00　⑤5:04　⑥5:08　⑦6:06

図2　生活習慣領域の評価図

表1　保育園（3歳児クラス）入園時のミニマム・エッセンシャルズ案（山本，2019）

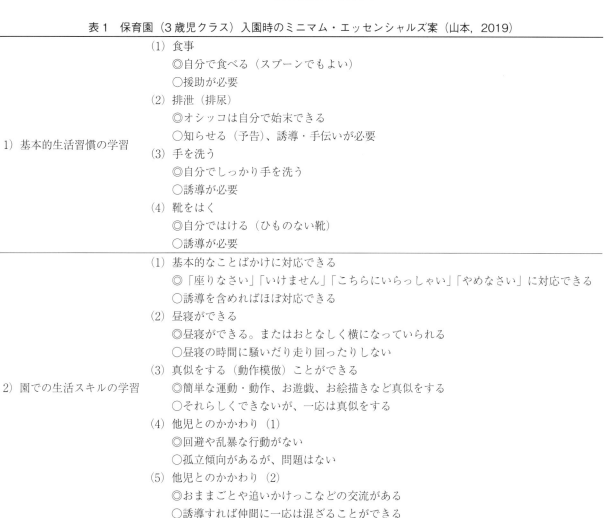

1）基本的生活習慣の学習	（1）食事 ◎自分で食べる（スプーンでもよい） ○援助が必要 （2）排泄（排尿） ◎オシッコは自分で始末できる ○知らせる（予告）、誘導・手伝いが必要 （3）手を洗う ◎自分でしっかり手を洗う ○誘導が必要 （4）靴をはく ◎自分ではける（ひものない靴） ○誘導が必要
2）園での生活スキルの学習	（1）基本的なことばかけに対応できる ◎「座りなさい」「いけません」「こちらにいらっしゃい」「やめなさい」に対応できる ○誘導を含めればほぼ対応できる （2）昼寝ができる ◎昼寝ができる。またはおとなしく横になっていられる ○昼寝の時間に騒いだり走り回ったりしない （3）真似をする（動作模倣）ことができる ◎簡単な運動・動作、お遊戯、お絵描きなど真似をする ○それらしくできないが、一応は真似をする （4）他児とのかかわり（1） ◎回避や乱暴な行動がない ○孤立傾向があるが、問題はない （5）他児とのかかわり（2） ◎おままごとや追いかけっこなどの交流がある ○誘導すれば仲間に一応は混ざることができる

きる基準（山本，2019）（表1）を目標として指導計画を考えることにした。

　基本的生活習慣である食事・排泄・衣服の着脱・睡眠習慣を習得すること、また、ことばの学習については、A児の「一人言」を含む発声を親が模倣する「逆エコラリア」により発声・発語頻度を高めることからスタートすることにした。そして、絵本を用いて親子で楽しむ時間を作ることを心がけることを両親に要請した。親のA児への指導にあたっては、CLISP-ddの各項目の配列を参考にしてスモールステップ化とシェーピングの手順をわかりやすく教示した。

　なお、専門的な療育については、月に1～2回の通所により、Dセンターで1対1対応での行動論的指導を実施することとした。個別指導は第一執筆者（スタッフⅠ）が担当し、第二執筆者（スタッフⅡ）はプロンプターとして、またスーパーバイザーとして指導

の進行を援助した。親指導は主にスタッフⅡが担当した。指導の課題の実行事態では、適切反応に対する強化操作は「ことばによる賞賛」と「握手・ハイタッチ」を用いた。

5. 倫理的配慮

　本稿の作成にあたり、書面にて「療育の発展の目的をもって専門機関誌に指導経過について投稿を予定している。その際、個人を特定する可能性のある要件を記載しないこと、そして個人の尊厳を傷つける可能性のある事項については一切記述しないこと」を説明し、A児の保護者の署名による承諾を得ている（2020年6月5日）。

Ⅲ．指導経過と結果

　第1セッション（S1）3歳1カ月〜第20セッション（S20）6歳6カ月までの全般的経過を表2に示した。指導は（Ⅰ）〜（Ⅲ）に分けて記述し、7回にわたるCLISP-dd検査の実施時期を明示した。

1. 指導経過（Ⅰ）　S1（3：01）〜S10（3：08）

　指導（Ⅰ）は、「学習態度の形成」から「集団参加スキルの形成」を目指し、次のプログラムAを用いて個別指導を行った。Dセンターでのセッションは、毎回1時間30分（親指導も一部同時進行）があてられ、スタッフ2名（Ⅰ・Ⅱ）で実施した。スタッフⅠはC市で特別支援教育に20年以上携わり、現在も教育委員会の巡回相談を担当しながらDセンターで教育相談を行っている。スタッフⅡは40年以上大学教官として臨床に携わり、退官後はDセンターでスタッフのスーパーバイズをしながら教育相談を行っている。

（1）プログラムA（Dセンター／家庭）
①カラーブロック（赤・青・黄・緑）プログラム
・やりとり（どうぞ・ちょうだい）の形成
・マッチング（同じのちょうだい）
・音声弁別（1）「赤ちょうだい」2択から4択へ
・音声弁別（2）「赤と黄色ちょうだい」4個から2個を選ぶ
②絵カードプログラム（1）
・動物カードを机上に（2枚→10枚）「〜はどれ？」に指さしを求める（家庭では動物絵本などの適用）。

表2　指導経過一覧

指導	月齢	セッション	CLISP-dd	所属
Ⅰ	3:00	インテーク	①	母子通園施設
	3:01	S1		
	3:02	S2		
	3:02	S3		
	3:03	S4		
	3:04	S5		
	3:04	S6		
	3:06	S7		
	3:06	S8		
	3:07	S9	②	
	3:08	S10		
Ⅱ	3:09	S11		保育園年少
	3:10	S12		
	3:11	S13		
	4:03	S14		
	4:08	S15	③	
Ⅲ	5:00	S16	④	保育園年中・年長
	5:04		⑤	
	5:05	S17		
	5:08		⑥	
	5:09	S18		
	6:03	S19		
	6:06	S20	⑦	

③絵カードプログラム（2）
・命名訓練：反応なしまたは誤りの場合には、モデルを提示し、模倣させる。
④発声頻度を高めるプログラム
・逆エコラリア（奇声・泣き声以外の発声について）セッション中、家庭では両親が実行
・要求語の形成の手順を両親に指導
⑤体の部分についての学習プログラム
・自分の体を押さえて命名
・顔の部品を定位置に置く「福笑いゲーム」
・頭・体幹・腕・足を適切な部位に置く
⑥家庭では
・家庭における逆模倣（発声頻度の増大）、要求行動の形成と活性化、絵本遊び、そして身辺自立スキルの形成をスモールステップ化した計画でシェーピングの手順で形成を計る。

（2）セッションの経過
　S1から「かかわり形成」を通して学習の構えの形成を指向していった。カラーブロックの「やりとり」や動物カードの指さしを通して、動作（「ゾウ」と言

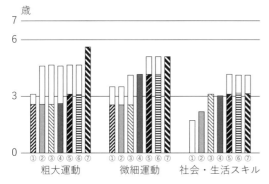

①3:00　②3:07　③4:08　④5:00　⑤5:04　⑥5:08　⑦6:06

図3　運動機能の学習領域

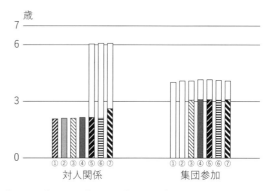

①3:00　②3:07　③4:08　④5:00　⑤5:04　⑥5:08　⑦6:06

図4　対人関係・社会性の学習領域

いながら担当者が鼻に当てた手を離していく）と鳴き声を含めてセッションの場の活性化をはかった。

S2・S3 では、家庭での「絵本読み遊び」効果も含めて動物、野菜、果物その他の指さしができるようになり、動物の鳴き声（ブー、モー、ニャーなど）も拡大した。

S4 〜 S7 では、体の部分（目、口など）に指示通り手をあてることができ、発声頻度の増大と、動作や音声による「要求行動」が家庭で生じるようになった。

S8 〜 S10 では、カードの命名は模倣ばかりでなく、自発的命名反応が見られた。受け身的ではあるが、「指示に従う」「指示されると指さす」といった面で大幅な変容が認められた。

(3) CLISP-dd 評価1・2（3歳・3歳7カ月）

「ことばの萌芽期」（図1）から明らかなように、「対人関係」「ことばの表出」については半年間で一応の変化しか認められなかったが、「ことばの理解」については顕著な変容が認められた。このことは、積極的なことばによる交流はみられないが、受け身的な指示に対応することができるようになったことを示している。この「ことばの理解」の進展に伴ってインテーク時に問題となった攻撃行動は消失した。

表1に示された「1) ことばかけに対応できる」を達成できたことは大きな意味がある。すなわち、このことが保育園で介助者をつけるにせよ、入園できるようになった根拠と考えられる。

また、保育園での集団生活に必要とされる生活習慣の学習として、「食事スキル」「排泄スキル」「着脱スキル」などの身辺自立に関しては、プロンプトがあれば一応は対応できるレベルに達している。

体のこなしなどの運動機能面でも、援助があれば年齢相応に対応できるが（図3）、社会性がかかわる面

（対人関係、集団参加）については強力な援助が必要とされるレベルといえる（図4）。

表1に示された保育園への入園基準はほぼ達成できたといえるが、保育園からは介助者付きの条件が要請された。

2.　指導経過（Ⅱ）S11（3：09）〜 S15（4：08）

指導（Ⅱ）は、保育園（年少クラス）での集団生活を体験し、他児とのかかわり方を習得する期間といえる。

Dセンターの通常の指導体制は、家庭・保育園と定期的に会合し、センターと保育園のスタッフがそれぞれの指導場面を相互に見学する形をとっている。居住地が遠方であるため、地域の行動療法の専門家への移管を試みたが、「ことばは長いセンテンスはスムーズさに問題を残すが、2語文・3語文の自発があり、全般的発達も保育園生活で十分達成可能」とのご意見で、通所不要と回答された。

Dセンターとしては、遠距離通所の問題があり通常の体制をとることができないが、小学校への入学までの間、間隔があいた形であっても指導を継続することを次善の策として決定し、次のプログラムBを用いて指導を行った。

(1) プログラムB（Dセンター／家庭／保育園）

①ことばのやりとり学習

・カード、絵本を通しての単語の拡大と動作カードや動物などのフィギュアを利用しての会話活動の活性化

②数の学習

・未測量概念、カウンティング（1〜10）

③鉛筆操作

・直線、曲線、氏名、人物、車、動物の描出

④文字学習

・うし、うまなど親近性のある動物、野菜、果物など
　の読み

⑤家庭では

・紐や棒を掴む遊びを工夫する（指・手の訓練）

・未測量の概念を機会あるごとに「どっちが大きい」
　と問いかける。数える機会を増やす。

・好みの絵本は繰り返して読んであげる。

⑥保育園には

・親を介して「仲間とのかかわり形成」に重点を置
　き、介助者の過剰な介入を避けることを要望するよ
　うにアドバイスした。

（2）セッションの経過

　保育園への通園に問題はなく、他児とのかかわりが
順調に広がった。

　S11～S13では、命名可能なカードの範囲、種類が
拡大した。そして、カードやフィギュアの命名だけで
なく、アドリブで自発的な発言を行うことがみられ
た。しかし、鉛筆の操作、数唱、未測量の概念学習の
困難さが目立った。

　家庭指導（手の握り、生活内での数の呼称、未測量
概念習得など）を強力に進めるようにさらに強く助言
した。そして、S14～S15でも数の学習、鉛筆操作の
困難さは持続していた。4歳時の母親のレポートによ
ると、「運動：ケンケンパができた。排泄：排尿・排
便は家庭でも保育園でも知らせる。立位での排尿がで
きるようになった。遊び：ごっこ遊びをするようにな
り、お絵かきで口や鼻を描出。32人クラスの半数く
らいまでかかわる人数が増えた。」と記されていた。

（3）CLISP-dd評価3（4歳8カ月）

　図1に示すように「ことばの萌芽期」の課題はクリ
アしたが、コミュニケーションとしての「ことばの学
習」では、要求や指示理解の「やりとり」を含まない
発語にとどまっていた（図5）。

　「運動機能」（図3）については、ある程度の介助が
あれば年齢相応のレベルに達しており、保育園での1
年間の集団生活において、他児と一緒に過ごすスキル
の学習が大幅にアップしたことが示されている。しか
し、具体的な役割をもって集団活動に参加できていな
い。

3. 指導経過（Ⅲ）　S16（5：00）～S20（6：06）

　指導（Ⅲ）は小学校への入学準備期であり、**表3**
に示した小学校1年生の集団に参加するためのミニマ
ム・エッセンシャルズ案（山本, 2019）を参考にし

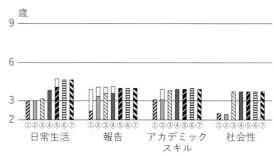

図5　ことばの学習領域（社会化期）2歳～

て、主に家庭での取り組み、そして保育園への要望に
ついて親にアドバイスを行った。指導は次のプログラ
ムCを用いて行った。

（1）プログラムC（Dセンター／家庭／保育園）

①鉛筆操作

・トレーシング（直線、曲線）、コピーイング、人物
　（男・女）描出

②文字学習

・動物、野菜、果物（単語）の読み、文章の読み

・名前のトレーシング、コピーイング

③数学習

・未測量の概念（多・少、軽・重など）

・5つの手の中のブロック課題：手の上にのせた5個
　の小ブロックを数えてもらう。「5」を確認した後に
　手の中に隠す。「いくつある？」と問う。「5」と答
　えられたらポトンと1個を机上に落として「いくつ
　ある？」とゲンコツ形の手を提示。1個ずつ減らし
　ていきゼロまで進める。親指と人差し指を丸めて
　「ゼロ」と声をあげる。

④動作カード

・2語文・3語文への展開

・会話への展開：「食べてる」「パン食べてる」「あと
　何を食べるの？」「君は何が好きなの？」

⑤家庭では

・文字の読み・書き、たし算・ひき算の学習、自宅学
　習が困難であれば塾の利用も考える。

⑥保育園には

・親を介して介助者の介入を最小限にしてもらうこと
　を保育園に要望するようにアドバイスした。

（2）セッションの経過

　S16～S18は、保育園での年中クラスの時期であ
る。親が、介助者の介入の密度を最小限にしてもらえ
るよう保育園側に要望したにもかかわらず、新しい介

表3　小学校入学時（6歳児）のミニマム・エッセンシャルズ案（山本，2019）

1. 基本的生活習慣学習	
	(1) 睡眠 　◎就寝時間、起床時間に自発的にほぼ安定して対応できる 　○親の誘導があればほぼ対応できる
	(2) 食事 　◎離席したりせずバランスよく食事ができる 　○親のアドバイスがあればほぼ正しく摂取できる
	(3) トイレ 　〈大便〉◎自宅でほぼ定時に自発的に脱糞出来る（後処理も含む） 　　　　　○ある程度のサポートが必要である 　〈小便〉◎自宅以外でも尿意に対応した行動が自発的にとれる 　　　　　○ある程度のサポートが必要である
	(4) 衣服の着脱 　◎衣服の着脱、管理が適切に行える 　○アドバイスがあれば可能である
	(5) 清潔・みだしなみ 　◎手洗い・洗顔がきちんとできる 　○大人が目を離すといい加減になる

助者が密度の高い介入を行っていたことを参観の際に確認した。しかし、保育園との関係性を考え、それ以上の要望をすることはできなかった。結果として、受け身的ではあるがセッション中の学習態度は良好であったものが、拒否的となった。家庭でも指示したアカデミック・スキル学習（文字や数の学習）に反抗的となった。保育園では他児とのかかわりが減少したと親から報告があった。

　S16・S17・S18 では、30 枚の絵カードについて 10 枚はひらがなを読んだ（母親の報告ではひらがなの 50％くらいは読めるとのこと）。名詞の命名は確実性が高まったが、「動作カード」は「泣いている」「走っている」は正答だが、「歩いている」「笑っている」は自発的に答えられなかった。名前などのコピーイングは困難だが、人物像は 4 〜 5 歳レベルの描出ができた（小林・伊藤，2018）。

　S19・S20 は保育園生活の仕上げの年長クラスの時期である。1 〜 10 までは自発的に書けるようになり、家庭学習の成果で一桁の足し算は可能（繰り上がりなし）となった。ひらがなはほぼ読めるが、書字は不安定。長文は読めないが、他者が読んであげれば内容を把握することは一応できるようになった。

（3）CLISP-dd 評価 4 〜 7（5 歳 0 カ月〜 6 歳 7 カ月）
　「生活習慣領域」（図 2）については、全般的に年齢相応のレベルに達していた。特に「清潔スキル」「着脱スキル」「金銭・買い物スキル」の伸びがこの時期に顕著に認められた。「対人関係・社会性領域」（図 4）

については、対人関係ではある程度援助があれば年齢相応の対応まで達したが、集団に役割をもっての参加は 3 〜 4 歳レベルで停滞していた。「運動機能領域」（図 3）では、大きな動きについては年長クラスで大幅に伸びたが、対人関係を伴う遊びなどの活動参加は停滞している。「ことば領域」（図 5）では、日常生活の中でのやりとりは一応のレベルに達したが、より高次のコミュニケーション活動のレベルは年齢相応に達していなかった。

　小学校の通常学級への入学に必要と考えるスキル（表 3）に照合してみると、「基本的生活習慣」については概ね達成されている。また、「話ことば」でのスムーズさに欠け、「文字習得」では、ひらがなの読みはできるようになったが、書くことはコピーイングでも困難であった。このほか、数学習のスキル習得は、入学準備達成レベルに達していると判断した。そして、他児とのかかわりは、受け身的（追従的）ではあるが対応できている。

　以上のことから、小学校の通常学級への入学はできるだろうが、市の公的機関で「中度自閉スペクトラム症」との診断がある。診断名はともあれ、多人数の集団の中での小学校生活を送るには、学習上の苦手とする領域をクリアすることに困難が伴うことになると思われる。そのため、相当強力なサポートが入学後も必要となることに違いはない。

　なお、入学後の状況は親からの情報によると、新型コロナウィルス感染症拡大に伴う小・中学校の一斉休

業により、4月以降登校が不可能となり、家庭や塾での学習を余儀なくされ、集団参加の機会をもつことができなかった。6月からは小学校における強力なサポート（取り出し学習、サポート教員配置）により、同級生と同じ課題に取り組めた。しかし、9月以降は学習のスピードアップについていけず、遅れが生じているとのことである。

Ⅳ．考　察

1．指導計画におけるボトムアップとトップダウン

専門的援助を要する発達期にある対象児とのかかわりにおいては、まずその時点での発達レベルを明確にする必要がある（小林，2017）。そして、指導を進めるにあたって、少なくとも当面の目標を設定しなければならない。

一般的な目標設定としては、2〜3歳の幼児では、3歳台での保育園・幼稚園での年少児クラスの集団に参加するためのスキル、3〜6歳までの幼児では、6歳台での小学校に入学して1年生として集団に参加し、活動していくためのスキルを育てていく指導が必要である。

A児の場合には、3歳台の保育園参加と6歳台の小学校参加のための援助目標については、ミニマム・エッセンシャルズ案（山本，2019）の活用を試みた。

そこで、まずCLISP-dd（ボトムアップ編）で発達レベルを評価した。そして、目標設定は3歳7カ月の保育園（年少クラス）への入園時点と6歳7カ月での小学校（1年生）への入学時点でのスキルの習得を目指すことにした。

いずれも保育園・小学校の通常クラスを念頭に置いたものである。列挙された目標とするスキルからトップダウン的視点をもち、現状から順にボトムアップ的にスキルの習得を進めた。

この実践を通して、CLISP-ddによる評価を3歳〜6歳6カ月まで計7回実施してきた。そこで示された達成レベルを参考に、Dセンターにおける個別指導と家庭での対応、そして間接的ではあるが保育園への要望を進めた結果、表1、表3に示すミニマム・エッセンシャルズの項目をクリアし、保育園（年少児クラス）、小学校（1年生クラス）への入園・入学の条件を満たすことができ、ボトムアップとトップダウンによる指導計画・実践は一定の成功を収めることができたと考えられる。

2．発達評価におけるCLISP-dd（ボトムアップ編）の活用

A児は3歳（インテーク時）と6歳6カ月（小学校入学時）までの3年半の間に7回にわたってCLISP-dd（ボトムアップ編）による評価が実施された。この検査の特徴は、独立した領域として「対人関係・社会性の学習領域」（図4）を、また「人への反応」・「対人・対物関係」を含み、ことばの学習領域に「ことばの萌芽期」（図1）を設定するなどの工夫がなされている。

全体として、ASDの示す社会的コミュニケーションや社会的相互作用の持続的支障（American Psychiatric Association, 2013）といった特性を考慮して項目が構成されていることが、一般の発達検査と異なるところである。

A児は3年半の経過の中で、基本的な生活習慣領域については、家族の働きかけなどにより順調にスキルの学習は進行した。しかし、社会性にかかわるスキルの学習は、獲得困難性が認められた。

ASD児のアセスメントは、彼らの特性を明示することにとどまらず、その困難性をいかに克服するかを示唆することがポイントではある。今回の試行で検査の有効性は示されたが、今後は困難性克服のための有効な方法を見いだすための結果の分析法や、新しい項目を増やすなどを考えなければならない。

ところで、発達検査の全般にいえることではあるが、A児の場合でも両親、とくに母親の評価による資料であった。母親としてのバイアスがかかることは必然の結果といえる。それをカバーするためもあって、レポートを要求し、セッション中の行動や親（母、数回は父）との面接により確認・修正は行われた。可能であれば保育園での担当保育士らによる評価も得られれば、より信頼性の高い資料を得ることができると考えられる。

3．ASDの幼児期の療育の課題

発達に問題をもつ幼児の療育にあたって、今後さらに検討し実現していくことが期待される事項を考えてみる。

（1）発達段階の評価

発達に問題があると推定される幼児の発達評価は、多角的な検討が必要である。そして一般幼児の平均的な基準からの遅れをチェックする発達検査ではなく、個性的な発達の仕方を評価できる尺度の導入が期待される（小林，2017）。

とりあえず今回は CLISP-dd（ボトムアップ編）を用いた。そこでは 5 領域で、341 の質問項目が準備されている。広範囲にわたっての評価のためもあって、A 児の場合、分野によっては 4 〜 5 歳レベルが上限となっており（図 5　ことばの学習〈報告〉）、チェックリストの不充分さが問題として残されている。そのためにも、より多くの実践例の報告を通して、ASD児により役立つ発達検査としていく必要がある。

(2) 指導目標

インクルージョンの社会を創設するためには、インクルーシブ教育・保育が必要である。そのために指導目標を一般の保育（保育園・幼稚園）、一般の教育（小学校）に参加するための基準を目標として設定することが期待される。そこで、目標に向けて積極的な援助計画が立てられ、実行することが必要である（山本，2019）。

A 児の場合、専門機関で「知的遅滞を伴う自閉症スペクトラム障害」と診断され、特別支援の幼児施設・学校が示唆されていた。その診断に挑戦する形での指導計画を立てたものである。A 児は、指導初期の段階でいわゆる「学習態度の形成」が進行したことが、「ことばの発達」ばかりでなく他のスキルの学習の進行を促進したといえる。

一般に ASD 児に対してインクルーシブ教育を念頭に置けば、ミニマム・エッセンシャルズに向けて援助を行っても到達が困難となる場合も生じるが、アカデミック・スキルの習得可能性に十分な留意が必要である。すなわち、不適切行動のために通常の学習活動が困難とされても、多動がコントロールされた状態とか、注意・集中力が高まったときに発揮できる学習能力を想定して対処しておくことに留意する必要がある。

(3) 専門機関、専門スタッフの準備

幼児期の指導にあたっては、保育園入園（3 歳台）前の対処、そして保育園入園後の援助に専門家を含めたチームワーク体制が必要である。家庭・保育園・デイケア施設、そして専門家（機関）が共通した指導目標に向けての対処を進めることが大切であることが示されている（小林・山本，2012；楢，2012；古川・小林，2012）。

発達に問題をもつ 1 人ひとりの幼児に対して、構成員が別々の方策をアドバイスすることにより、彼を混乱させることがあってはならない。そのためには、チームの核となるまとめ役の存在が、チームワークを適切に機能する上でポイントとなる。本実践報告では ASD 児の居住地周辺で対応する専門機関が設定できなかった。また、遠方だったこともあり、D センターと保育園の連携を直接とることができなかった。これにより、介助者の対応が本児と対応する他のメンバーとの接し方の違いを生じさせ、彼の混乱を招いたものと考えられる。このことがベストの結果を導くことのできなかった要因といえる。今後の方向としては、いずれの地域においても適切なチームワーキングが可能な体制を整えていくことが必要となるだろう。

〈文　献〉

American Psychiatric Association（2013）Diagnostic and Statistical Manual of Mental Disorders 5th Edition, DSM-5. American Psychiatric Publishing, Washington DC.

平澤紀子（2011）発達障害のある幼児に対して求められる教育条件の整備―幼稚園等における発達障害のある幼児に対する支援教室研究から．発達障害研究, 33(2), 188-194.

古川洋子・小林重雄（2012）自閉症幼児の就学への行動論的援助―発達臨床センター・幼稚園・家庭との連携によるアプローチ．幼児教育研究紀要, 24, 35-42.

小林重雄（監修）（2017）CLISP-dd 発達検査（ボトムアップ編）．文教資料協会．

小林重雄・伊藤健次（2018）グッドイナフ人物画知能検査ハンドブック．三京房．

小林重雄・山本孝子（2012）自閉症男児のインクルーシブ教育への挑戦（1）．自閉症スペクトラム研究, 10(3), 81-87.

朴　香花（2017）自閉症スペクトラム幼児の小集団療育教室におけるふり遊びを通した援助．自閉症スペクトラム研究, 14(2), 23-31.

楢　誠（2012）自閉症と診断された男児のリメディアルトレーニングと通常学級参加の検討．自閉症スペクトラム研究, 10(3), 43-56.

山本順大（2019）保育園入園、小学校入学に向けてのボトムアップとトップダウン評価．自閉スペクトラム学会第 18 回大会シンポジウム「CLISP-dd 発達検査の活用をめぐって（3）」抄録集, p.43.

The Japanese Journal of Autistic Spectrum 2021, Vol.19-1, 107-114

実践報告

知的障害を伴う自閉スペクトラム症児に対する要求行動の形成
——絵カードおよび要求語「ください」を用いた指導——

Forming mands in a child with intellectual disabilities and autism spectrum disorder: Training with picture communication cards and verbal requests

鳥井　彩夏（岡山県立岡山西支援学校）

Ayaka Torii（*Okayama-Nishi Special Needs Education School*）

朝岡　寛史（高知大学教育研究部人文社会科学系教育学部門）

Hiroshi Asaoka

（*Research and Education Faculty, Humanities and Social Science Cluster, Education Unit, Kochi University*）

■要旨：知的障害を伴う自閉スペクトラム症児1名に対して、非音声言語・音声言語による要求行動の形成を目指し、知的障害特別支援学校において、絵カードおよび要求語「ください」を用いた要求行動の指導を行った。指導開始前の対象児の実態として、ある程度の音声模倣と自発による言語表出が可能であった。ベースラインでは、昼休みに対象児が余暇活動に必要な用具を要求するときの様子を観察した。続く「絵カードを用いた要求行動の指導」では、段階的増加型プロンプト・フェイディングの技法を用いて、段階的に一連の単位行動を形成した。指導の結果、各単位行動が自発で生起することが増加し、かつカードを要求充足者に手渡すときに非音声言語による要求行動（指さし）が安定して出現した。「絵カード＋"ください"を用いた要求行動の指導」では、漸増型のプロンプト遅延を用いて、要求語を用いた要求行動を形成した。その結果、自発的に「ください」と表出することが増え、手続きの有効性が確認された。以上を踏まえて、非音声言語・音声言語による要求行動の生起に係る要因が考察された。

■キーワード：要求行動、絵カード、要求語、知的障害、自閉スペクトラム症

Ⅰ．問題の所在と目的

　音声言語の表出を困難とする人たちをサポートする考え方や方法のひとつに、補助代替コミュニケーション（augmentative and alternative communication: AAC）がある。そのモダリティとして、絵やそれに関連した視覚シンボル、点字、身振り、電子機器などが挙げられる（Bondy & Frost, 2002）。藤野・慮（2010）は知的障害特別支援学校におけるAACの利用実態を調査した。その結果、95％以上の教員が絵カードと写真カードを使用していると回答し、学校での児童生徒のコミュニケーションの指導・支援において、これらの日常的な使用が明らかにされている。知的障害に加え、自閉スペクトラム症（autism spectrum disorder: ASD）を併せもつ場合は、自発的な要求行動に困難がみられることが多いとされる（福村・藤野，2007）。

　そのため、自発的で機能的なコミュニケーションスキルを習得させるためのAACの手段として、絵カード交換式コミュニケーション・システム（picture exchange communication system: PECS）を使用したコミュニケーションの指導法開発が進められている。機能的コミュニケーションとは、直接的な強化子（欲しい物）や社会的な強化子（ほめられたり、好きなことをしてもらったりする）を手に入れるために他者に直接働きかけることである（Bondy & Frost, 2002）。そして、PECSでは実際の要求場面を指導対象とし、欲しい物を要求・獲得するという機能的コミュニケーションの促進が目標となる。例えば、佐藤ら（2003）は知的障害養護学校において、重度知的障害児2名にカードによる援助要求行動を形成した。対象児は発声

（"あっ"）や手たたき等による援助要求行動がみられた。遅延プロンプトと分化強化の手続きを用いた指導を行った結果、その生起数が増加し、かつ場面般化が成立した。また、福村・藤野（2007）は音声言語および音声言語以外の手段による自発的な意思伝達が困難な自閉症児1名に対し、Bondy & Frost（2002）に準拠したPECS指導を行った。その結果、文を構成して欲しいアイテムを要求するフェイズⅣまでの課題を達成することができ、PECS未導入場面にも自発的な要求行動の般化が促進された。

ところで、先行研究においてPECSを含むAAC手段と音声言語の発達の関係も指摘されている。加藤（1988）は、非音声言語によって要求行動を行っていた無発語の自閉症児3名に対し、音声言語による要求行動を形成した。時間遅延法を修正した技法を適用し、非音声的な反応型（指さし）、音声的な反応型（個々の要求物に対応した複数の発声である「分化発声」）の順に指導が実施された。音声モデル提示と遅延対応を行った結果、菓子を選んで要求する場面において、「指さし」から「発声」、「分化発声」というように要求行動が変容した。各対象児は訓練開始時には発声頻度が低かったものの、音声モデルに対して何らかの模倣反応が確認されており、音声言語による要求行動の形成には、ある程度の模倣スキルが必要なことが示された。さらに、PECS指導においても音声言語表出が促進された子どもは音声模倣がみられていたか、多少の自発表出ができる語を有している場合が多いことが指摘されている（藤野，2009）。以上の先行研究から、知的障害やASDのある児童がある程度のa）音声模倣とb）自発による言語表出が可能であり、c）非音声言語による要求行動が生起していることが、音声言語による要求行動を促進する条件として示唆される。指導法としては、音声モデルの提示や遅延プロンプト、分化強化などの指導手続きの有効性が示されている。

しかしながら、非音声言語による要求行動から音声言語による要求行動への移行については、対象児の既有のスキルや指導によって獲得されたスキル、指導環境や条件などさまざまな要因が複合しており、どのような実態のある子どもに、どのような手続きを導入することが有効であるかは、十分に確立されているとは言えない。教育現場において、子どもが有するスキルと指導の条件に着目して指導実践を積み上げていることに一定の意義がある。

そこで本研究では、ある程度の音声模倣と自発によ

る言語表出が可能であるASD児1名を対象に、休み時間において絵カードおよび要求語「ください」を用いた余暇道具の要求行動の指導を行った。カードを用いた（非音声言語による）要求行動の指導、カードと要求語「ください」を用いた（非音声言語・音声言語による）要求行動の指導の順に行うことが、要求行動の獲得に及ぼす効果を検討することを目的とした。なお、本研究ではPECS指導で用いられるコミュニケーションブックを使用したが、手続きはBondy & Frost（2002）に準じていないため、「絵カードを用いた要求行動の指導」と表記した。

Ⅱ．方　法

1．対象児

知的障害特別支援学校に在籍する小学部5年生の男子児童1名（以下、A児）を対象とした。医療機関において、ASDの診断を受けていた。生活年齢10歳10カ月時に実施した新版K式発達検査の結果は、全領域がDA2：4、DQ22、姿勢・運動がDA3：10、DQ36 認知・適応がDA2：11、DQ27、言語・社会がDA1：1、DQ10であった。また、生活年齢11歳3カ月時に実施した親面接式自閉スペクトラム症評定尺度テキスト改訂版（PARS-TR）の短縮版の結果は、幼児期ピーク得点が9点、児童期現在得点が5点であった。

学校生活において、A児はコミュニケーションブック（以下、ブック）を意思伝達の補助手段として使用していた（図1）。給食のおかわりの際に、A児は「食器カードを剥がして学級担任（以下、担任）に渡す」「ブック上のカードを指差す」「ブックを担任のところに持っていく」ことにより、おかわりをもらっていた。また定時排泄時に、担任はトイレカードを児童の目の前に提示し、カードに触れさせてからトイレに行かせていた。昼休みにおいては、自発的なブックの使用はみられず、主に近くにいる担任にクレーンで必要な用具を要求していた。ブック内にカードが入っていた折り紙や積み木の要求があった際は、担任がブックを指し示してカードの使用を促すこともあった。

スキルアセスメントに関して、まず、「マッチング」では鉛筆・はさみ・スプーン等の生活の中で使用している物の「同一性マッチング」は難しかった。一方、チョコレートやポテトチップス等のA児が好みのお菓子のマッチングでは、見本刺激に応じた比較刺激の

選択が可能であった。加えて、絵カード−実物といった「恣意的マッチング」についても同様に、生活の中で使用している物のマッチングは難しく、お菓子のそれは可能であった。次に、「音声弁別」では自分の名前のみ弁別することが可能であった。例えば、朝の会で自分の名前が呼ばれると手を挙げ、自分以外の名前のときは手を挙げないことが確立されていた。次に、A 児は人や物を「命名」することはみられなかった。「おとーさん」「おかーさん」という歌のフレーズを口ずさむ遅延エコラリアによる表出はあったが、両親に対して呼びかけることはなかった。また、「音声模倣」について、担任の「ください」や「く」の発声に続けて、「ください」と模倣することがあった。最後に、「指示理解」について、担任からの働きかけや簡単な指示（例えば、「座りましょう」）には概ね応じることはできたが、強い要求やこだわりがある際には、寝ころびや自分の頭や胸を叩く自傷が生起した。

2．倫理的配慮

　研究実施に先立ち、A 児の担任および管理職、父親に口頭と書面にて研究の目的や方法、研究成果の公表について説明を行い、書面による同意を得た。

3．指導期間及び場所、指導者

　X 年 9 月〜X+1 年 1 月の 5 カ月間に、原則として平日の週 4 日（月・火・木・金曜日）、給食終了後から昼休みの約 45 分間に、在籍学級や校庭などで行った。なお、水曜日は昼休みの時間が設定されていなかったため、実施しなかった。担任はコミュニケーションパートナー（communication partner; 以下、CP）を担い、A 児と余暇道具の要求に関する一連のやりとりを行った。第一著者は特別支援教育を専攻する学部生であり、プロンプター（prompter；以下、P）を担い、A 児にプロンプトを提示した。学校行事や指導体制等によって担任の手が空いていない日は、P が CP の役割も担うことがあった。第二著者は特別支援教育や応用行動分析学を専門とする大学教員であり、研究全体をスーパーバイズした。

4．教材

　A 児が使用していたブック（縦 27cm × 横 15cm）を用いた。また、余暇道具の絵カード（縦 3cm × 横 3cm）は本研究開始前に、「おりがみ」「つみき」が入っており、物品のイラストまたは写真とその名称が平仮名で示されていた。なお、ブックは常時 A 児の

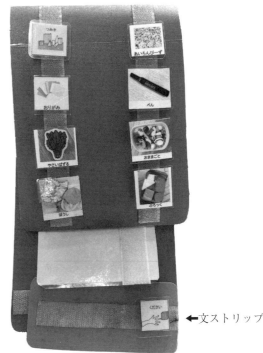

図 1　コミュニケーションブックと絵カード

Note. 絵カードは「絵カード+ “ください”を用いた要求行動の指導」時のものを示す。物品や動作カードを貼る文ストリップは使用しなかった。

机の中に入っていた。

5．研究デザイン

　少数事例実験計画法における ABC デザインを用いた。A をベースライン、B を「絵カードを用いた要求行動の指導」、C を「絵カード+ “ください”を用いた要求行動の指導」とし、手続きの効果を分析した。

6．標的行動

　A 児の学校生活の様子とスキルアセスメントの結果を踏まえて標的行動を選定した。まず、A 児は日常的にブックを用いており、「食器カードとおかわり」「折り紙カードと折り紙を折ること」等の対応関係を理解していた。加えて、同一性・恣意的マッチング時の様子から、好みの物であれば適切な比較刺激を選択することができた。これらのことから、A 児は好みの余暇道具のカードと実際の活動との対応関係の理解が可能であると判断した。また、A 児は物品を命名することは難しく、その一方で、担任の「ください」や「（くださいの）く」に続けて「ください」と模倣することがあった。以上のことから、加藤（1988）の

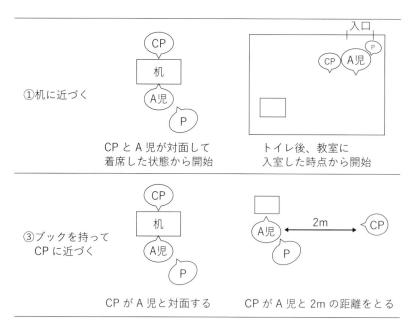

図2 「机に近づく」「ブックを持ってCPに近づく」のセッティング

ように要求する物に応じた発声を形成するのではなく、A児の既有のスキルを活用するために、「ください」という般性的な形態を用いることにした。

以上のことを踏まえ、昼休みの教室で、担任に対して、絵カードおよび要求語を用いて余暇道具を要求することを標的行動とした。

7. 手続き

（1）アセスメント

余暇道具を要求する際の一連の行動連鎖を課題分析した。具体的には、①自分の机に近づき、②コミュニケーションブックを机の中から取り出し、③CPに近づき、④複数の余暇カードから従事したい余暇をひとつ取り外し、⑤カードを手渡し、⑥′「ください」と表出する。丸数字は図3の単位行動に対応する。

加えて、ベースライン（以下、BL）、指導と並行して好みのアセスメントを実施した。A児が任意の余暇道具や場所を直接要求した場合、それに好みがあるとみなし、絵カードをブックに順次加えていった。例えば、9月15日に要求した折り紙と同じ場所に保管されていたパズルにA児が手を伸ばしたため、翌日に第一著者がパズルカードを追加した（その他の余暇活動については、カードを追加した日を図3に記載）。

（2）ベースライン

昼休みにおけるA児の遊びの要求の様子を観察した。担任に対して普段行っているように対応することを依頼し、意図的に遊びの機会を設定したり、特別に

手立てを変えたりしないよう依頼した。

（3）絵カードを用いた要求行動の指導

全般的な手続きに関して、絵カードを用いて余暇道具を要求すること、すなわち「①机に近づく」から「⑤カードをCPに手渡す」までの一連の行動連鎖について、行動の生起に与える影響が最も小さいプロンプトを与え、必要なときだけ、その影響がより大きいプロンプトを用いる「段階的増加型プロンプト・フェイディング」（Miltenberger, 2001）による指導を実施した。BLにおいて、単位行動によっては部分的に正反応が生起したため、「増加型」の技法を用いた。PがA児の斜め後方から反応プロンプトを提示した。各単位行動の反応機会において、正反応が生起しない場合（例えば、CPの手を引いて遊びたい物が収納されている場所まで誘導する）、段階的にプロンプトを提示した。まず、「何して遊ぶ？」「次どうするの？」「○○くん（A児の名前）」等と声をかけた。続いて机やブックなどを指さした。それでも正反応が生起しない場合は、身体ガイダンスを行った。各プロンプト間において、CPは口に出さずに3秒数えた。これらの手続きを文書化し、指導開始前に口頭および文書にて担任に説明した。

「①机に近づく」と「③ブックを持ってCPに近づく」際のA児とCPとの距離に関して、以下の3つの条件を段階的に設定した（図2）。

①着席した状態から開始＋ブックを持ってCPに近づく際にCPとA児が対面

「①机に近づく」について、A 児は給食終了後に毎回担任とトイレに行っていたため、戻ってきたときに CP は A 児を机に誘導した。昼休みに絵カードを用いて余暇道具を要求することを定着させるため、給食時と同様のセッティングである A 児と CP が対面して着席した状態から、すなわち「②机からブックを取り出す」から開始した（図 3 の「着席した状態から開始」に対応）。また、「③ブックを持って CP に近づく」際に、CP は A 児と対面するように並んだ（図 3 の「ブックを持って CP に近づく際に CP と A 児が対面」に対応）。

②机への接近から開始＋ブックを持って CP に近づく
　際に CP と A 児が対面

　図 3 の自発生起数（定義は「9. データの分析方法」に記載）のグラフに上昇傾向がみられた、または 4 回以上で十分に安定して推移した場合、トイレの後に教室へ入室した時点から、すなわち「①机に近づく」から開始した（図 3 の「机への接近から開始」に対応）。同一日に 2 回以上要求機会があり、かつ 1 回目の余暇活動が机で行うものだった場合、2 回目の要求機会は「②机からブックを取り出す」から開始した（図 3 の「流れで着席したまま実施」に対応）。

③机への接近から開始＋ブックを持って CP に近づく
　際の CP と A 児間の距離が 2m

　自発生起数のグラフの傾向（上昇傾向または安定して推移）に基づき、CP は A 児と約 2m の距離をとった（図 3 の「ブックを持って CP に近づく際の CP と A 児間の距離が 2m」に対応）。

（4）絵カード＋ "ください" を用いた要求行動の指導

　「絵カードを用いた要求行動の指導」のフェイズにおける自発生起数のグラフに上昇傾向がみられた、または生起数が 4 回以上で十分に安定して推移した場合、本フェイズに移行した。本フェイズでは、絵カードおよび要求語を用いて余暇道具を要求すること、すなわち「⑥カードを指さす」を除いた「①机に近づく」から「⑥'『ください』と表出する」までの一連の行動連鎖を指導した。

①机への接近から開始＋ブックを持って CP に近づく
　際の CP と A 児間の距離が 2m ＋時間遅延 2 秒

　「①机に近づく」から「⑤カードを CP に手渡す」は、絵カードを用いた要求行動の指導と同様に段階的増加型プロンプト・フェイディングを用いた。「⑥'『ください』と表出する」では、弁別刺激を提示してからプロンプトを提示するまでの時間を少しずつ増やす「漸増型のプロンプト遅延」（Miltenberger, 2001）

を用いた。本研究開始前および実施中に、「く」に続けて「ください」と表出することがあったため、「漸増型」の手続きを用いた。「⑥'『ください』と表出する」において、「ください」と自発的に表出することを正反応とし、正反応が生起しない場合は以下のように段階的に反応プロンプトを提示した。本フェイズにおいて、「⑥カードを指さす」反応が安定して生起していたため、第一段階として、指さしが自発されてから、P が 2 秒数え、「（くださいの）く」と発声した（図 3 の「時間遅延 2 秒」に対応）。それでも正反応が生起しない場合は、CP が「『ください』だね」とモデルを提示し、要求を充足した。

②机への接近から開始＋ブックを持って CP に近づく
　際の CP と A 児間の距離が 2m ＋時間遅延 5 秒

　指さしが生起してから P は口に出さずに 5 秒数え、正反応が生起しない場合は語頭音（く）を提示した。それでも正反応が生起しない場合、CP がモデルを提示した（図 3 の「時間遅延 5 秒」に対応）。

（5）維持

　指導終了の約 1 カ月後に、指導効果の維持を確認した。手続きは、絵カード＋ "ください" を用いた要求行動の指導と同様であった。

8. 社会的妥当性の評価

　指導効果の維持を確認した際に、第一著者が担任 3 名と非常勤講師 1 名に対して「A 君の絵カードや要求語『ください』を用いた要求行動について、指導中や指導終了後の様子や気づき等はありますか？」と自由形式によるインタビューを行った。得られた回答は「ブック使用時の変化」といったように、内容ごとに回答を分類した。

9. データの分析方法

　P が自身の胸に小型カメラを付けて撮影するとともに、応用行動分析学を学ぶ学部生 1 名が筆記記録した。記録者は教室内の A 児と CP、P からやや離れた位置から記録した。第一著者はビデオ映像をもとに、観察日、単位行動ごとに「自発」「言語プロンプト」「指さし（身振りプロンプト）」「身体プロンプト」「機会の有無」を分析した。加えて、「自発」で生起した単位行動数を日ごとにカウントし、その合計を算出した（以下、「自発生起数」と表記する）。

10. 観察者間一致率

　データの信頼性は、筆記記録と第一著者との記録

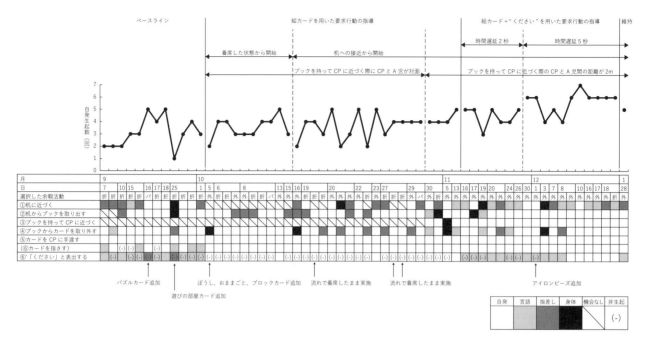

図3　指導条件と各単位行動に対する A 児の遂行状況

Note. 「折」は折り紙を、「パ」はパズルを、「外」は外遊びをそれぞれ示す。単位行動「⑥カードを指さす」は指導対象としなかったが、指導開始移行に安定して生起し、「ください」と表出することの弁別刺激として機能していた可能性があったため、括弧書きで示した。

の一致率によって測定された。ランダムに抽出した25%の実施日（15日）を対象とした。観察者間一致率（%）は、「抽出した実施日において二者間の記録が一致した単位行動数」を「全単位行動数7×全実施日の25%にあたる15日」で除し、100を乗じて算出した。一致率は92%であった。

Ⅲ．結　果

1．カードを用いた要求行動の指導

図3に指導条件と各単位行動に対する A 児の遂行状況を示した。1日に複数回の要求機会がある場合、同日の「選択した余暇活動」に時系列順に活動名を記載した。例えば、9月7日は2回の機会があり、A 児はいずれも折り紙を要求したことを表す。

まず、「着席した状態から開始＋ブックを持って CP に近づく際に CP と A 児が対面」条件において、「②机からブックを取り出す」が自発で生起することに伴い、自発生起数に上昇傾向がみられた。

次に、「机への接近から開始＋ブックを持って CP に近づく際に CP と A 児が対面」条件において、10月5、20日の2回目は机の上にブックが出ていたため、「②机からブックを取り出す」は「機会なし」

となった。また、10月22日は悪天候のため外遊びができず、胸を叩く自傷や寝ころびが生起したため、P はブックを A 児の目の前に提示（「④ブックをカードから取り外す」から開始）した。本条件開始から10月27日の1回目の要求機会において、自発生起数は2〜5回の範囲で変動したが、10月27日の2回目以降のそれは4回で推移した。条件全体を通して、「①机に近づく」の誤反応は教室内を歩き回ったため、P が机を指差すと接近するものであった。その一方で、「⑤カードを CP に手渡す」「⑥カードを指さす」は常に正反応が生起した。

最後に、「机への接近から開始＋ブックを持って CP に近づく際の CP と A 児間の距離が2m」条件において、自発生起数は4回または5回であった。

2．絵カード＋"ください"を用いた要求行動の指導

本フェイズ全体を通して、自発生起数に上昇傾向がみられた。主に言語プロンプトによって「①机に近づく」行動が生起した。また、12月8日以降の2回目以降のすべての要求機会において、「④ブックをカードから取り外す」行動が自発で生起した。

「時間遅延2秒」条件において、言語プロンプトを提示しても「ください」という表出はあまり生起せず、本条件の全要求機会7回のうち、2回で A 児は

「ください」と表出した。続く「時間遅延 5 秒」条件においては、全要求機会 11 回のうち、10 回で A 児は「ください」と表出し、6 回は自発での生起であった。加えて、A 児が「ください」と表出するまでに要した時間が徐々に短くなる様子がみられた。

3.　維持

　自発生起数は 5 回であった。「⑥'『ください』と表出する」では、言語プロンプトを要した。場面般化に関して、同日の給食時に A 児はおしるカードを隣に座っていた担任に手渡し、担任の「お汁を……」という発声に続いて自発的にカードを指さしながら「ください」と表出した。おかわりの要求はくり返され、同様の反応が出現した。

4.　社会的妥当性の評価の結果

　2 名の担任が A 児のブック使用に関して、「ブックの使用が A 児にとって身近なものになったと感じる」と回答し、授業や給食の時間など、昼休み以外にも A 児がブックを使用していることを報告した。加えて、「これまで A 児は担任の手を引いて要求を行うことが多かったが、最近は自らブックを持って担任のもとに近づく姿がみられるようになり、A 児の中でブックの使用が伝達手段のひとつとして定着したのではないかと感じる」と報告された。「ください」を用いた要求について、1 名の教員より「自発的な表出がまれにみられることはあるものの、まだまだプロンプトが必要だと感じる」という意見もあったが、以前よりプロンプトが提示されてからの表出がスムーズになったという回答が 3 名の教員から得られた。

Ⅳ.　考　察

　本研究では、知的障害を伴う ASD 児を対象に、絵カードと要求語「ください」を用いた要求行動の指導を行った。その結果、カードの使用場面が拡大し、自発的な要求行動が増加した。このことから、ある程度の音声模倣と自発による言語表出が可能であったという A 児の実態に対し、音声言語による要求行動を促進する前提として、非音声言語による要求行動が概ね確立している必要があると考えられた。以上を踏まえ、絵カードを用いた要求行動、要求語「ください」の順に、その生起に係る要因を考察した。

　絵カードを用いた要求行動の生起に係る要因とし

て、各単位行動の獲得が挙げられる。BL の「①机に近づく」行動について、A 児は折り紙の保管場所まで担任の手を引き、クレーンで余暇道具を要求した。その一方で、給食時に A 児はカードを自発的に使用することがあった。要求場面によって机の接近行動の必要性の有無が異なり、指導開始前に A 児は「①机に近づく」行動を十分に獲得していなかったといえる。最終的にプロンプトを要したが、そのレベルが「指さし（身振り）プロンプト」から「言語プロンプト」へ移行したことから、「①机に近づく」行動が獲得されつつあったと推測できる。加えて、ブック内の余暇カードが限定されていたこともクレーンでの要求（机への接近行動の非生起）の要因として考えられる。「ぼうしカード」を追加したことによってカードを用いて外遊びを要求する回数が大幅に増えたことから、外遊びが A 児にとって好みの活動であったと考えられる。動機づけの高さに加え、カードを用いて要求すると外で遊ぶことができるという随伴性をくり返すことにより、クレーンでの要求行動が消去され、カードを用いた要求行動が分化強化された可能性がある。同様に、CP を弁別して接近する行動の獲得の有無が「③ブックを持って CP に近づく」行動の遂行に影響したことが考えられる。CP と A 児の距離については、対面から 2m に変更しても自発的な遂行が安定して生起した。それに対して福村・藤野（2007）では、CP が離れていくと近くにいる P にカードを渡そうとし自発的に移動することができないという結果が介入開始時に生じた。研究開始前より、A 児は担任に近づき、手を引いて余暇道具が収納されている場所まで移動していた。つまり、A 児は CP を弁別・接近する行動を獲得していたため、条件導入直後より適切な行動が生起した可能性がある。さらに、「④ブックからカードを取り外す」については、プロンプトを要する機会が多かった。研究開始前、A 児は「カードを剥がして学級担任に渡す」「ブック上のカードを指差す」「ブックを学級担任のところに持っていく」という多様な反応パターンがみられた。この実態から、ブックからカードを取り外すという特定の反応を形成することに期間を要したと考えられる。

　単位行動の獲得に加え、直前の単位行動が次の単位行動の弁別刺激として確立したことが、要求行動の生起に影響を及ぼしたと推察される。本研究では、「①机に近づく」行動のプロンプトレベルが下がることに伴い、「②机からブックを取り出す」行動が自発的に生起する傾向がみられた。机に近づいた状態がブック

を取り出すことの弁別刺激として確立していった、換言すれば、毎日くり返すことによって①から②の刺激－反応連鎖が徐々に形成されていった可能性がある。「①机に近づく」行動が自発で生起しなかったのは、弁別刺激が不明確であったこともその一因として考えられる。「机への接近から開始」する条件導入以降、トイレから戻ってきた後、机への接近行動の手がかりが設定されていなかったため、自発的に遂行されにくかったともいえよう。

要求語「ください」の生起に係る要因に関して、「ください」を音声模倣するスキルを有していたことがその獲得に関係した可能性がある。その上で時間遅延2秒と5秒条件の結果を比較すると、後者の条件において自発で表出するようになったことから、A児にとっては後者の条件が有効だったといえる。プロンプトを提示するまでの時間を段階的に増加させたことが音声言語による要求行動の獲得につながり、表出までの時間が短くなったと考えられる。この結果は、プロンプトの提示を遅延することによって発声要求行動が増加し、発声生起までの反応潜時が短縮されたという加藤（1988）の知見と一致した。

スキルや指導の条件に着目した指導効果が示唆された一方で、以下の点において限界があり、今後の課題でもある。第一に、対象児が一人であったため、A児と同じ実態のASD児を対象に、本研究の結果を追試する必要がある。第二に、研究開始前にA児は「カードを指さす」という非音声言語による要求行動を獲得していた可能性があったが、十分なアセスメントを実施していない。今後の研究では、どの単位行動を標的とするかをデータに基づき決定し、指導を実施することが求められる。第三に、「机に近づく」行動が自発されなかった。場面の切り替わりや開始時点の手がかりとなる刺激を設定し、自らブックを使用する行動が促進されるかを検討すべきである。例えば、本事例では教室内を歩き回るという反応が生じていた。行動特徴に基づき、A児の机の上に好みの余暇活動が描かれたイラストを置いて注意を引き、それへの接近行動を促す。続いてイラストを撤去し、机自体が「机に近づく行動」の弁別刺激として機能するように指導を進めるといった工夫が考えられる。第四に、条件およびフェイズ間において明確な移行基準を設けて

いなかったため、手続きの効果検証に弱さがある。連続する3つの機会において、自発生起数がいずれも4回以上の場合に条件を移行するといったように、明確な基準を設定して指導を進めていく必要があるだろう。第五に、場面般化の確認が担任のエピソードに基づくものであった。本研究の知見をより確かなものにするためにも、定量的にデータを収集する必要がある。

謝辞：本研究にご協力いただきましたA児の保護者、担任の先生方に心より感謝申し上げます。本研究の実施に際し、森眞司先生と田中諒平先生にご尽力いただきました。記して謝意を表します。

〈文　献〉

Bondy, A. & Frost, L.（2002）A Picture's Worth: PECS and Other Visual Communication Strategies in Autism. Woodbine House.（園山繁樹・竹内康二訳（2006）自閉症児と絵カードでコミュニケーション. 二瓶社.）

藤野　博（2009）AACと音声言語表出の促進―PECS（絵カード交換式コミュニケーション・システム）を中心として. 特殊教育学研究, 47(3), 173-182.

藤野　博・慮　熹貞（2010）知的障害特別支援学校におけるAACの利用実態に関する調査研究. 特殊教育学研究, 48(3), 181-190.

福村岳代・藤野　博（2007）PECSによる自閉症児の自発的な要求伝達行動の獲得と般化―養護学校における実践研究. 東京学芸大学紀要, 58, 339-348.

加藤哲文（1988）無発語自閉症児の要求言語行動の形成―音声言語的反応型の機能化プログラム. 特殊教育学研究, 26(2), 17-28.

Miltenberger, R. G.（2001）Behavior Modification: Principles and Procedures（2nd ed.）. Wadsworth, Belmont, California.（園山繁樹・野呂文行・渡部匡隆他（2006）行動変容法入門. 二瓶社.）

佐藤和彦・島宗　理・橋本俊顕（2004）重度知的障害児におけるカードによる援助要求行動の形成・般化・維持. 行動分析学研究, 18(2), 83-98.

The Japanese Journal of Autistic Spectrum 2021, Vol.19-1, 115-122

実践報告

対面型講義とオンデマンド動画配信による
ペアレントトレーニング実施の試み

Parent-training trial through face-to-face lectures and on-demand video streaming

荻野　昌秀（足立区こども支援センターげんき）
Masahide Ogino（*Adachi Children Support Center GENKI*）

■**要旨**：発達障害もしくはその疑いのある子どもに対する支援方法の1つとしてペアレントトレーニングがあり、近年ではオンラインでの実践も報告されている。しかしリアルタイムのオンライン形式では視聴が不安定になることや、子どもの世話をしながら視聴することの困難さが指摘されている。そこで本実践では、一部を対面形式で実施し、一部をオンデマンド動画配信にて実施した。参加者は年長児の母親1名であり、90分5回の対面形式の講義および個別の対応検討を行い、対面と対面の間に10分の動画を2本ずつ4回配信した。介入の結果、保護者の知識や悲観、対象児の不注意、QOLの改善などが見られ、家庭で記録された目標行動も改善が見られた。しかし本実践は1事例の報告であり、今後はグループ形式での実施や、保護者や対象児の実施前の状態による効果の検討、また維持効果の検討が望まれる。

■**キーワード**：ペアレントトレーニング、オンライン、オンデマンド動画配信

Ⅰ．問題の所在と目的

　発達障害もしくはその疑いのある子どもに対する支援方法の1つとしてペアレントトレーニング（以下、PT）があり、我が国でも実践が進んでいる（例えば山上，1998；Whitham, 1998；岩坂他，2004）。

　一方で、保護者の負担が大きく、学習時間の短縮や実施の負担の軽減が必要とされている（神山他，2011）。それらの課題を解決するために、海外ではオンラインのPTが複数実践されている（Wacker et al., 2013; Vismara et al., 2013; Fogler et al., 2020）。例えばWackerら（2013）は2～6歳の自閉スペクトラム症（autism spectrum disorders；以下、ASD）または広汎性発達障害児20名の保護者に対して、ビデオ会議ソフトウェアを用いたPTを実施し、対象児の行動問題が低減した。

　我が国でオンラインのPTを実施した研究は限られているが、例えばインターネット電話と動画で全4回のPTを3～4歳のASD児の保護者7名に実施した神山・竹中（2016）が挙げられる。この研究では、標的行動の達成度の向上や養育スキルの向上が見られた

が、講義や動画の視聴が不安定になる、開始時間までに子どもの世話をしておくのが大変という課題があった。またビデオ接続のトラブルについては、Foglerら（2020）でも指摘されている。リアルタイムのオンライン形式のPTは、このような課題から参加が難しくなる可能性や、十分な学習が進まない可能性がある。そこで、一部を対面形式で実施すると共に、一部をオンデマンド動画配信にて実施する方法が考えられる。オンデマンド配信であれば、特定の時間にスケジュールを合わせる必要がないため、保護者が集中できる時間に視聴することが可能であり、また通信状態が一時的に不安定になっても、通信が回復してから再度視聴することなども可能である。

　そこで本研究では、対面型講義とオンデマンド動画配信を組み合わせたPTを実践し、その効果と課題を検証することを目的とした。

　本実践は筆者が企画し、地域のこども支援センターの許可を得て試行事業として実施した。

Ⅱ. 方 法

1. 対象

　筆者と関わりのある2カ所の保育所の年長児の保護者に対して「保護者の学習会（ペアレントトレーニング）」という名称で参加の募集を行い、参加希望者から保育所経由で申し込みを受け付けた。その結果、1名の母親（年齢は40代）が参加を希望し、本プログラムを実施した。対象児は開始時月齢6歳3カ月の男児であった。対象児は発達障害の診断はなかったが、特定の服でないと着ない、使ったものを片付けない、行動が極端に遅いなどのエピソードが保護者から報告され、保護者は対応に悩んでいた。

2. プログラム内容

　各セッションは約1時間30分であり、講義およびワークや対象児についての対応検討を行い、全5回実施した。期間はX年12月〜X＋1年2月であり、初回と2回目の間のみ年末年始を挟んだために4週の間隔で、それ以降は隔週で実施した。また、セッションとセッションの間（基本的には各回の翌週、初回のみ2週間後）に約10分の動画を2本ずつ計8本配信し、保護者へ視聴を依頼した（事前に視聴できる環境にあるかどうかを聴取した）。スタッフは各回1名（筆者）であった。

　講義およびワークは免田ら（1995）、荻野ら（2014）、荻野ら（2019）を参考に作成した。内容を以下に示す。

第1回：オリエンテーション（プログラムの説明）の後、行動を3つに分ける（増やしたい、減らしたい、なくしたい行動）、目標行動の設定、行動の具体化、課題分析、記録の方法についての講義およびワークを行い、目標行動を設定した。

第2回：ABC分析、適切な行動が生起するための工夫（場所や手順などの環境調整）についての講義およびワークを行った。

第3回：強化・弱化・強化子と弱化子（日常生活で行動が増減する具体的事例、トークンエコノミーなど）についての講義およびワーク（主に強化の仕方）を行った。

第4回：行動が生起しない場合の原因推定と、適切な行動が生起するための工夫（予告や声かけの仕方など）についての講義およびワークを行った。

第5回：第1回〜第4回のまとめを行い、保護者からの質問を受けた。

　なお、第2回〜第5回は毎回家庭での記録を持参してもらい、各回の後半は支援方法や記録方法の工夫についても協議した。また、いずれの回も教材（文字と写真が記載された準備物のチェック表や、トークンエコノミー表など）の写真を提示した。

　配信した動画の内容は以下の通りであった。

第1回：1本目は行動の具体化、課題分析、記録の方法の復習と補足、2本目はマインドフルネス（概要と子どもに注意を向けること）についてであった。

第2回：1本目はABC分析、行動の直前の工夫の復習と補足、2本目はマインドフルネス（呼吸のワーク：自分の呼吸や小さな音に耳を傾ける）についてであった。

第3回：1本目は強化の仕方の復習と補足、2本目はマインドフルネス（無人島のメタファーと価値について：子育ては無人島で生き延びる際に抱く恐れや孤独、学ぶべき対処方法と同様であること、自分が子育てで大事にしたい価値を知ること）であった。

第4回：1本目は行動が生起しない場合の原因推定と、適切な行動が生起するための工夫の復習と補足、2本目はマインドフルネス（ストレスへの気づきとセルフケア）であった。

　なお、マインドフルネスの動画についてはCoyne & Murrell（2009）を参考にして作成した。

3. 効果測定

　以下の質問紙をプログラム開始前（X年12月）と終了後（X＋1年2月）にそれぞれ実施し、保護者が回答した。

（1）ADHD Rating Scale-Ⅳ（家庭版）（DuPaul et al., 1998）

　家庭における子どもの不注意・多動性・衝動性の状態を測定する質問紙の日本語版である。18項目からなり、各質問項目への回答が「ない、もしくは、ほんどない」は0点、「ときどきある」は1点、「しばしばある」は2点、「非常にしばしばある」は3点が加算される。

（2）KINDL 幼児版（親用）（根本，2014）

　子どものQOLを評価する質問紙である。各項目への回答が「いつも」は1点、「たいてい」は2点、「と

きどき」は 3 点、「ほとんどない」は 4 点、「ぜんぜんない」は 5 点が加算される。全 24 項目であり、14 項目が逆転項目である。身体的健康、精神的健康、自尊感情、家族関係、友だち関係、学校（園）生活の 6 因子からなる。

（3）Strength and Difficulties Questionnaire（SDQ）日本語版（Matsuishi et al., 2008）

　子どもの行動のポジティブな面とネガティブな面を評価する質問紙である。各項目への回答が「あてはまらない」は 0 点、「まああてはまる」は 1 点、「あてはまる」は 2 点が加算される。全 25 項目で、行為、多動、情緒、仲間関係の 4 因子とその総得点、および向社会性因子を算出する。向社会性因子は得点が低いほど、他の 4 因子および総得点は得点が高いほど課題や支援の必要性が大きいとされる。

（4）Questionnaire on Resources and Stress（QRS）日本語版（山上，1998）

　保護者の養育上のストレスを測定する質問紙の日本語版である。52 項目からなり、それぞれの項目に「はい」または「いいえ」で回答する。ストレスが高い方に回答した場合に 1 点が加算される。因子Ⅰ：親と家族の問題、因子Ⅱ：悲観、因子Ⅲ：子どもの特徴、因子Ⅳ：身体能力の低さ、の 4 因子からなる。

（5）Knowledge of Behavioral Principle as Applied to Children（KBPAC）（梅津，1982）

　子どもの養育に応用する行動的知識を問う質問紙である。各質問に対して 4 つの選択肢が設定されており、その中から最も適切なものを回答する。選択肢の中には行動変容の原理に基づいた正解が 1 つ含まれており、正解の場合 1 点が加算される。全 50 項目。

（6）Developmental Disorder Parenting Stressor Index（DDPSI）（山根，2013）

　発達障害児・者をもつ親のストレッサー尺度である。18 項目であり、各項目に対して経験の頻度（0：全くなかった～ 3：よくあった）および嫌悪性（0：全くいやではなかった～ 3：非常にいやだった）で評価する。理解・対応の困難、将来・自立への不安、周囲の理解のなさ、障害認識の葛藤の 4 因子からなる。なお、本実践においては対象児に発達障害の診断がなかったことから、「障害」の文言（3 項目に記載）を「特徴」に変更して使用した。

（7）社会的妥当性（終了後のみ）

　プログラム終了後に上野ら（2012）を参考に作成した質問に「非常にそう思う」から「全くそう思わない」の 5 件法で回答を求めた。質問項目は，①「学習会を通して学んだ方法が子どもにとって効果があったと思う」、②「学習会を通して学んだことは子どもの行動を理解するのに役立ったと思う」、③「家庭での取り組みができたと思う」、④「家庭での取り組みは負担が大きかった」、⑤「学習会に参加して精神的な余裕ができたと思う」、⑥「家庭で取り組むことによって、子ども本人だけでなく、家族全体に対しても良い効果があったと思う」、⑦「今後も学んだ内容を実践していきたい」、⑧「動画は役に立ったと思う」、⑨「家庭での取り組みによって、就学への不安が低減したと思う」であった。

（8）行動記録

　家庭内で目標行動についての対象児の行動記録を依頼し、毎回提出を依頼した。記録用紙は 1 週間ごとに A4 用紙 1 枚であり、目標行動、行動の前の工夫（環境調整など）、行動の後の工夫（強化の仕方など）、日付、評価、評価の方法、備考の欄を設けた。選定された目標行動は①「ゴミをゴミ箱に捨てる」、②「翌日の服の準備をする」、③「道具（本児が遊びで使用したペン、色鉛筆、ハサミ）を片付ける」であった。さらに、第 2 回で④「朝、目標の時間（8 時まで）に家を出る」を目標行動に加えたいとの希望があったため、5 週目から記録を開始した。介入については、講義内容を踏まえて保護者が対応を検討した（詳細は結果の項で記述する）。

　また、各回の実施後に自由記述形式で感想の記載を依頼した。

4.　倫理的配慮

　本研究では開始前に趣旨、実施方法、個人情報保護について書面で保護者に説明した。また個人が特定されることのないよう情報を一部改変した上で公表を行うと共に、公表にあたっては参加した保護者から書面による許可を得ており、その際に途中での同意撤回も自由であることを説明し、文書にも記載した。

Ⅲ．結　果

1.　質問紙の結果

　実施前後の得点および先行研究の平均値、SD を表 1 に示した。

　ADHD-RS 得点は不注意因子が約 1SD 低下した。

　KINDL 得点は、自尊感情因子、家族関係因子、保育所生活因子、総得点が約 1SD 向上し、友だち関係

表1　各質問紙の得点および先行研究の平均値、SD、子どもの年齢

	対象者		先行研究		先行研究の子どもの年齢
	介入前	介入後	Mean	SD	
ADHD-RS					
不注意	6	1	5.94	5.08	
多動・衝動	1	1	6.59	5.56	
総得点	7	2	12.54	9.97	5〜7歳
KINDL					
身体的健康	93.8	87.5	86.8	12.9	
精神的健康	87.5	93.8	87.8	11.5	
自尊感情	87.5	100.0	75.4	13.9	
家族関係	75.0	87.5	75.0	13.4	
友だち関係	81.3	100.0	80.4	11.6	
保育所生活	62.5	75.0	80.5	11.8	
総得点	81.3	90.7	81.0	8.6	年少〜年長
SDQ					
行為	3	3	1.96	1.55	
多動	3	2	3.09	2.18	
情緒	0	0	1.84	1.76	
仲間関係	2	2	1.38	1.44	
向社会性	8	7	6.63	2.09	
総得点（4因子）	8	7	8.27	4.71	4〜6歳
QRS					
親と家族の問題	0	0			
悲観	2	0			
子どもの特徴	1	1			
身体能力の低さ	0	0			
総得点	3	1	介入前 20.81	8.87	
			介入後 16.62	8.49	2歳3カ月〜9歳6カ月
KBPAC	23	29	13.27	3.38	5歳児
DDPSIの頻度					
理解・対応の困難	1	0	14.82	15.55	
将来・自立への不安	1	0	19.75	14.64	
周囲の理解のなさ	0	0	9.17	10.13	
障害認識の葛藤	0	0	9.84	8.49	平均14.41歳

※各質問紙の先行研究は、ADHD-RSは市川ら（2008）、KINDLは根本（2014）、SDQはMatsuishiら（2008）、QRSは免田ら（1995）、KBPACは権藤（1999）、DDPSIは山根（2013）を参照。
※免田ら（1995）のみ介入研究のため、介入前後の数値を記載したが、因子ごとの数値は記載されていなかった。
※DDPSIの嫌悪性はいずれも0であった。
※先行研究の子どもの年齢は論文中の表現をそのまま引用した。

因子は約1.5SD向上した。
　SDQには大きな変化が見られなかった。
　QRSも得点上は大きな変化が見られなかったが、実施後の悲観因子が0となった。低下した項目は「私が面倒をみられなくなったとき　この子がどうなるか心配です」、「この子が　これからもずっとこの調子だろうと思って　心配です」の2項目であった。

　KBPACは1.5SD以上の向上が見られた。
　DDPSIは得点上は大きな変化が見られなかったが、実施後の理解・対応の困難因子、将来・自立への不安因子が0となった。低下した項目はそれぞれ「子どもの要求や望んでいることを理解するのが難しかった」、「親がいなくなったあとの子どものことについて心配になる」であった。

2．行動記録の結果

　3 つの目標行動の記録を図 1 に示した。①「ゴミを
ゴミ箱に捨てる」、②「翌日の服の準備をする」、③
「道具を片付ける」については、自発または一度の声
かけで生起したかどうかを記録し、各週の平均生起率
として算出した。④「朝、目標の時間（8 時まで）に
家を出る」については、8 時までに家を出られた場合
に 2 点、8 時 5 分までに家を出られた場合に 1 点、そ
れ以降を 0 点として、各週の平均得点率を算出した。
各生起率および得点率について、図 1 に示した。

　①「ゴミをゴミ箱に捨てる」については、3 週目か
ら母がゴミ箱を作業している場所の近くに置く（介入
1）、7 週目からは介入 1 に加えて捨てられたことを褒
める（介入 2）対応により、それぞれ平均生起率の向
上が見られた。

　②「翌日の服の準備をする」については、2 週目か
ら帰宅した後のスケジュールを母が紙に書き、服を準
備するタイミングを明確にすることによって、高率で
生起するようになった。7 週目は保護者の仕事の関係
で帰宅後の時間の余裕がなくなったことからやや低下
したが、80％以上が維持されていた。

　③「道具を片付ける」については、2 週目から片付
け方を改めて説明する（介入 1）ことによって向上が
見られたが、4 週で低下した。そこで、5 週目から
は介入 1 に加えてハサミ立てなどの片付ける場所の設
定を行った（介入 2）結果、維持が見られた。

　④「朝、目標の時間（8 時まで）に家を出る」につ
いては、7 週目からタイマーで時間を予告すること
（介入 1）により得点率が向上し、さらに 9 週目から
は介入 1 に加えて早く出られた時に褒めること（介入
2）によって、100％が維持されていた。

3．社会的妥当性の評価

　①「学習会を通して学んだ方法が子どもにとって効
果があったと思う」、②「学習会を通して学んだこと
は子どもの行動を理解するのに役立ったと思う」、③
「家庭での取り組みができたと思う」、⑤「学習会に参
加して精神的な余裕ができたと思う」、⑥「家庭で取
り組むことによって、子ども本人だけでなく、家族
全体に対しても良い効果があったと思う」、⑦「今後
も学んだ内容を実践していきたい」、⑧「動画は役に
立ったと思う」、⑨「家庭での取り組みによって、就
学への不安が低減したと思う」については、いずれも
5（非常にそう思う）との回答であり、④「家庭での
取り組みは負担が大きかった」については、2（あま

りそう思わない）との回答であった。

　感想では、「子どもの行動を分析し、親の対応の仕
方を考え、変えていくことで少しずつ変化が見られ
た」、「悪いところを指摘するより、良いところを褒め
るということが参考になった」、「自分の余裕のある時
間に動画で学習ができたことが良かった」、「マインド
フルネスはほっとする時間が取れてとても良かった」
などが記載されていた。

Ⅳ．考　察

1．質問紙の結果について

　ADHD-RS 内の不注意因子が約 1SD 低下した背景
には、結果で述べたような保護者の環境調整や声掛け
の工夫により、対象児の行動が変化し、不注意なミス
が減少したと考えられる。これは、ゴミをゴミ箱に捨
てる、道具を片付けるといった目標行動で生起率が向
上したことや、保護者の感想で行動が変化したと記述
されていたことからも支持される。また 1 事例である
ため同等とは言いがたいが、有意に改善が見られた荻
野ら（2014）、荻野ら（2019）と同様の効果が得られ
た可能性があると考えられる。

　KINDL 得点において、自尊感情因子、家族関係因
子、総得点が約 1SD 向上した背景には、上記のよう
な対応の変化によって、対象児の行動が変化し、さら
に保護者の褒める行動が増加したことにより、自尊感
情や家族関係の改善が見られたと考えられる。実際に
保護者から「子どもが『もう 1 年生だから早く準備で
きるように頑張る』と言うようになった」、「よく話を
聞いてくれるようになった」などのエピソードも語ら
れていたことからも支持される。KINDL 得点は、荻
野ら（2019）では向上が見られておらず、本研究で
は 1 事例で有意差検定を行うことができなかった点を
考慮しても、やや異なる結果と考えられる。本実践に
おいては上述のエピソード内容のように、PT で検討
した支援を家庭で実践したことにより、家族との関係
が改善したことや、対象児の自尊感情が向上したと考
えられた。このように環境調整や声掛けの工夫などに
よって家族関係を改善したり対象児の自尊感情を向上
させる支援方法についても講義内などで取り上げるこ
とにより、対象児の QOL が向上する可能性が示され
たと考えられる。

　KINDL 得点の保育所生活因子が約 1SD 向上し、友
だち関係因子は約 1.5SD 向上したことは、本実践に直

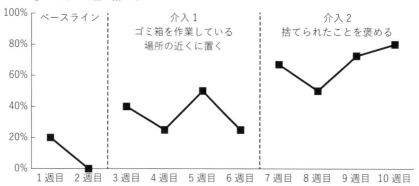

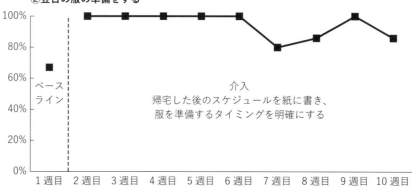

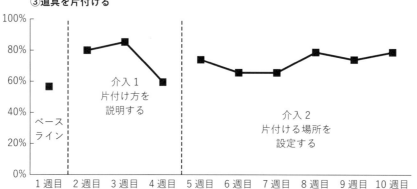

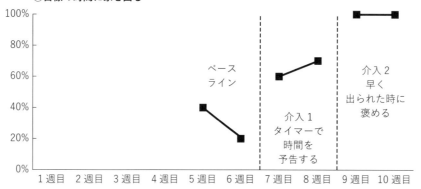

図1　各行動の生起率

結する内容ではないと考えられるが、結果で示したように朝の登園が早くなったことにより、保育所での時間的余裕ができ、保育所生活におけるQOLが向上した可能性がある。この点については、今後は例えば保護者の許可の上で保育所と連携し、保育所内の変化について確認していくことも考えられる。

SDQには大きな変化が見られず、荻野ら（2019）とは異なる結果であった。しかし本事例はMatsuishiら（2008）の基準によれば実施前後ともいずれの因子および総得点も平均域であり、実施前時点でSDQが測定している内容については大きな問題がなかったため、大きな変化も見られなかったと考えられる。

KBPACは1.5SD以上の向上が見られた。これは免田ら（1995）、荻野ら（2014）と同様の結果であり、本実践によって保護者の対応知識の向上が見られたと考えられる。また上記のように実際の対応も変化し、さらに子どもの行動も変化したことが確認できており、知識の向上が実際の対応変化につながっていると考えられる。

QRS、DDPSIはいずれも大きな変化が見られなかったが、実施前の得点自体がストレスの低い水準であった。改善した項目はQRSの悲観因子「私が面倒をみられなくなったとき　この子がどうなるか心配です」、「この子が　これからもずっとこの調子だろうと思って心配です」、DDPSIの理解・対応の困難因子「子どもの要求や望んでいることを理解するのが難しかった」、将来・自立への不安因子「親がいなくなったあとの子どものことについて心配になる」であり、子どもの行動の理解が進み、対応することによって子どもの行動の変化を確認できたために、悲観や不安が低減したと考えられる。ただし、これらの2尺度については表1に示したように先行研究の子どもの年齢が本研究の対象児と異なっており、後述するように対象者を増やして有意差検定などを行うことが必要と考えられる。

2. 行動記録の結果について

①「ゴミをゴミ箱に捨てる」および④「朝、目標の時間に家を出る」については、1段階目の介入で先行事象を操作したことにより行動が増加し、2段階目の介入で結果事象を操作したことによりさらに増加したと考えられる。

②「翌日の服の準備をする」および③「道具を片付ける」については、先行事象の操作のみで行動の増加が見られた。

これらの点については、神山・竹中（2016）においても先行事象の操作、先行事象と結果事象両方の操作により行動が増加する結果になっており、先行研究と概ね同様の結果が得られたと考えられる。一方で、神山・竹中（2016）では先行事象と結果事象両方の操作が一度で行われており、本実践のようにペアレントトレーニングにおいて先行事象と結果事象の操作を2段階で行うことで行動の増加を示せたことは、保護者の負担を最小化できた点、各段階での効果を示せた点で意義があると考えられる。

また、支援方法は保護者が主体で検討し、②「翌日の服の準備をする」については先行事象の操作のみで生起率が高率となったため、それ以上の支援を行わなかった。一方で③「道具を片付ける」については、2段階で先行事象の操作を行っており、さらに結果事象も操作することで生起率が変化するかどうかを検討しても良いだろう。

3. 社会的妥当性の評価について

④以外はいずれも5（非常にそう思う）であり、保護者は本トレーニングを高く評価していることが示された。④の家庭での実施の負担については2（あまりそう思わない）との回答であり、負担はあまりなかったと考えられるが、負担軽減はPTの全体的な課題であり（神山他, 2011）、より記録しやすい用紙の工夫など、今後も負担軽減の方法を検討できると良いだろう。

4. 本研究の改善点と今後の展望

まず前提として、本実践は1事例のみの結果であり、集団形式で実施されるグループワークなどもできなかったことから、今後は対象者を増やして効果について検討していくことが必要である。

質問紙の結果についても、複数の対象者に実施した効果を確認する必要がある。例えば今回の保護者のストレスは、先行研究の平均値と比較して低い水準にあるため（表1）、実施前のストレスがより高い保護者に対しても有効かどうかを検証できると良いだろう。対象児の診断の有無や状態によっても効果が異なるかどうか検証していく必要がある。また維持効果としてフォローアップデータを測定していく必要もあると考えられる。

またベースラインの試行数の少なさや、評価者が母親のみであることも課題である。上野ら（2012）ではビデオ撮影により観察者間一致率を算出しており、今

後はこのような方法も取り入れられると良いだろう。

オンデマンド動画については、家庭で通信状態が不安定になったことは報告されなかったが、感想でも記載された通り、保護者の生活に合わせて時間を問わず学習できたことは有効であったと考えられる。また動画での補足により対面講義の時間を短時間にできたというメリットもあったが、今後は動画の時間や内容などについて、複数の群で別の設定を行うことなどにより、効果を検討できると良いだろう。

〈文　献〉

Coyne, L. W. & Murrell, A. R.（2009）The Joy of Parenting: An Acceptance and Commitment Therapy Guide to Effective Parenting in the Early Years. Oakland, CA: New Harbinger Publications.（谷　晋二監訳（2014）やさしいみんなのペアレント・トレーニング入門，金剛出版.）

DuPaul, G. J., Power, T. J., Anastopoulos, A. D. et al.（1998）ADHD Rating Scale-Ⅳ: Checklists, Norms, and Clinical Interpretation. Guilford Press.（市川宏伸・田中康雄・坂本　律訳（2008）診断・対応のためのADHD評価スケール．明石書店.）

Fogler, J. M., Normand, S., O'Dea, N. et al.（2020）Implementing group parent training in telepsychology: Lessons learned during the COVID-19 pandemic. Journal of pediatric psychology, 45（9）, 983-989.

権藤真織（1999）P-18 KBPACを用いた日常的な育児観に関する調査—行動理論的な考え方はどの程度一般に利用されているか．日本行動分析学会年次大会プログラム・発表論文集，17, 112-113.

岩坂英巳・中田洋二郎・井潤知美（2004）AD/HDのペアレント・トレーニングガイドブック—家庭と医療機関・学校をつなぐ架け橋．じほう.

神山　努・竹中正彦（2016）自閉スペクトラム症幼児の保護者に対するインターネット電話を介したペアレント・トレーニングの効果．特殊教育学研究，54（4）, 245-256.

神山　努・上野　茜・野呂文行（2011）発達障害児の保護者支援に関する現状と課題．特殊教育学研究，49（4）, 361-375.

Matsuishi, T., Nagano, M., Araki, Y. et al.（2008）Scale properties of the Japanese version of the Strengths and Difficulties Questionnaire（SDQ）. Brain and Development, 30（6）, 410-415.

免田　賢・伊藤啓介・大隈紘子他（1995）精神遅滞児の親訓練プログラムの開発とその効果．行動療法研究, 21（1）, 25-38.

根本芳子（2014）幼児版QOL尺度・幼児版QOL尺度（親用）．古荘純一・柴田玲子・根本芳子他（編著）子どものQOL尺度その理解と活用—心身の健康を評価する日本語版KINDL．診断と治療社，pp.12-15.

荻野昌秀・平　雅夫・安川直史（2014）発達に課題のある児についての福祉センターでのペアレントトレーニングのプログラム開発とその効果．自閉症スペクトラム研究, 11（2）, 49-54.

荻野昌秀・前川圭一郎・先光毅士（2019）就学移行期におけるペアレントトレーニング—保護者の変化に着目して．日本教育心理学会第61回総会発表論文集, 460.

上野　茜・高浜浩二・野呂文行（2012）発達障害児の親に対する相互ビデオフィードバックを用いたペアレントトレーニングの検討．特殊教育学研究, 50（3）, 289-304.

梅津耕作（1982）KBPAC（Knowledge of Behavioral Principles as Applied to Children）日本語版．行動療法研究会.

Vismara, L. A., McCormick, C., Young, G. S. et al.（2013）Preliminary findings of a telehealth approach to parent training in autism. Journal of autism and developmental disorders, 43（12）, 2953-2969.

Wacker, D. P., Lee, J. F., Dalmau, Y. C. P. et al.（2013）Conducting functional analyses of problem behavior via telehealth. Journal of applied behavior analysis, 46（1）, 31-46.

Whitham, C.（1998）Win The Whining War & Other Skirmishes, A Family Peace Plan. Los Angeles : Perspective Publishing.（上林靖子・中田洋二郎・藤井和子他訳（2002）読んで学べるADHDのペアレント・トレーニング—むずかしい子にやさしい子育て．明石書店.）

山上敏子（監修）（1998）発達障害児を育てる人のための親訓練プログラム・お母さんの学習室．二瓶社.

山根隆宏（2013）発達障害児・者をもつ親のストレッサー尺度の作成と信頼性・妥当性の検討．心理学研究, 83（6）, 556-565.

The Japanese Journal of Autistic Spectrum 2021, Vol.19-1, 123-131

調査報告

自閉スペクトラム症女性を対象とした
月経前症候群リスクに関する実態調査

Survey on premenstrual syndrome's risk in women with autism spectrum disorder

野田　孝子（砂川市立病院附属看護専門学校）

Takako Noda（*Sunagawa City Medical Center Attached Nursing College*）

仙石　泰仁（札幌医科大学）

Yasuhito Sengoku（*Sapporo Medical University*）

■**要旨**：自閉スペクトラム症（ASD）女性は、知的能力障害やダウン症候群の女性と比較し、月経前症候群（PMS）の割合が高いとされるが、その実態は明らかではない。本調査では、ASD女性のPMSリスクの実態を明らかにすることを目的とし、20～44歳までのASD女性78名から自記式質問紙による調査を実施した。その結果、ASD女性はPMSリスクを伴う割合が高く、中でも精神症状が重症化しやすいことが明らかとなった。また、PMS全体のスコアとASD女性のQOLには関連があることも明らかとなり、ASD女性の健康を維持するためには、月経に伴うホルモン変動の影響をふまえた継続的な支援の検討が不可欠であることが示唆された。

■**キーワード**：自閉スペクトラム症、女性、PMSリスク、QOL、実態調査

Ⅰ．問題の所在および目的

　自閉スペクトラム症（autism spectrum disorder, ASD）は、発症に性差があることが知られており（山本・加藤，2011）、先行研究の対象者は男性の割合が高く、女性の特性に注目した研究は非常に少ない。女性は思春期の月経から、妊娠、出産、更年期の閉経など、各ライフステージにおいて性ホルモンの変動とその影響を経験する。生殖年齢女性の70～80％は、月経前に何らかの症状を自覚し、そのうち社会生活に支障を伴う月経前症候群（premenstrual syndrome, PMS）の頻度は5.4％、精神症状が主体の月経前不快気分障害（premenstrual dysphoric disorder, PMDD）の頻度は1.2％と報告されている（日本産婦人科学会，2020）。

　PMSは「月経3～10日の黄体期に起こる精神的、身体的症状で、月経発来とともに減弱あるいは消失するもの」とされ、原因は不明であるが黄体ホルモンが関与すると考えられている（ACOG, 2014）。症状は多岐に渡るが、代表的なものとしてイライラ、怒りっぽくなる、憂鬱などの精神症状、下腹部痛、頭重感、乳房痛などの身体症状があり、これらの症状は日常生活や社会生活に影響し、女性のQOLに関与する（Takeda et al., 2006；甲斐村・上田，2014）。これは、ASD女性においても例外ではないことが予測されるが、ASD女性のPMSや性に関する研究は非常に少ない。

　Hamiltonら（2011）、Kyrkou（2005）によれば、ASD女性は月経前になると、知的能力障害、学習障害、ダウン症候群、脳性麻痺女性などと比較し、攻撃性が増すことが報告され、津田ら（2016）や矢田（2017）の研究では、ASD児の月経随伴症状が、日常生活に影響することを明らかにしている。しかし、いずれも両親や介助者が回答しており、本人を対象とした研究は見当たらないため、当事者視点からその実態を明らかにすることで、より有効な支援が可能となると考える。

　そこで本研究では、ASD女性に対しPMSの実態および症状に関連する健康行動に焦点をあてた調査を実施し、PMSリスクの実態を当事者視点から明らかにすることを目的とした。

Ⅱ．方　法

1．調査協力者

　対象者は北海道に在住する20歳～44歳（31.1 ± 7.7）の ASD 女性で、自記式調査が可能な者とした。診断名は、診断時期を考慮し、自閉症、小児自閉症、高機能自閉症、アスペルガー障害、アスペルガー症候群、広汎性発達障害のいずれかの診断を受けた者とした。調査協力は道内の関連機関に協力依頼ポスターの掲示を依頼し、調査協力の得られた対象者には調査票一式（研究協力依頼書、調査票、同意書、インタビュー調査協力回答書、返信用の封筒）を配布した。

2．データ収集方法

(1) PMS に関する自記式調査

　PMS に関する調査票は、Steiner ら（2003）の The premenstrual symptoms screening tool（PSST）を参考に「月経前の症状」18項目、「日常生活への影響」5項目の23項目とし、「月経前の症状」18項目の内訳は、「精神症状」4項目と「食欲や身体症状に関する項目」14項目とした。PMS の判定は、症状を「1．なし」、「2．少しある」、「3．ある」、「4．とても強くある」の4件法とし、その際、調査する症状が月経前特有のものであることを捉えるために、調査票には「月経の1週間くらい前から始まるが普段より強くなり、月経が始まると2～3日で消失する症状」と記した。

　PSST では「無症状～軽度」、「中度～重度の PMS」、「PMDD」の3段階の判定が可能となるが、本調査では、『PMS リスク群』と『非 PMS リスク群』の2段階の判定とした。その理由として、本来、PMS の判断には、本人による2周期以上の症状を前方視的に評価することが適切で、周期的・反復的な即時記録が不可欠である（甲斐村・上田，2014）。今回の調査は、後方視的評価であり、基礎体温表などの即時記録を用いていないことから、重症度の判断は、「中度から重度の PMS」に該当するものを『PMS リスク群』、「無症状から軽度」に該当するものを『非 PMS 群』とした。

　『PMS リスク群』の判定は、「精神症状」4項目のうち、少なくとも1項目が「3．ある」か「4．とても強くある」、「食欲や身体症状に関する項目」14項目のうち、4項目以上が「3．ある」か「4．とても強くある」、「日常生活への影響」5項目のうち1項目が「3．ある」か「4．とても強くある」に該当する者とした。

　PMS の重症型である PMDD は「精神症状」4項目のうち、少なくとも1項目が「4．とても強くある」に該当し、「食欲や身体症状に関する項目」14項目のうち、4項目以上が「3．ある」か「4．とても強くある」、「日常生活への影響」5項目のうち1項目が「4．とても強くある」に該当する場合に判定されるが、PMDD と判定するには社会的、経済的能力の明確な障害が基準となる。本調査での断定は困難であることから、『PMS リスク群』に統一した。

　23の質問項目の内的整合性は、クロンバックの α 係数（α 係数 0.943）を算出した。

(2) 健康行動の評価

　健康行動の評価には、森本の健康習慣指数（Health Practice Index, HPI）を参考に用いた。HPI は、ライフスタイルを日常生活習慣として運動習慣、喫煙習慣、飲酒習慣、睡眠時間、栄養バランス、朝食摂取の有無、労働時間、自覚的ストレス量の8項目を2段階（はい＝1、いいえ＝0）であるが、より詳細に把握するために、3段階（はい＝3～いいえ＝1）の合計24点とし、点数が高いほど健康的生活習慣とする。

(3) QOL に関する評価

　QOL の評価には、WHOQOL26 を用いた（中根・田崎，2015）。WHOQOL26 では、生活の質を「個人が生活する文化や価値観の中で、目標や期待、基準および関心に関わる自分自身の人生の状況についての認識」と定義し、QOL を身体的領域、心理的領域、社会的関係、環境領域の4領域24項目と QOL 全体2項目を足した26項目から評価する。過去2週間の生活を「1．まったくない（まったく不満、まったく悪い）」から「5．非常に満足、非常に良い」を1～5点で評価する。

　身体的領域は①痛みや不快での制限、②医薬品と医療への依存（逆転項目）、③生活への活力④移動能力、⑤睡眠と休養、⑥日常生活動作、⑦仕事の能力の7問（35点満点）、心理的領域は①肯定的感情、②精神性・宗教・信念、③施行・学習・記憶・集中力、④ボディ・イメージ⑤自己評価、⑥否定的感情の6問（30点）、社会的関係は①人間関係、②性的活動、③社会的支えの3問（15点）、環境領域は①自由・安全と治安、②生活圏の環境、③金銭関係、④新しい情報・技術の獲得の機会、⑤余暇活動への参加と機会、⑥居住環境、⑦健康と社会的ケア：利用しやすさと質、⑧交通手段の8問（40点）、QOL 全般は2問（10点）で、

各領域得点は設問数で割り、最後に総和を 26 で割り QOL の平均点を算出する。点数が高いほど生活の質は高く、自身の人生の状況に満足していると捉える。

3．分析方法

PMS に関する調査表の結果から、『PMS リスク群』と『非 PMS 群』に分類し、2 群の比較には、データの性質に応じて t 検定、カイ二乗検定、Mann-Whitney U 検定を用いた。データ解析には統計パッケージ SPSS Statistics Version22、R［v4.0.2, Vienna, Austria］を使用し、有意水準は両側 5％とした。

4．倫理的配慮

研究にあたり、対象者に対して研究目的、方法、自発的な意思による参加、辞退の権利保障、匿名化、守秘義務の遵守、結果の公表について文書にて説明し、同意書をもって同意を得た。なお、本研究は札幌医科大学倫理委員会の承認を得て実施した（承認番号 29-2-61）。

Ⅲ．結　果

1．対象者の概要（表 1）

調査票は 206 名に配布し、81 名（39.3％）の協力を得られた。支援者による回答、無回答が質問項目の 2 分の 1 以上は無効とし、78 部を有効回答とした（有効回答率 96.2％）。

対象者の平均年齢は 31.07 ± 7.7 歳、BMI は 23.39 ± 7.8 で普通体重であった。初経は 11 〜 12 歳が 46 名（59.0％）で、13 〜 15 歳 24 名（30.8％）と合わせると、70 名（89.8％）であった。月経前の気分の変化を自覚する者は 70 名（89.7％）で、月経周期は規則的と回答した者は 51 名（65.4％）、不規則と回答したものは 27 名（34.6％）であった。婦人科受診歴は 47 名（60.3％）であった。PMS の知識は、知っている者が 52 名（66.7％）、そのうち対処している者は 24 名（46.2％）で、何もしていない者は 28 名（53.8％）であった。61 名（78.2％）は家族と生活しており、61 名（78.2％）が未婚であった。

2．PMS リスク群の発症率と身体特性（表 2）

PMS に関する自記式調査において、中等度から重度の『PMS リスク群』に該当した者は 54 名（69.2％）、軽度から無症状の『非 PMS 群』に該当した者は 24

表 1　対象者の概要　n＝78

項目		n	（%）
年齢	平均±標準偏差	31.1 ± 7.7	
	未回答	1	（1.2）
BMI		23.4 ± 7.8	
初経年齢	10 歳以下	6	（7.7）
	11-12 歳	46	（59.0）
	13-15 歳	24	（30.8）
	16 歳以上	1	（1.3）
	不明	1	（1.3）
月経前の気分の変化	あり	70	（89.7）
	あり	8	（10.3）
月経周期	規則的	51	（65.4）
	不規則	28	（35.9）
婦人科受診歴	あり	47	（60.3）
	なし	31	（39.7）
PMS 知識	知っている	52	（66.7）
	対処している	24	（46.2）
	なにもしていない	28	（53.8）
	知らない	26	（33.3）
くらし	一人暮らし	12	（15.4）
	家族と	61	（78.2）
	グループホーム	4	（5.1）
	その他（同居人）	1	（1.3）
婚姻経験	あり	15	（19.2）
	なし	61	（78.2）
	無回答	2	（2.6）

名（30.8％）であった。また、今回は後方視的な調査であり分析は行わなかったが、PMS リスク群のうち PMDD の基準を満たしたものは 31 名（55.6％）であった。

『PMS リスク群』と『非 PMS 群』の 2 群間の身体特性は、いずれも有意差は認められなかった。

3．PMS リスク判定別　月経前症状の出現頻度（表 3）

月経の 1 週間くらい前から始まるが普段より強くなり、月経が始まると 2 〜 3 日で消失する症状の出現頻度を、『PMS リスク群』と『非 PMS リスク群』とで比較した。表 3 に示した数値は、症状が「3．あった」、「4．とても強くあった」と回答した人数の割合であり、PMS の判定基準に影響しない「2．少しあった」を除外した。

『PMS リスク群』で訴える割合が最も高い症状は「精神症状」で、中でも「イライラする／怒りっぽい」は、54 名中 50 名（92.6％）、「うつっぽい／落ち込みやすい」は 46 名（85.2％）、「なんとなく不安／緊張

125

表2　PMS リスク群の発症率と身体特性

項目	PMS リスク群（n=54） （平均±標準偏差）	非 PMS 群（n=24） （平均±標準偏差）
年齢（歳）	31.2 ± 7.0	30.3 ± 8.0
身長（cm）	157.9 ± 4.8	156.6 ± 4.8
体重（kg）	61.3 ± 11.0	56.4 ± 6.4
BMI	24.1 ± 5.7	21.7 ± 2.2

表3　PMS リスク判定別　月経前症状出現頻度

調査票の項目	症状	PMS リスク群（n=54）	非 PMS 群（n=24）	p
精神症状4項目	うつっぽい／落ち込みやすい	46（85.2%）	8（33.3%）	**
	なんとなく不安／緊張感	41（75.9%）	1（4.2%）	**
	涙もろくなる／情緒不安定	37（68.5%）	0（0.0%）	**
	イライラする／怒りっぽい	50（92.6%）	4（16.7%）	**
食欲や身体症状に関する14項目	感情をコントロールできない	41（75.9%）	3（12.5%）	**
	勉強や仕事が手につかない	23（42.6%）	2（8.3%）	*
	家事ができない	25（46.3%）	2（8.3%）	**
	日常生活に意欲がわかない	29（53.7%）	4（16.7%）	*
	集中力がない	30（55.6%）	8（33.3%）	
	だるい／全身倦怠感	40（74.1%）	7（29.2%）	**
	食欲亢進／甘いものが食べたい	38（70.4%）	8（33.3%）	*
	眠れない	14（25.9%）	2（8.3%）	
	とにかく眠い	33（61.1%）	11（45.8%）	
	胸の張り・痛み	17（31.5%）	4（16.7%）	
	腹痛・腰痛	37（68.5%）	9（37.5%）	*
	筋肉痛・関節痛	13（24.1%）	0（0.0%）	
	おなかが張る	23（42.6%）	5（20.8%）	
	体重増加・むくみ	20（37.0%）	3（12.5%）	*
日常生活への影響5項目	家族や恋人との関係	36（66.7%）	1（4.2%）	**
	勉強や仕事の効率	35（64.8%）	3（12.5%）	**
	家事全般	32（59.3%）	3（12.5%）	**
	趣味や余暇といった活動	32（59.3%）	1（4.2%）	**
	学校や職場での人間関係	29（53.7%）	3（12.5%）	*

数値は「3．あった」「4．とても強くあった」と回答した人数（%）　** $p<0.01$　* $p<0.05$

感」は41名（75.9%）、「涙もろくなる／情緒不安定」は37名（68.5%）であった。いずれも『非 PMS リスク群』と比べ有意に出現率が高い結果であった。

「食欲その他の身体症状」に関する14項目では、「食欲や身体症状」に関する項目14項目では、「感情をコントロールできない」41名（75.9%）、「勉強や仕事が手につかない」23名（42.6%）、「家事ができない」25名（46.3%）、「日常生活に意欲がわかない」29名（53.7%）、「食欲亢進／甘いものが食べたい」38名（70.4%）、「腹痛／腰痛」37名（68.5%）の7項目で『PMS リスク群』で有意に出現率が高かった。

「日常生活への影響」では、「家族や恋人との関係」36名（66.7%）、「勉強や仕事の効率」35名（64.8%）、

「家事全般」32名（59.3%）、「趣味や余暇といった活動」32名（59.3%）、「学校や職場での人間関係」29名（53.7%）の5項目すべてにおいて『非 PMS 群』と比べ有意に出現率が高い結果であった。

PMS 尺度得点の平均値は（表4）、『PMS リスク群』と『非 PMS 群』の各項目間は、すべての項目において有意差が認められた。

4．健康行動（HPI）（表5，表6）

HPI の中央値は、『PMS リスク群』16（9-24）、『非 PMS 群』19（14-24）で『非 PMS 群』の方が高く、平均値は『PMS リスク群』17.7（±2.9）、『非 PMS 群』18.8（±3.2）で、有意差が認められ（$p<0.01$）、『非

表 4　尺度得点の平均値

	満点	PMS リスク群 (n=54)	非 PMS 群 (n=24)	p
総得点	92	62.7 ± 12.6	35.9 ± 8.8	**
精神症状	20	12 ± 3.1	7.9 ± 4.2	**
食欲その他の身体症状	52	35.0 ± 8.6	24.4 ± 8.1	**
日常生活動作	20	13.5 ± 4.4	8.4 ± 4.2	**

** p＜0.01　* p＜0.05

表 5　HPI 得点の比較

	PMS リスク群 n=54	非 PMS リスク群 n=24	p
HPI 得点	17.7 ± 2.9	18.8 ± 3.2	**

** p＜0.01

表 6　HPI 項目ごとの比較

		PMS リスク群 (n=54)	非 PMS 群 (n=24)	p
朝食摂取	はい	37 (68.5%)	16 (67%)	
	いいえ	9 (16.7%)	2 (8.3%)	
睡眠時間	はい	25 (48.1%)	10 (41.6%)	
	いいえ	9 (16.7%)	5 (20.8%)	
栄養バランス	はい	19 (35.2%)	10 (41.6%)	
	いいえ	15 (27.8%)	1 (4.2%)	
喫煙習慣	はい	46 (85.2%)	23 (95.8%)	
	いいえ	7 (13.0%)	9 (37.5%)	
運動習慣	はい	12 (22.2%)	6 (25.0%)	
	いいえ	21 (38.9%)	3 (12.5%)	
飲酒習慣	はい	48 (88.9%)	20 (83.3%)	
	いいえ	3 (5.6%)	3 (12.5%)	
労働時間	はい	15 (27.8%)	13 (54.2%)	
	いいえ	16 (30%)	4 (16.7%)	
自覚的ストレス	はい	5 (9.3%)	7 (29.2%)	
	いいえ	38 (70.4%)	6 (25.0%)	*

* p＜0.05

PMS 群』は『PMS リスク群』よりも健康的生活習慣を身につけているという結果であった（表 5）。各項目別では、8 項目のうち運動習慣、喫煙習慣、栄養バランス、朝食摂取の有無、労働時間、自覚的ストレス量の 6 項目において『非 PMS 群』の得点が高く、特に「ストレスは多くない」に「いいえ」と回答した者は『PMS リスク群』で 70.4％、『非 PMS 群』は 25.0％であり、2 群間に有意差が認められた（p＜0.05）（表 6）。

5. QOL 各領域の 2 群間比較（表 7）と PMS 得点との関連

　QOL 各領域の得点を『PMS リスク群』と『非 PMS 群』とで比較した。すべての項目において、『PMS リスク群』が『非 PMS 群』よりも低値を示し、QOL 全体の得点は『非 PMS 群』の方が有意に高い得点であった（表 7）。

　ASD 女性 78 名の PMS 得点は、QOL の身体的領域と QOL 全体得点との間に有意な負の相関を示した。

Ⅳ. 考　察

　本研究では、PMS スクリーニング尺度を用いて、ASD 女性を『PMS リスク群』と『非 PMS 群』に分類し、PMS リスクの発症率、頻度、QOL、健康行動について比較した。その結果、ASD 女性の多くが月経前症状を自覚し、生活上の支障を伴う中等度以上のPMS の可能性が高いことが明らかとなった。以下にASD の疾患特性と PMS との関連、PMS 発症リスク要因について考察を加える。

1. ASD 女性の特性と PMS の頻度との関連

　PSST を用いた一般女性を対象とした PMS の頻度

表7　WHO-QOL26　各領域の2群間比較

領域	PMSリスク群 (n=54)	非PMS群 (n=24)	p
身体的領域	2.80 ± 0.70	3.24 ± 0.65	
心理的領域	2.61 ± 0.70	2.99 ± 0.76	
環境領域	3.13 ± 0.66	3.21 ± 0.58	
社会的関係	2.96 ± 0.35	3.10 ± 0.56	
QOL全体	2.87 ± 0.55	3.15 ± 0.56	*

* $p < 0.05$

に関する先行研究では、Steiner らが18～55歳の女性519名を対象として20.7％、甲村（2011）が18～22歳の女性530名を対象とし20.4％、秋元ら（2009）が20～45歳の女性327名を対象とし17.5％と、概ね対象の2割に相当することを示した。しかし、本研究では、対象であるASD女性の69.2％が中等度以上のPMSに該当する可能性を示し、ASD女性はPMS症状を発症しやすい傾向が伺われた。本研究と先行研究とでは、対象数、年齢、生活背景が異なることから、一概に数値のみを比較することはできないが、ASD女性は月経前症状が重症化しやすいとした先行研究（津田ら，2016；矢田，2017；Hamilton et al., 2011；Burke et al., 2010）を裏づける結果が示された。さらに、本研究は本人調査であることから、ASD女性においてもPMS症状が明確に自覚されていることを示す結果であった。国府田ら（2012）の研究では、PMSの自覚症状があり受診行動を行った女性の方が日常生活における生活習慣やストレスマネージメントに取り組み、さまざまな支援を利用する傾向にあることを報告している。そのため、PMSの症状を自覚するASD女性を対象にした、ASDの特性を考慮した生活習慣改善プログラムなどがあれば、セルフマネジメントにつながるなど有効な支援の1つとなる可能性がある。

　本研究結果はPMSの臨床診断に基づいたものではなくあくまでも調査票による症状の把握であるため、結果の解釈には慎重さが求められる。本研究ではPMS症状の診断における、「月経前3～10日の間続く精神的あるいは身体的症状で、月経の発来とともに減退ないし消失するものをいう」という定義に沿うように、月経の1週間くらい前から始まるが普段より強くなり、月経が始まると2～3日で消失する症状について回答を求めており、一定の妥当性を担保できていると考えている。

2. PMS症状の出現頻度とASD特性との関連

　ASD者は感覚特性による身体情報の受容や処理に困難があり（綾屋，2008）、それらは生活への適応を難しくする要因となっていることが指摘されている。そのため、それらの感覚刺激への適応困難がPMSの代表的な症状である腰痛や腹痛、乳房痛などの痛覚に影響し「身体症状」に強い訴えが生じることを予測したが、本研究結果では『PMSリスク群』においては精神症状を訴える対象が多い傾向にあった。このことはASDで生じる感覚刺激への適応困難が身体的に生じる痛みや違和感を増強するものではなく、むしろその状況に対する精神的な耐性に影響する可能性を示していることも考えられる。ASDの感覚刺激への適応困難の原因は明確に解明されていないものの、中枢性統合（Castelli et al., 2002）や実行機能の問題との関連（Happe, 1999）が指摘されている。これらの理論では入力された感覚刺激を統合して意味づける際の問題や、その刺激に対する行動を調整する機能の問題が関連していることが推測されているが、今回の結果ではPMSに該当した対象者約7割のうち、半数以上（55.6％）は、「精神症状」と「日常生活への影響」の項目において、「とても強くある」と回答していることから、身体的な深い情報を統合して一定の精神的安定を保つことや生活活動を適切に遂行することへの困難さを誘発していることも考えられた。

　しかし、PMSやPMDDの症状は、障害起因した症状の単なる増悪とは異なることが示されているが（DSM-5）、今回の結果からはASD症状がPMS症状に何らかの影響をおよぼす可能性も伺われ、ASD症状を踏まえたPMSやPMDDの診断と治療が必要といえる。そのためには、月経前に自覚する症状と精神科的併存症、感覚処理特性、ASD重症度などとの関連を丁寧に調査し、PMSとの関連要因を詳細に明らかにする必要性がある。

3. PMSの発症リスクと関連要因

（1）健康行動（HPI）

　健康的生活習慣について両群を比較したところ、『PMSリスク群』と『非PMS群』には総合得点で有意差が認められ、非PMS群で健康生活習慣が身についており、項目では「自覚的ストレス量」がPMSリスク群の方が高いという結果であった。先行研究においても、ストレスはPMSの関連要因であることが示されており（秋元他，2009）、本調査においても、同様の結果が得られた。健康的な生活習慣は、PMSの

みならず月経困難症、更年期障害などの症状改善に有用で（甲斐村，2014；後山，2007）、女性の QOL を左右する重要因子である（甲斐，2015）。そのため、PMS のリスクのある女性は、ストレス・コーピングなど、PMS 症状の対処法のセルフマネジメント力をつけていくことが必要である。

　女性は、月経、更年期、出産と、さまざまなライフステージでホルモンの影響を受けるため、健康的な生活行動を長期に渡り維持することが大切である。今回、対象者は、平均年齢が 30 代前半であり、今後、妊娠による月経停止がない場合、閉経までの 10 年以上の期間、毎月のようにホルモン変動が生じることになる。女性は 40 代後半に、エストロゲンの大きな変動が控えていることから、更年期障害などによる影響も懸念され、生活習慣改善は女性の健康に欠かせない。厚生労働省では、女性の健康づくりとして、女性の健康推進室ヘルスケアラボを立ち上げ、自身の体を熟知し、健康行動を意識した生活様式を推奨している。ASD 女性においても、必要不可欠といえる。

　しかしながら、ASD 女性の健康に注目したプログラムや ASD 女性の、男性とは異なる特性についても、周知されたものが見当たらない。PMS リスクの割合が高い ASD 女性の多くが、自身の健康についての意識と知識をもち、PMS 症状などホルモン変動に伴う症状による影響を最小限にできるような取り組みが必要といえる。

(2) QOL

　先行研究では、ASD 者の QOL は一般成人と比較し有意に低いことが報告され、その要因として、診断やサポートなどの環境要因の影響があることを明らかにしている（神尾，2014）。本調査では、ASD 女性の PMS 得点と QOL（身体的領域・QOL 全体）の間に、有意な負の相関を示し、『PMS リスク群』と『非PMS 群』を QOL 項目ごとに比較すると、QOL 全体で有意差が認められた。この結果から、PMS リスク状態が、ASD 女性の QOL と関連する可能性が示唆された。PMDD と QOL に関する先行研究では（Yang et al, 2008）、PMDD が QOL の身体面、心理面の両面に影響するとし、精神的、肉体的負担は、生活の質を低下させることを明らかにしている。以上のことから、QOL が低い傾向にある ASD 女性においては、十分支援が得られない中での PMS 症状の出現は、自身によりそれに対応する健康生活習慣が確立され難く、さらに QOL 全体を低下させる可能性が示唆された。

　PMS や PMDD などの代表的な症状改善の方法とし

て、薬物療法やホルモン療法があげられるが、PMS の理解、症状日記の記録、発症時期や重症度の認識、規則的な生活習慣などが重要である。正しい知識に基づいた対処行動による効果は大きく、PMS の症状改善だけでなく、自己効力感を高めることが示唆されている（厚生労働省，1999）。ASD 女性に対しても、PMS に対する確かな知識をもち、精神的、肉体的な苦痛が緩和されることで、QOL 向上が見込める可能性が示唆された。

　ASD 女性は男性と比較し、障害の見えにくさがあり（砂川，2015）、介入や診断の遅れ、それによる併存症の悪化が指摘されるなど、ASD 特性への支援の遅れが QOL に影響する可能性がある。しかし同時に、ASD 女性は、障害特性のみならず、PMS リスクの高さが QOL と関連する可能性があることから、すべての ASD 女性が健康的な日常生活を送り、QOL を向上できるよう、長期的で継続的な取り組みの検討が必要である。

4.　総合考察

　本研究にて、ASD 女性は PMS のリスクが高いことが明らかとなり、QOL やストレス量の増加など健康行動との関連が示唆された。ホルモン変動は、女性の各ライフサイクルに関係するなど、長期に渡りASD 女性の生活に影響を及ぼす可能性がある。しかし、PMS 同様、ASD 女性が直面するであろう更年期の問題ついても、研究は不十分である（Rachel et al, 2020）。そのため、ASD 女性の健康を促進し、QOLを維持・向上させるためには、PMS のみならず、女性のホルモンの影響に対する理解と ASD 女性の障害特性の両面を考慮した支援の検討が不可欠といえる。

　また、ASD 女性の QOL には、本人のみならず、ASD 女性を取り巻く周囲の知識と理解が欠かせない。周囲の理解は環境調整を可能とし、ASD 女性のセルフケア能力の発揮や向上、それに伴う自己肯定感を高めることが期待できる。障害と共存しながらも健康的な生活を長く送れるよう、早急にその実態と関連要因の調査および介入に向けての検討が必要といえる。

5.　研究の限界

　本研究は、研究協力の意思表明のなされた一部の地域の ASD 女性を対象とした自記式調査である。したがって、医療や福祉の介入がなされている ASD 女性が対象となり、ASD 女性の一般化には限界がある。また、今回は、ASD 女性の PMS リスクの実態を調

査することを目的としており、症状の有無とその程度や頻度は、調査票の項目から把握できるのみであった。今後はより詳細な調査により、ASD 女性の特性とPMS の関係、生活への影響を明らかにする必要がある。

また、今回、PMS と PMDD の診断に関わる 2 周期以上の前方視的な即時記録が不足した。そのため、PMS や PMDD の判定はできず、PMS リスクの有無による郡間比較に留まった。今後は本人による周期的な記録をもとに、ASD 女性の PMS、PMDD の頻度を明らかにし、本人の語りなどから ASD 女性の PMS 症状と障害特性との関連要因および、生活への影響とそれらへの対処法を検討し、ASD 女性の健康についての知見を得る必要がある。

V. 結　論

本研究では、ASD 女性を対象とした PMS リスクと健康行動、QOL の関連について調査した。その結果、ASD 女性は PMS や PMDD のリスクが高く、その影響による QOL の低下など、日常生活に支障が生じている可能性がある。また、ASD 女性の健康的生活習慣は、PMS リスクと関連することが明らかとなったが、発症率と感覚過敏などの ASD 特性との関連は明らかにできなかった。今後は、精神科的併存症や感覚処理特性、ASD 重症度などとの関連要因を明らかにし、ASD 女性の QOL 向上にむけた長期的で継続的な取り組みの必要性が示された。

謝辞：本研究にあたりご協力いただきました対象者ならびに関連機関の皆様に心より感謝申し上げます。なお、本研究に関連して開示すべき利益相反に該当する事項はありません。

〈文　献〉

American College of Obstetricians and Gynecologsts（2014）Premenstrual syndrome. Guidelines for Women's Health Care: A Resource Manual（4th ed.）. pp.607-613.

American Psychiatric Association（2013）Dignostic and Statistical Manuai of Mental Disorder（5th ed.）. Arlington, VA: American Psychiatric publishing.（高橋三郎・大野　裕監訳（2014）DSM-5　精神疾患の診断・統計マニュアル. 医学書院, pp.49-57.）

綾屋紗月（2008）体の内側の声を聴く　おなかがすいているのかな. 綾月紗月・熊谷晋一郎（共著）発達障害当事者研究―ゆっくりていねいにつながりたい. 医学書院, pp.13-54.

Burke, L. M., Kalpartjian, C. Z., Smith, Y. R. et al.（2010）Gynecologic issues of adolescents with down syndrome, autism, and cerebral palsy. Journal of Pediatric and Adolescent Gynecology, 23, 11-15.

Castelli, F., Frith, C., Happe, F. et al.（2002）Autism asperger syndrome and brain mechantheisms for the attribution of mental states to animated shapes. Journal of Neurology, 125（8）, 1839-1849

College of Obstetricians and Gynecologsts（2014）Premenstrual syndrome. Guidelines for Women's Health Care: A Resource Manual（4th ed.）. pp.607-613.

Happe, F.（1999）Autism: cognitive deficit or cognitive style? Trends in Cognitive Sciences, 3（6）, 216-222.

Hamilton, A, Marshal, M. P., Murray, P. J.（2011）Autism spectrum disorders and menstruation. Journal of Adolescent Health ,49, 443-445.

石飛　信・萩野和雄・高橋秀俊他（2016）自閉スペクト候群、月経前不快気分障害の女性の臨床的特徴とストラム症. 臨床精神医学, 45（2）, 129-133.

甲斐村美智子・上田公代（2014）若年女性における月経附違反症状と関連要因が QOL へ及ぼす影響. 女性心医学, 18（3）, 412-421.

神尾陽子（2014）自閉スペクトラム症の長期予後. 臨床精神医学, 43（10）, 1465-1468.

国府田千沙・高橋瑞穂・国府田きよ子他（2012）PMS 患者と一般成熟期女性における月経前症状および生活習慣の比較. 女性心身医学, 17（1）, 112-120.

甲村弘子（2011）若年女性における月経前（PMS）症候群の実態に関する研究. 大阪樟蔭女子大学研究紀要, 2, 223-227.

森本兼曩（2000）ライフスタイルと健康. 日本衛生學雑誌, 54（4）, 572-591.

Rachel, L. M., Tanya, D., Julia, M, T.（2020）When my autism broke: A qualitative study spotlighting autistic voices on menopause. Ausism, 1（15）, 1423-1437.

津田聡子・北尾真梨・高田　哲（2016）障害のある
　思春期女子の月経と月経随伴症状に関する研究—
　保護者の認識による一考察．日本小児看護学会誌,
　25(3), 55-61.

後山尚久（2007）QOL からみた医療と漢方療法．産
　婦人科治療, 95(6), 555-559.

山本英典・加藤進昌（2011）性差と自閉症．精神医
　学, 40(2), 153-160.

Yang, M., Wallenstein, G., Hagan, M. et al.（2002）
　Burden of premenstrual dysphoric disorder on
　health related quality of life. Journal of Women's
　Health, 17, 113-121.

矢田（橋本）奈美子（2017）知的障害または発達障害
　を伴う女児および若年女性の月経異常等に関する検
　討．産婦人科の進歩, 69(3), 245-252.

Survey on premenstrual syndrome's risk in women with autism spectrum disorder

Takako Noda（Sunagawa City Medical Center Attached Nursing College）
Yasuhito Sengoku（Sapporo Medical University）

Abstract: Women with autism spectrum disorder（ASD）have a higher rate of premenstrual syndrome（PMS）than women with intellectual disabilities or Down's syndrome, although the actual situation is unclear. Women with ASD（N = 78; age range 20-44 years）were asked to complete a self-administered questionnaire to assess their PMS risk. The results indicated that women with ASD were more likely to be at risk of PMS and have more severe psychological symptoms. Moreover, there was an association between the overall PMS score and ASD women's quality of life. These findings suggest the essential need for ongoing support by considering the effects of hormonal changes associated with menstruation to maintain the health of ASD women.

Key Words: autism spectrum disorder, women, PMS risk, quality of life, factual investigation

事務局報告（令和3年度前半）

※敬称略

20周年記念誌編集会議の開催

場所：オンラインにて実施

日時：令和3年1月31日（日）10時半〜12時

出席者：石坂務・板垣裕彦・梅原泰代・大久保道子・是枝喜代治・高村哲郎・寺山千代子・東條吉邦・砥柄敬三・
中山幸夫・計野浩一郎・長谷川安佐子・平野敏恵・水野浩・山田登美子

報告：これまでの経過報告、原稿の集まりの状況、目次・内容の確認、校正を各委員に分担、出来上がりの予定など

資格認定委員会の開催

場所：オンラインにて実施

日時：令和3年3月13日　10時〜11時

出席者：五十嵐一枝・石井正子・岡潔・柿沼美紀・高村哲郎・多田裕夫・寺山千代子・砥柄敬三・中山幸夫・仁平
説子・計野浩一郎・長谷川安佐子・平野敏恵・星井純子・前田宣子・山田登美子

1）議事

（1）自閉症スペクトラム支援士・ASサポーター資格審査

（2）令和3年度資格認定講座予定

（3）第19回研究大会（オンライン）について

（4）その他

2）報告

（1）オンラインによるASサポーターの実習について

（2）「世界自閉症啓発デー」令和3年4月2日（金）に共催

（3）「発達障害啓発週間」令和3年4月2日（金）〜4月8日（木）

（4）その他

編集委員会の開催

場所：オンラインにて実施

日時：令和3年3月13日　11時〜12時

出席者：安達潤・五十嵐一枝・石坂務・伊藤久志・伊藤政之・稲田尚子・井上雅彦・岡村章司・柿沼美紀・河村優
詞・近藤裕彦・楯誠・寺山千代子・東條吉邦・平澤紀子・平野敏恵・本田秀夫・前田宣子・柳澤亜希子・
立石哲郎（金剛出版）

1）議事

（1）編集方針についての確認と課題について

（2）投稿規定について

（3）査読進行表について

（4）その他

理事会・評議員会の開催

場所：オンラインにて実施

日時：令和3年3月13日　13時半〜15時半

出席者：安達潤・五十嵐一枝・市川宏伸・伊藤政之・井上雅彦・太田篤志・大屋滋・柿沼美紀・川﨑葉子・近藤裕

彦・坂井聡・楯誠・田中康雄・辻川圭乃・寺山千代子・東條吉邦・砥柄敬三・計野浩一郎・平野敏恵・前田宣子・松瀬留美子・松本幸広・水野浩・柳澤亜希子・吉川徹

1）議事

（1）2020 年度活動報告／ 2021 年度活動予定

（2）2020 年度途中決算／ 2021 年度予算（案）

（3）3 月資格認定について

（4）その他

2）報告

（1）第 19 回研究大会（オンライン）について

（2）選挙管理委員会発足、6 月の理事・監事選挙について

（3）20 周年記念誌について

（4）「世界自閉症啓発デー」「発達障害啓発週間」

（5）その他

第 19 回研究大会実行委員会の開催

場所：オンラインにて実施

日時：令和 3 年 3 月 13 日　16 時〜

出席者：安達潤・市川宏伸・井上雅彦・近藤裕彦・本田秀夫・吉川徹・長谷川安佐子・水野浩

議事

（1）大会日時について

（2）大会テーマについて

（3）大会の内容について

20 周年記念誌の刊行

刊行日：令和 3 年 3 月 20 日

令和 3 年 5 月より順次発送

北陸支部第 14 回資格認定講座（オンラインにて実施）

《5 月 22 日（土）1 日目》

【講座 1　領域：教育】

9：00 〜 10：30　西村優紀美「自閉スペクトラム症の大学生に対するコミュニケーション支援」

【講座 2　領域：医療】

11：00 〜 12：30　宮一志「自閉症スペクトラムの薬物療法と適応の目安」

【講座 3　領域：関連】

13：30 〜 15：00　寺山洋一「これからの労働問題の展開」

《5 月 23 日（土）2 日目》

【講座 4　領域：医療】

9：00 〜 10：30　平谷美智夫「自閉症スペクトラムの併存症（ADHD・LD）および身体合併症」

【講座 5　領域：心理】

11：00 〜 12：30　大井学「こどもの語用障害の理解と対応」

【講座 6　領域：アセスメント】

13：30 〜 15：00　近藤裕彦「発達支援に有効なアセスメント」

選挙管理委員会の開催

　場所：オンラインにて実施

　日時：令和 3 年 5 月 22 日 16 時〜 17 時

　議事

　（1）選挙実施に向けての確認

　（2）その他

理事・監事選挙開票作業

　場所：学会本部事務局

　日時：令和 3 年 6 月 12 日　9 時〜 16 時

　出席者：石坂務・伊藤政之・大隈絋子・佐久間隆介・寺山千代子・東條吉邦・計野浩一郎・長谷川安佐子・松井賢仁

東海支部第 13 回資格認定講座（オンラインにて実施）

《6 月 26 日（土）1 日目》

　【講座 1　領域：関連】

　　9：00 〜 10：30　石井正子「インクルーシブ保育における自閉症スペクトラム児のための配慮」

　【講座 2　領域：アセスメント】

　　11：00 〜 12：30　山本順大「学校現場で出会う子どもたち」

　【講座 3　領域：医療】

　　13：30 〜 15：00　小枝達也「自閉スペクトラム症の医療」

《6 月 27 日（日）2 日目》

　【講座 4　領域：教育】

　　9：00 〜 10：30　楯誠「自閉症スペクトラム幼児の言語面への働きかけ」

　【講座 5　領域：福祉】

　　11：00 〜 12：30　東真盛「その人らしく笑顔で暮らせるために」

　【講座 6　領域：心理】

　　13：30 〜 15：00　安達潤「ICF システムによるボトムアップ型支援連携の実際と心理的視点の大切さ」

『自閉症スペクトラム研究』編集規程および投稿規程 (2020 年 9 月 30 日改定)

編集規程

1. 本誌は日本自閉症スペクトラム学会の機関誌であり、医療、教育、福祉、司法など分野を問わず、自閉症スペクトラムに関連する領域の支援者にとって有用で質の高い情報を提供するものである。論文種別は、自閉症スペクトラムおよび関連領域の原著論文、総説、実践研究、資料、実践報告、調査報告である。なお、原著論文とは理論、臨床、事例、実験、調査などに関するオリジナリティの高い研究論文をいう。
2. 投稿の資格は本学会会員に限る。ただし、共著者および常任編集委員会による依頼原稿についてはその限りではない。
3. 投稿原稿は未公刊のものに限る。
4. 原稿掲載の採否および掲載順は編集委員会で決定する。編集にあたり、論文の種別の変更、および字句や図表などの修正を行うことがある。
5. 投稿規程に示した枚数を超過したもの、写真、色刷り図版など、印刷に特に費用を要するものは著者の負担とする。
6. 本誌に掲載された論文などの著作権は本学会に属する。
7. 実践内容や事例の記述に際しては、匿名性に十分配慮すること。
8. 研究は倫理基準に則り、対象者にインフォームド・コンセントを得るとともに、その旨を論文中に明示すること。
9. 当事者や家族などの近親者からの投稿について、研究発表の権利を保障するとともに、対象者の人権やプライバシーなどへの対処が必要とされる場合には、常任編集委員会で検討を行い、会長が判断する。

投稿規程

1. 原稿は原則としてワードプロセッサーを用い、A4 用紙 1,200 字に印字し、通しページを記す。本文・文献・図表・要旨をすべて含めた論文の刷り上がりは、8 頁（約 16,000 字）を上限とする。
2. 投稿の際は、元原稿とコピー 3 部に投稿票（投稿 1）。著者全員の投稿承諾書（投稿 2）を添えて提出すること。掲載決定後、テキスト形式で本文と図表（写真含む）を入れた電子媒体（CD-R、他）を提出する。原稿は原則として返却しない。
3. 原稿の句点は（。）、読点は（、）を用いる。
4. 図表は 1 枚ずつ裏に番号と天地を記し、図表の説明文は別の用紙に一括する。図表の挿入箇所は本文の欄外に、図○、表○と朱書きする。
5. 外国の人名、地名などの固有名詞は原則として原語を用いる。
6. 本文の冒頭に、和文要旨（624 字以内）を記載する。調査報告、実践報告以外の投稿区分においては和文要旨に加えて英文要旨と和訳を別の用紙に記載する。本文は、原則として、問題の所在および目的、方法、結果、考察、結論、文献の順に並べ、最後に表、図、図表の説明文を付す。
7. 本文中に引用されたすべての文献を、本文の最後に著者のアルファベット順に並べ、本文中には著者名と年号によって引用を表示する。

   文献欄の表記の形式は、雑誌の場合は、「著者名（発行年）題名．雑誌名，巻数（号数），開始ページ－終了ページ．」とし、単行本等からの部分的な引用の場合は、「引用部分の著者名（発行年）引用部分の題名．図書の著者名，または編者名（編）書名．発行社名，最初のページ－最終ページ．」とする。

   インターネット上の情報の引用はできるだけ避け、同一の資料が紙媒体でも存在する場合は、紙媒体のものを出典とすることを原則とする。ただし、インターネット上の情報を引用する場合には、その出典を明記するとともに、Web 上からの削除が予想されるので、必ずコピーをとって保管し、編集委員会からの請求があった場合、速やかに提出できるようにする。インターネット上の情報の引用は著者名（西暦年）資料題名．サイト名，アップロード日，URL（資料にアクセスした日）とする。

   本文中の引用では、筆者の姓、出版年を明記する。著者が 2 名の場合は、著者名の間に、和文では「・」を、欧文では「&」を入れる。3 名以上の場合は、筆頭著者の姓を書き、その他の著者名は「ら」（欧語の場合 "et al."）と略す。カッコ中に引用を列挙する場合は、引用順を文献欄の順に準ずる。

   ■文献欄の表記の例
   和文雑誌：
   中根　晃（2000）高機能自閉症の治療と学校精神保健からみた診断困難例．臨床精神医学, 29, 501-506.
   欧文雑誌：
   Klin, A., Volkmar, F. R., Sparrow, S. S. et al.（1995）Validity and neuropsychological characterization of asperger syndrome: Convergence with nonverbal learning disabilities syndrome. Journal of Child Psychology and Psychiatry, 36, 1127-1140.
   訳書のある欧文図書：
   Ornitz, E. M.（1989）Autism at the interface between sensory and information processing. In Dawson, G.（Ed.）Autism: Nature, Diagnosis, and Treatment. The Guilford Press, pp.174-207.（野村東助・清水康夫監訳（1994）自閉症—その本態, 診断および治療．日本文化科学社, pp.159-188.）

インターネットの資料：

中央教育審議会（2012）共生社会の形成に向けたインクルーシブ教育システム構築のための特別支援教育の推進（報告）．文部科学省, 2012 年 7 月 23 日, http://www.mext.go.jp/b_menu/shingi/chukyo/chukyo3/044/attach/1321669.htm（2020 年 6 月 15 日閲覧）．

The Japanese Association of Special Education（2010）Organization. The Japanese Association of Special Education, January 28, 2010, http://www.jase.jp/eng/organization.html（Retrieved October 9, 2010）.

■本文中の引用の例

…と報告されている（Bauman & Kemper, 1985 ; Dawson et al., 2002）。

吉田・佐藤（1996）および、中山ら（2002）によれば、…

8.　印刷の体裁は常任編集委員会に一任する。

9.　原稿送付先　〒 112-0005　東京都文京区水道 1-5-16　升本ビル

　　　　　　　金剛出版　「自閉症スペクトラム研究」編集部

　　　　　　　（電話 03-3815-6661　FAX 03-3818-6848　e-mail : ttateishi@kongoshuppan.co.jp）

「自閉症スペクトラム研究」投稿票

論文の種類：下記の中からひとつを選び、○で囲む

原著論文　　総説　　実践研究　　資料　　実践報告　　調査報告
その他（　　　　　　　　　　　　　）

論文の題名：＿＿＿＿＿＿＿＿＿＿＿＿＿＿＿＿＿＿＿＿＿＿＿＿＿＿＿＿＿＿
＿＿＿＿＿＿＿＿＿＿＿＿＿＿＿＿＿＿＿＿＿＿＿＿＿＿＿＿＿＿
＿＿＿＿＿＿＿＿＿＿＿＿＿＿＿＿＿＿＿＿＿＿＿＿＿＿＿＿＿＿

（英訳）：＿＿＿＿＿＿＿＿＿＿＿＿＿＿＿＿＿＿＿＿＿＿＿＿＿＿＿＿＿＿
＿＿＿＿＿＿＿＿＿＿＿＿＿＿＿＿＿＿＿＿＿＿＿＿＿＿＿＿＿＿
＿＿＿＿＿＿＿＿＿＿＿＿＿＿＿＿＿＿＿＿＿＿＿＿＿＿＿＿＿＿
＿＿＿＿＿＿＿＿＿＿＿＿＿＿＿＿＿＿＿＿＿＿＿＿＿＿＿＿＿＿

筆頭著者氏名：＿＿＿＿＿＿＿＿＿＿＿＿＿　　所属：＿＿＿＿＿＿＿＿＿＿＿＿＿＿＿＿＿
（英訳）：氏　名＿＿＿＿＿＿＿＿＿＿＿
　　　　所　属＿＿＿＿＿＿＿＿＿＿＿＿＿＿＿＿＿＿＿＿＿＿＿＿＿＿＿＿＿

共著者氏名　：＿＿＿＿＿＿＿＿＿＿＿＿＿　　所属：＿＿＿＿＿＿＿＿＿＿＿＿＿＿＿＿＿
（英訳）：氏　名＿＿＿＿＿＿＿＿＿＿＿
　　　　所　属＿＿＿＿＿＿＿＿＿＿＿＿＿＿＿＿＿＿＿＿＿＿＿＿＿＿＿＿＿

共著者氏名　：＿＿＿＿＿＿＿＿＿＿＿＿＿　　所属：＿＿＿＿＿＿＿＿＿＿＿＿＿＿＿＿＿
（英訳）：氏　名＿＿＿＿＿＿＿＿＿＿＿
　　　　所　属＿＿＿＿＿＿＿＿＿＿＿＿＿＿＿＿＿＿＿＿＿＿＿＿＿＿＿＿＿

共著者氏名　：＿＿＿＿＿＿＿＿＿＿＿＿＿　　所属：＿＿＿＿＿＿＿＿＿＿＿＿＿＿＿＿＿
（英訳）：氏　名＿＿＿＿＿＿＿＿＿＿＿
　　　　所　属＿＿＿＿＿＿＿＿＿＿＿＿＿＿＿＿＿＿＿＿＿＿＿＿＿＿＿＿＿

（足りない場合は別紙を使用する）

第 1 著者の住所：〒＿＿＿＿＿＿＿＿＿＿＿＿＿＿＿＿＿＿＿＿＿＿＿＿＿＿＿＿
　　　　　　いずれかに○印を付ける（**自宅・勤務先**）
　　　　　　TEL＿＿＿＿＿＿＿＿＿＿＿　　FAX＿＿＿＿＿＿＿＿＿＿＿
　　　　　　e-mail＿＿＿＿＿＿＿＿＿＿＿＿＿＿＿＿＿＿＿＿＿＿＿

キーワード（3 〜 5 語）：
（和文）①＿＿＿＿＿＿＿＿＿　②＿＿＿＿＿＿＿＿＿　③＿＿＿＿＿＿＿＿＿
　　　　④＿＿＿＿＿＿＿＿＿　⑤＿＿＿＿＿＿＿＿＿
（英訳）①＿＿＿＿＿＿＿＿＿＿＿＿＿　②＿＿＿＿＿＿＿＿＿＿＿＿＿
　　　　③＿＿＿＿＿＿＿＿＿＿＿＿＿　④＿＿＿＿＿＿＿＿＿＿＿＿＿
　　　　⑤＿＿＿＿＿＿＿＿＿＿＿＿＿

投 稿 承 諾 書

　下記の論文を「自閉症スペクトラム研究」に投稿いたします。本論文が掲載された場合、その著作権は日本自閉症スペクトラム学会に帰属することを承認いたします。なお、本論文は他紙に掲載済みのもの、あるいは掲載予定のものではありません。

筆頭著者：氏　名＿＿＿＿＿＿＿＿＿＿＿＿＿＿＿㊞
　　　　　所　属＿＿＿＿＿＿＿＿＿＿＿＿＿＿＿＿＿＿＿＿＿＿

論文の題名：＿＿＿＿＿＿＿＿＿＿＿＿＿＿＿＿＿＿＿＿＿＿＿＿＿＿＿＿＿＿＿＿＿＿＿＿
　　　　　　　＿＿＿＿＿＿＿＿＿＿＿＿＿＿＿＿＿＿＿＿＿＿＿＿＿＿＿＿＿＿＿＿＿

共 著 者：氏　名＿＿＿＿＿＿＿＿＿＿＿＿＿＿＿㊞
　　　　　所　属＿＿＿＿＿＿＿＿＿＿＿＿＿＿＿＿＿＿＿＿＿＿

共 著 者：氏　名＿＿＿＿＿＿＿＿＿＿＿＿＿＿＿㊞
　　　　　所　属＿＿＿＿＿＿＿＿＿＿＿＿＿＿＿＿＿＿＿＿＿＿

共 著 者：氏　名＿＿＿＿＿＿＿＿＿＿＿＿＿＿＿㊞
　　　　　所　属＿＿＿＿＿＿＿＿＿＿＿＿＿＿＿＿＿＿＿＿＿＿

共 著 者：氏　名＿＿＿＿＿＿＿＿＿＿＿＿＿＿＿㊞
　　　　　所　属＿＿＿＿＿＿＿＿＿＿＿＿＿＿＿＿＿＿＿＿＿＿

共 著 者：氏　名＿＿＿＿＿＿＿＿＿＿＿＿＿＿＿㊞
　　　　　所　属＿＿＿＿＿＿＿＿＿＿＿＿＿＿＿＿＿＿＿＿＿＿

共 著 者：氏　名＿＿＿＿＿＿＿＿＿＿＿＿＿＿＿㊞
　　　　　所　属＿＿＿＿＿＿＿＿＿＿＿＿＿＿＿＿＿＿＿＿＿＿

共 著 者：氏　名＿＿＿＿＿＿＿＿＿＿＿＿＿＿＿㊞
　　　　　所　属＿＿＿＿＿＿＿＿＿＿＿＿＿＿＿＿＿＿＿＿＿＿

　　　　　　　　　　　　　　　　　　　　＿＿＿＿＿年＿＿＿＿＿月＿＿＿＿＿日　提出

投稿論文の作成の手引き

1. 投稿された原稿は、査読の上で掲載の可否を決定する。また、掲載順は編集委員会が決定する。
   原稿の内容・表現の仕方などについて、専門家による校閲が行われるため、投稿者による検討により多少の変更が生じる場合がある。

2. 原稿は、ワードプロセッサーで作成するものとし、A4版横書きで作成する。本文の1ページ内の書式は24字×45行×2段（明朝体、欧文綴りや数字は半角）とする。ただし、表題入りページは下図のようにする。句読点は「、」「。」を使用する。原稿には通しページをつける。

3. 論文の分量は、原則として刷り上がり8ページ（図表、参考文献も含む）を上限とする。

4. 原稿の最初のページの表題部分は、①題目（ゴシック体15ポイント）、②著者名（ゴシック体9ポイント）、③所属（ゴシック体9ポイント）を日本語で記載する。また、①〜③についての英語表記（欧文書体8ポイント）を記載する。

5. 表題の下の『要旨』は624文字以内で記載し、またその下の『キーワード』は3〜5語で記載する。

6. 見出し（ゴシック体11ポイント）と小見出し（ゴシック体9ポイント）には、段落番号を以下の順番で振る。下位の段落番号は必要に応じて使用する。

　　　　見出し11ポイント　　　　　　　　以下小見出し9ポイント

7. 挿図がある場合は、図中の文字や数字が直接印刷できるように鮮明に作成する。図や表にはそれぞれに通し番号とタイトルをつけ、本文とは別に番号順に一括する。
   例：表1◇◇◇◇（表の上に記載　8ポイント　ゴシック体　表の幅で中央揃え）
   　　図1◇◇◇◇（図の下に記載　8ポイント　ゴシック体　図の幅で中央揃え）

8. 文献は、本文に用いられたもののみをあげ、著者のアルファベット順に本文の最後に一括記載する。

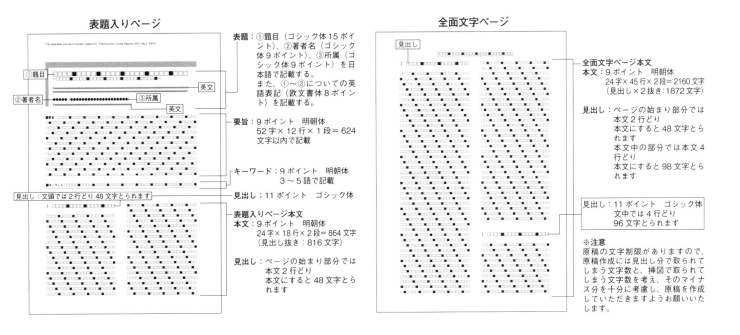

原著における事例研究、実践研究、実践報告の原稿作成にあたって

「原著における事例研究」、「実践研究」または「実践報告」の原稿作成にあたっての基本的な構成、文献記載の仕方等の諸注意を記述する。必要に応じて参考にすること。なお、これらの研究・報告論文は、実践対象となる人々に対してあるべき指導・支援や環境設定を探求するものであり、また、指導・支援者にとっては実践を進めていくための手がかりになることをねらいとしている。そのため、できるだけ客観性やわかりやすさに留意して執筆すること。ここでは「特異例の症例報告」や「小集団指導報告」（小林，2012）ではない指導を中心におく論文作成について説明する。

1. 投稿者は　1）原著論文、2）実践研究、3）実践報告　のいずれかを明記する（査読者・編集委員会の判断により変更を要請することがある）。
2. 投稿原稿作成にあたっては「投稿規定」「作成手引き」に原則的に従う。
3. 事例をとりあげる際には個人が特定されないようプライバシーの保護に最大限留意し、対象者や保護者、場合によっては所属機関について文書による承諾を得なければならない。対象者の年齢、障害の種類や程度によっては説明の理解、署名が困難な場合があり、その場合は保護者による代諾となるが、著者はできるだけ対象者本人にわかりやすく説明する努力を行う。
   1) 原著における事例研究：先行研究のレビューが適切になされ、新たな発見や証明などに関する学術的な独創性が見られること：①対象者が特にユニークな特徴を持ち、それらをどのように分析し、アプローチを考案したか。②アプローチの場の設定や教材・器具などに、またアセスメントや指導・支援の目標・手順・技法などに積極的な新機軸が認められるか。③指導・支援の実践・記録・考察が高レベルであると判断できるか、などについて明確に記述されていると判断されることがポイントとなる。
   2) 実践研究：先行研究のレビューが適切になされていること、しかし新たな発見や証明などに関する学術的な独創性については厳しく問わない。先行資料（研究論文・実践研究など）と同様の方法・手順・分析であってもよい。対象事例、指導手続きが具体的に記述され、データはできるだけ客観的な指標を用い、考察は先行研究と対比されてなされていること。
   3) 実践報告：先行研究のレビューや独創性は必須ではないが「作成手引き」に従って体裁が整えられ、実務に従事する会員が「教材」「指導法」その他についてヒントを得たりするなどのメリットが期待される。
4. 原著論文における事例研究、実践研究、実践報告にあっては、単一事例または小集団例の研究が中心となるが、学級集団などのグループ指導も含まれる。いずれの場合においても対象者や集団の生き生きとしたイメージの記述が期待され、読者（会員）の参考となり得るものが要請される。

【基本的な構成】

Ⅰ. 問題の所在と目的
問題提起と本稿での報告目的を述べる。その際、できるだけ関連する先行研究を引用しながら、実践の位置づけや根拠を述べることが望ましい。

Ⅱ. 方法
以下の項目を参考にしながら、対象者、指導や支援の方法について具体的に述べる。対象者の記述に関しては個人が特定されないよう留意した表現を用いるとともに、対象者（代諾者）からの許諾とその方法について明記する。

1.対象者：基本事項（年齢・性別・所属）・主訴・生育史
2.アセスメント
   1) 対象者と環境、そしてそれらの相互作用の評価と理解
   2) 目標と仮説：指導・支援の方向・手順・場の提案
      （1）指導・支援の実際1：アプローチの方法と技法

（2）指導・支援の実際2：評価

Ⅲ．結果（経過）

結果または経過について具体的、実証的に記述する。その際、実践の開始前や開始当初の実態が示されていると、参加者の変容や指導・支援の成果を確認しやすい。また、結果の記述にあたっては、逸話を含めながら、参加者の生活や行動の変容をできるだけ客観的に示すことが望ましい。なお、実践担当者以外の関係者から捉えた指導・支援に関する評価（社会的妥当性）などが示されていると、指導・支援の成果を総合的に捉えることができる。

Ⅳ．考察

指導や支援の効果について、論理的に考察する。考察の展開にあたっては、冒頭に、実践において何を目的としたのか、またその目的は達成されたかどうかを端的に示す。次に、指導・支援の経過を踏まえて、生活や行動の変容をもたらした働きかけを指摘するとともに、先行研究と比較しながら、それらの働きかけが効果的であった要因や、それらの効果を促進した要因について具体的に検討を加える。一方、生活や行動の変容が十分にみられなかった実践でも、今後の手がかりとなる重要な知見が含まれている可能性がある。そのときは、計画した働きかけが有効に機能しなかった要因や、変容を阻害した要因について具体的に述べる。最後に、対象者の将来予測と今後の支援指針について、更に技法・体制・制度への提言も期待される。

【文献の記載の仕方】

「投稿規程」に従って記述する。

編集後記

　コロナ禍が長引き、先の見通せない状況が続いています。これまでできていた様々な活動が制限を余儀なくされました。その一方で、コロナ禍が契機となって見えてきた新たな活動の様式もあります。自閉スペクトラム症の人たちの多くに親和性の高いデジタル情報やインターネットを介した視覚的情報を活用したコミュニケーションが、広く普及したことは、コロナ禍による「怪我の功名」と言えるかもしれません。

　本学会に関しては、昨年度、研究大会および資格認定講座がすべて中止となり、先行きに不安を感じる会員も多かったと思います。しかし、自閉スペクトラム症の理解と支援について探求するモチベーションを持ち続ける先生方の熱意が、多くの実践報告という形で結実したように思います。この1年、学会誌への投稿、なかでも実践報告の投稿がとても増えました。困難な状況の中でも支援のあり方に工夫を重ね、報告としてまとめられたエネルギーに、心より敬意を表します。

　今年はオンライン開催という形で研究大会と資格認定講座を再開することができました。コロナ禍の収束はまだ見えてきませんが、自閉スペクトラム症の研究について、新たなステージに進む糸口を探っていくことは十分可能だと思います。この学会誌が、学会員の日々の実践を研究に結びつける触媒となることを願う次第です。

（本田秀夫）

本論文集に掲載された著作物の転載およびデータベースへの取り込み等に関しては、そのつど事前に本学会に許諾を求めてください。また本誌および本学会に関するお問い合わせや入会の申し込み等も、下記までお願いいたします。

日本自閉症スペクトラム学会事務局

〒 273-0866　千葉県船橋市夏見台 3-15-18

電話 047-430-2010　FAX 047-430-2019

E-mail　shikaku@autistic-spectrum.jp

自閉症スペクトラム研究　第 19 巻　第 1 号

2021 年（令和 3 年）9 月 30 日発行

編集者「自閉症スペクトラム研究」編集委員会
代表者　井上　雅彦

発行者　日本自閉症スペクトラム学会
代表者　市川　宏伸

制　作　株式会社　金剛出版